Gunther Swoboda

Lebenslänglich leben lernen

Das geistige Gleichgewicht

Eine wissenschaftliche Studie

mit einem Entwurf für

eine universelle Ethik der Menschlichkeit und Friedfertigkeit

Verband Geistig Schaffender und Österreichischer Autoren
A-1040 Wien, Wiedner Hauptstraße 23-25

Druck: Demczuk Fairdrucker Ges.m.b.H.
ISBN 978-3-200-02008-5
Printed in Austria – Imprimé en Autriche

Zu diesem Buch

„Lebenslänglich leben lernen“ nennt Gunther Swoboda seine in 11 Abschnitte aufgeblätterte Studie über das Leben.

Ein Leitfaden, um dem Begriff MENSCH näher zu kommen? Oder ein Versuch ihn anatomisch zu untersuchen, um Ursachen des menschlichen Fehlverhaltens heilen zu können? Es ist alles dies und mehr!

Es sind Erkenntnisse eines langen, bewusst gelebten Daseins, Erfahrungen eines reifen Menschen, der anderen helfen will zu einem wirklichen, Achtung-gebietenden Zeitgenossen zu werden, ein Hinweis zur Stärkung der wahren seelisch-geistigen Kräfte, zur Abkehr vom dominierenden Ich, von Eigensucht, Neid und Hass zum DU und zum WIR, zu Offenheit, Güte und Liebe.

Die Grundfesten für „lebenslänglich leben lernen“ finden wir, wenn wir Jahrtausende in die Zeit zurückgehen, in Aussagen der Philosophen, bedeutender Denker und last but not least, vor allem in den Weisheiten der Religionsstifter. Ihren Erkenntnissen begegnen wir in vielen Hilferufen, Betrachtungen und Gebeten, am stärksten wohl im Christentum, das von Liebe, Vergebung und Hilfe für die Benachteiligten des irdischen Lebens spricht.

Der Autor bringt uns die Betrachtungen und Erfahrungen eines zu vielen guten Erkenntnissen gelangten Lebens nahe: Zu Liebe, Güte, Freundschaft, Friedlichkeit, ehrlicher Arbeit, Achtung vor den Gefühlen anderer Menschen, aber auch zu Lebensfreude und Humor, und diese Begriffe zusammenfassend: zur Menschlichkeit ein gutes Buch, wert allerbester Wünsche.

Das Buch kann die Menschheit nicht von ihrem bösen Drang nach Gewalt, Habsucht, eitlem Ruhm und anderen Untugenden abhalten. Aber seine Gedanken können ein Beitrag für andere Menschen sein mit dem diese lernen, ohne Hass friedlich und zufrieden miteinander zu leben.

Prof. Lucy Ludikar
Präsidentin des Verbandes Geistig Schaffender
und Österreichischer Autoren

Wien, im April 2009

Unsere liebe Präsidentin Lucy hat uns am 30. August 2009 für immer verlassen. Sie leitete den Verband 30 Jahre lang mit sehr viel Geschick, Erfolg und unermüdlichem Einsatz.

Geleitwort des Herrn Rektors der Technischen Universität Wien

Endlich wieder einmal ein Technik-enthusiastisches Buch und nicht eines, in dem unter Vorspiegelung der Suche nach Alternativen ausschließlich die angeblich unvermeidbaren Nachteile der Technik angeprangert werden.

Besonders neu wäre dies ja nicht: Schon die ältesten Mythen befassten sich kritisch mit den Technikern und charakterisierten sie in der Regel als Verbrecher. Das griechische Wort „techne" bezeichnet gleichzeitig die List und die Kriegsfalle. Und neuzeitliche Kritiker machen aus ihrem Misstrauen gegen die Technik häufig eine entmutigende Philosophie.

Der Autor, selbst ein erfolgreicher und verantwortungsbewusster Techniker, weist mit Begeisterung und Nachdruck darauf hin, welche wunderbaren Errungenschaften wir allgemein der angewandten Naturwissenschaft und der Technik verdanken und welche Chancen für ein glückliches und erfülltes Leben auf verantwortungvolle Techniker warten, die sich diesem Aufgabenfeld widmen.

Utopisierung ist auf keinen Fall gefragt. Wir gehen ja keiner risikolosen Zukunft entgegen, in der wir von den Erträgen vollautomatischer Fabriken leben werden und alles andere gigantischen Bürokratien überlassen können. Die Zukunft wird auch weiterhin riskant sein und qualitative Höchstleistungen verlangen, vor allem aus dem technisch-wissenschaftlichen Bereich. Wir brauchen dazu Bereitschaft zu Leistung, Verantwortung und Gemeinnutz, aber auch Enthusiasmus und Weitblick.

Ein Buch wie dieses, ein Plädoyer für das Engagement der Techniker und Naturwissenschaftler ist ein Lichtblick! Es weist nachdrücklich darauf hin, dass die Technik ein kultureller Faktor ist, der geeignet ist, den Horizont der Menschen ungeheuer zu erweitern und ihre Fähigkeiten zu einem friedlichen Zusammenleben einzusetzen. Dies ist das Verdienst des Autors dieses Buches. Es möge bei jungen Menschen auf fruchtbaren Boden fallen.

P. Skalicky

Gedanken der neuen Präsidentin des Österreichischen Autorenverbandes (seit November 2009), Frau Rosemarie Kienmandl

Wer immer strebend sich bemüht … (Goethe)

Im Streben nach echter Menschlichkeit kleidet Gunther Swoboda, seit langer Zeit Mitglied im Verband Geistig Schaffender und Österreichischer Autoren und auch seit vielen Jahren im Vorstand, die Werte, denen er sich verpflichtet fühlt, in eine philosophisch-wissenschaftliche Studie, die er mit persönlichen Betrachtungen und Erfahrungen seines reichen, ausgefüllten Lebens ergänzt, um dem Leser seine tiefen Erkenntnisse weiterzugeben.

R. Kienmandl

Inhalt

Vorwort

Liebe Leserinnen und Leser!

Wenn Sie die Titelseite dieses Buches gelesen haben, werden Sie wahrscheinlich fragen: Wie passen die beiden Titel zusammen „Lebenslänglich leben lernen“ und „Eine Studie über das geistige Gleichgewicht“? Sie fragen zurecht. Aber die Titel passen wirklich zusammen. Ich darf Ihnen erklären, wieso:

Im Verlaufe meines ziemlich langen Lebens (ich werde demnächst 93 Jahre alt) habe ich gelernt, beginnend mit etwa 16 Jahren, kritisch und selbstkritisch zu denken. Das heißt ich habe bewusst erprobt, wie ich mich (besonders in schwierigen Situationen) verhalten soll, um anständig, verantwortungsbewusst und möglichst friedlich mit den anderen Menschen in den verschiedenen Gemeinschaften zusammen zu leben, in die mich das Leben geführt hat.

Während der Arbeit an diesem Buch habe ich meine Erfahrungen und Erkenntnisse durch das Studium guter philosophischer und psychologischer Bücher, sowie durch Teilnahme an Seminaren und Vorträgen für Lebenskunde und Lebenshilfe erweitert und (wie ich glaube) zu allgemein gültigen Grundsätzen hingeführt.

Ich darf noch erwähnen, dass ich in meinem Beruf Ingenieur war und diesen Beruf in fast 4 Jahrzehnten aktiver Tätigkeiten sehr lieben gelernt habe. Und zwar so sehr, dass ich nebenberuflich (in meiner Freizeit) das Doktorat der Technischen Wissenschaften erwarb und (ebenfalls nebenberuflich in meiner Freizeit) ein Buch über mein technisches Fachgebiet Fernsteuer- und Fernmesstechnik schrieb. Es galt längere Zeit als Standardwerk dieses technischen Fachgebietes im deutschen und englischen Sprachraum.

In meinem beruflichen „Ruhestand“ (oder „Pensionszeit“, wie wir diesen Zeitraum in Österreich nennen), habe ich mich meiner anderen Lieblingsbeschäftigung zugewendet, dem Schreiben. Ich verfasste zwei belletristische Bücher „Gedanken am Abend“ und „Der Atem unseres Lebens“, die thematisch Vorläufer dieses Buches sind.

Zurück zur Titelseite: Was bedeutet das Motto „Leben lernen!“? Jedem Menschen sagt es doch, dass er das Beste aus der Situation seines Lebens entsprechend seinen Fähigkeiten herausholen soll. Was aber ist das Beste? Hier scheiden sich die Geister zwischen den „Ich-Menschen“, die nur nach materiellen Vorteilen, Macht oder Ruhm streben und den „Wir-Menschen", deren Streben dem friedlichen Zusammenleben mit ihren Mitmenschen gilt. Im Verlaufe meiner Arbeit bin ich immer mehr zur Überzeugung gekommen, dass es bei all den Aussagen über Lebenskunde und Lebenshilfe gar nicht so sehr auf Intuition, übernatürliche Kräfte oder das sogenannte „Göttliche in uns Menschen" ankommt, wie das manche Autoren dieser Sachbereiche oder selbsternannte Prediger sagen. **Es sind vielmehr vor allem gute Moralbegriffe, die uns als Orientierungshilfe bei unseren Entscheidungen und unserem Tun und Lassen helfen können. Wir brauchen eine gute wohldurchdachte Ethik, die jedem einzelnen Menschen im Alltag und besonders in schwierigen Situationen hilft, sein „seelisches Gleichgewicht" zu erlangen und zu bewahren.**

Mit diesem Begriff bin ich aber schon bei der Kernaussage des Buches: Es gibt auch in unserem geistigen Leben Gleichgewichtszustände, und zwar: Ein schlechtes Gleichgewicht, das durch einseitigen Egoismus, Unverständnis für andere Menschen, Gewalt, Streit und Kriege etc. gekennzeichnet ist. Es gibt aber auch ein gutes Gleichgewicht, das sich durch friedliches Miteinander, Verständnis für Andere, Selbst- und Mitverantwortung, ehrliche Arbeit und Zufriedenheit auszeichnet, eben das seelische Gleichgewicht. Beides wirkt sich nicht nur auf unser psychisches, sondern auch auf unser körperliches Wohlbefinden aus.

Das Ergebnis dieser Überlegungen ist ein Entwurf für diese moralischen Regeln, die ich „Gebote der Menschlichkeit" nenne. Sie erheben den Anspruch universell, d.h. sowohl für Einzelpersonen wie auch für Personengemeinschaften aller Art anwendbar zu sein. (Ich habe allerdings auf der inneren Titelseite zum Begriff der Menschlichkeit bewusst das Wort „Friedfertigkeit" hinzugefügt.) Dazu die Erklärung: Für den einfachen Leser umfasst der Begriff „Menschlichkeit" nicht unbedingt den Friedenswillen. Und es gehört oft eine Portion psychologischer Fertigkeiten dazu, wenn man ein friedliches Miteinander durchsetzen will.

Diese „Gebote der Menschlichkeit" sind aus psychologischen Gründen grundsätzlich positiv formuliert. Und sie stimmen sehr weitgehend mit den ethischen Regeln des Christentums und anderer Religionen überein, soweit deren Regeln dem friedlichen Zusammenleben der Menschen dienen.

Die wichtigste Erkenntnis zum Thema „Geistiges Gleichgewicht" fand ich im christlichen Gebot der Nächstenliebe, das ich vielleicht gegenüber bisherigen kirchlichen Lehrmeinungen unkonventionell aber (wie ich glaube) recht lebensnah deute.

Ich möchte mich mit diesem Buch nicht als Ethikexperte oder Moralapostel aufspielen. Das bin ich wirklich nicht! Ich versuche und versuchte nur immer, zuerst für mich selbst, die moralischen Regeln, die ich gefunden habe, zu beschreiben und einzuhalten, so gut es eben meine Kräfte, Lebensbedingungen und Erfahrungen erlaubten. Ich habe auch manche Fehler gemacht, aber aus diesen gelernt. Wir lernen ja immer am besten aus unseren Fehlern. Wir müssen sie nur erkennen! Wir können aber auch aus Erfolgen lernen. Allerdings ist das gefährlich, denn es kann zur Überheblichkeit führen. Wenn wir der „Ethik der Menschlichkeit" folgen, sollen wir nach Erfolgen maßvoll bescheiden bleiben, denn wir verdanken ja gute Erfahrungen nicht nur eigenen Leistungen, sondern immer auch der Vorarbeit anderer Menschen.

Das gilt auch für dieses Buch: Die allermeisten wichtigen Erkenntnisse des Buches stammen selbstverständlich nicht von mir, sondern von sehr bedeutenden Philosophen, Psychologen und Schriftstellern wie Karl Popper, Viktor Frankl, besonders von Erich Fromm und vielen anderen. Ich habe ihre Aussagen übernommen und meine Gedanken dazu eingebaut. Mein Beitrag kann nur (wie ich glaube und hoffe) ein Mosaikstein sein am Weg zu einer guten, verständlichen und möglichst universellen offiziellen Ethik. Die Frage, warum ich eigene Erlebnisse in meine theoretischen Betrachtungen – an geeigneten Stellen – einflechte, ist leicht beantwortet: Ich möchte das Buch dadurch lebhafter, interessanter und auch glaubwürdiger machen.

Das eigentliche Ziel des Buches besteht darin, dass ich Sie, liebe Leserinnen und Leser durch meine Erzählungen, Erfahrungen und Erkenntnisse anregen möchte, aus der Betrachtung Ihres eigenen bisherigen Denkens, Fühlen, Tun und Lassens geeignete Schlüsse für die Gestaltung Ihres künftigen Lebens zu ziehen, so dass Sie in Zukunft besser, zufriedener und möglichst stabil in einem guten „seelischen Gleichgewicht" leben können.

Das Urteil über mein Buch muss ich (wie es sich für eine Studie gehört) selbstverständlich Ihnen als Leser und der öffentlichen Meinungsbildung überlassen.

Wien, im September 2010

Gunther Swoboda

Der Leitgedanke dieses Buches[38)]

Auch Glück
und Elend
sind vergänglich.
Die Zukunft
liegt stets in den Sternen.
Und dennoch muss ich
l e b e n s l ä n g l i c h
wie alle Menschen
l e b e n l e r n e n !

Widmung

Dieses Buch dient dem Gedenken
an die schuldlosen Opfer
unzähliger Kriege aller Zeiten,
terroristischer Aktionen
und anderer lebenszerstörender Taten.

1. Zur Einführung

1.1 Die Sprache des Buches

Gestatten Sie, liebe Leserinnen und Leser, dass ich zunächst zwei Maßnamen erkläre, die dazu dienen sollen, dass Sie das Buch – wie ich hoffe – leichter und lieber lesen können:

Erstens: Ich bezeichne dieses Buch im gesamten Text bis zum Nachwort immer als „Studie". Diese Maßname hat den großen Vorteil, dass Sie an Textstellen, in denen meine Überlegungen mit den Ausführungen anderer Bücher verglichen werden, die beiden Gedankengänge leichter auseinander halten können.

Zweitens: Darf ich Sie, liebe Leserinnen und Leser, im Text der Studie mit „Ihr" und „Du" ansprechen? Ich bin das so gewöhnt von den (schon im Vorwort erwähnten) Seminaren, an denen wir, meine Frau und ich, in den vergangenen Jahren teilnahmen. Da gab es meistens viele junge Leute zwischen 15 und 30 Jahren und einige im mittleren Alter. Wir beide waren meistens die einzigen Alten. Alle waren wir von Anfang an per Du. Für uns war es interessant zu erfahren, wie viele junge Leute Lebenshilfe brauchen und suchen.

Noch etwas zur Anrede: Ich möchte im Text das grässliche Wortgebilde „LeserInnen" vermeiden, einfach „Leser" schreiben und dabei die Damen einschließen. So wie man es früher tat, als die Männer noch als das stärkere Geschlecht galten.

Übrigens kann man diesen Gedanken auch aus einer Zukunftsvision ableiten: Heutzutage sind die Frauen im Zusammenleben mit den Männern fast immer das „stärkere Geschlecht". Wir Männer streben aber die Gleichstellung zwischen Männern und Frauen an, sozusagen eine Art Gegen-Emanzipation. Ihr habt recht geraten, liebe Leser, wenn Ihr bemerkt, dass ich eine Parallele zur Gegen-Reformation ziehe. Ich mache das bewusst. Denn ich halte die Emanzipation der Frauen für eine mindestens ebenso bedeutende Umwälzung in der geistigen Welt der Menschheit wie die seinerzeitige Reformation in der Welt der Christenheit.

Bitte verstehen Sie mich nicht falsch: Frauen haben allgemein gesehen – meines Erachtens – das bessere Durchsetzungsvermögen im

Zusammenleben mit Männern, vor allem in der Partnerschaft, im familiären und zunehmend auch im beruflichen Bereich. Sie haben aber noch selten die besseren sozialen Positionen erreicht. Ich halte die Emanzipation der Frauen für das wichtigere Geschehen als die (von mir erfundene, aber durchaus mögliche) „Gegen-Emanzipation“, genauso wie die Reformation historisch gesehen, stärkere Auswirkungen hatte als die Gegen-Reformation.

Und nun zur Sprache selbst: Ich möchte mit meiner Studie vor allem einfache Menschen erreichen. Deshalb habe ich mir vorgenommen, möglichst allgemein verständliche Wörter zu verwenden und Spezialausdrücke der zu erwähnenden Wissensgebiete (Psychologie, Philosophie etc.) möglichst zu vermeiden. Wo dies in Einzelfällen doch notwendig sein sollte, füge ich entsprechende Erklärungen und Hinweise an.

Allerdings komme ich nicht daran vorbei, einige wenige Wörter zu verwenden, die in verschiedenen Lebensbereichen unterschiedliche Bedeutung besitzen. Das beginnt schon bei dem Wort „geistig“, das ich nicht nur im Titel sondern auch sehr oft in den Texten verwende. **Als „geistig“ verstehe ich immer nur die Einheit unseres verstandesmäßigen Denkens und unseres psychischen Fühlens.** Manche Schriftsteller und Vortragende bezeichnen mit dem Wort „geistig“ sogenannte spirituelle (übernatürliche) Einflüsse (Auditionen, Visionen), die von immateriellen höheren Wesen an „Medien“ (besonders befähigte, oder wie man sagt, „medial“ begabte Menschen) gesendet werden. Diese verstehen solche Informationen und setzen sie in eine normale Sprache um.

Das heißt allerdings nicht, dass ich die Existenz solcher spiritueller Einflüsse unbedingt leugne. Ich lasse sie nur außer Betracht, denn ich komme in meiner Studie auch ohne sie aus. **Diese Einschränkung hat einen großen Vorteil: Dadurch werden meine Überlegungen den Menschen aller Gedankenrichtungen zugänglich, auch jenen, die nicht an spirituelle Einflüsse oder Geister glauben, etwa die Agnostiker und Atheisten.** Sie besitzen doch auch ethische Grundvorstellungen, die einem friedlichen und gerechten Leben auf der Erde gewidmet sind.

Ein anderes Wort, das mehrere Bedeutungen hat und dadurch immer wieder unsere Gedanken und auch manche zwischenmenschlichen

Beziehungen durcheinander bringt, ist das Wort „Liebe“. Es hat nämlich, im Gegensatz zu einer allgemein verbreiteten Meinung nicht zwei, sondern drei Bedeutungen: Die sexuelle Liebe, die faszinierende oder erotische Liebe und die „wahre Liebe“, die mitunter auch „echte Liebe“ genannt wird. (Ich widme diesem Thema einen eigenen Teil der Studie, weil in den Liebesbeziehungen unsere Geistigkeit, d.h. unser Denken und Fühlen besonders stark mitspielt und viel Durcheinander verursacht.)

Schließlich zur Verwendung der deutschen Sprache: Meine Eltern waren beide Mittelschul-Professoren für Sprachen in Realgymnasien. Vater unterrichtete Latein und Französisch, Mutter Deutsch und Französisch. Deutsch war ihr Lieblingsfach. Beide pflegten die deutsche Schriftsprache auch zu Hause in der Familie. Ich habe die deutsche Sprache sozusagen wie die Muttermilch zu mir genommen und wie meine Mutter lieben gelernt.

Neben meiner Zuneigung zur deutschen Sprache gibt es aber noch gewichtigere Gründe dafür, dass ich sie möglichst korrekt verwende. Jedermann kann sich ja in seiner Muttersprache am besten verständlich machen. Die meisten Sprachen haben ihre Besonderheiten. Diese hängen mit der Identität der Sprachgemeinschaft zusammen. (Das Gleiche gilt auch für Dialekte.) Der Vorzug der deutschen Sprache gegenüber den meisten anderen Sprachen besteht – meiner Meinung nach – darin, dass sie Gefühle und seelische Zustände besonders treffend wiedergeben kann. Man denke nur an die Worte „Gemüt“ oder „Gespür“. Auch das Wort „Gewissen“ gehört dazu. Es ergänzt (mit Hilfe der Sprachlogik) die Gedankenwelt des Wissens sehr gut durch die Gefühlswelt des Gewissens.

Mit diesen Überlegungen bin ich eigentlich schon in der Nähe einer Erkenntnis meiner Studie. Darum „Halt!“ für meine Hymne auf die deutsche Sprache. Ich möchte nur noch sagen, dass ich sie für eine der großartigsten Sprachen der Welt halte. Aber die „neuen Wiener“, die aus anderen Sprachgebieten stammen und Deutsch erst als Erwachsene lernen müssen, sagen schon seit vielen Jahrzehnten: „Deutsche Sprach’ – schwere Sprach’!“

1.2 Das Gleichgewicht der Materie

Wir wissen das alles eigentlich schon seit unserer Schulzeit, oder wir sollten es wissen: Es gibt ein physikalisches Gleichgewicht der Massenanziehung in unserem Sonnensystem: Die Planeten kreisen um die Sonne und Monde umkreisen einige Planeten. Dabei besteht ein stabiles Gleichgewicht zwischen der Schwerkraft, mit der die Planeten von der Sonne angezogen werden, und der Fliehkraft, mit der die Planeten von der Sonne wegsteuern wollen. Somit bleiben sie alle in ihrer Bahn. (Die gleiche Beziehung gilt auch zwischen den Planeten und ihren Monden.) Das heißt: Beides ist ein stabiler, somit ein eindeutig guter Gleichgewichtszustand, aber eigentlich der einzige stabile Zustand, weil der menschliche Geist noch nicht daran „herumgefummelt" hat, wie die folgenden Beispiele zeigen. Das physikalische Gleichgewicht unseres Sonnensystems wird voraussichtlich noch viele hunderte Millionen Jahre halten.

Gleichartige Sonnensysteme mit Planeten gibt es in großer Zahl im Weltall, das auch als „Kosmos" bezeichnet wird. Wir sprechen auch vom Makrokosmos.

Es gibt auch einen Mikrokosmos im Bereich der chemischen Materie: Die einzelnen chemischen Elemente sind deshalb in einem guten stabilen Zustand, weil die Elektronen und andere Kleinst-Teilchen des Atoms den Atomkern umkreisen und weil es auch dabei ein stabiles Gleichgewicht der Kräfte gibt.

Das wäre ein guter Gleichgewichts-Zustand, wenn der menschliche Geist nicht „hineingepfuscht" hätte: Maßlose Zerstörungen durch die Atombomben-Abwürfe 1945, Atom-Müll von unbenützten Atomwaffen (besonders in der Arktis) und überdies die Folgen des Unfalls im Atomkraftwerk von Tschernobyl zeugen davon. Wir sehen daraus: Der menschliche Geist kann einen guten Gleichgewichtszustand in einen schlechten verändern, wenn die Eigenschaften der Atome einer kriegerischen Gewalt dienen sollen oder wenn diese Eigenschaften zwar friedlichen Zwecken dienen, aber durch schwere konstruktive oder Bedienungs-Fehler beeinträchtigt werden.

Einige Jahrzehnte lang herrschte zwischen den Atommächten des Westens und der Sowjetunion das „Gleichgewicht des Schreckens“, somit ein extrem schlechter Gleichgewichtszustand.

Inzwischen sind etliche andere (teilweise kriegerisch gesinnte) Staaten zu Atommächten geworden und wir müssen wiederum befürchten, dass ein Atomkrieg mit seinen unabsehbaren Folgen ausbrechen könnte.

Der menschliche Geist ist imstande, gewaltige Leistungen zu vollbringen. Aber durch verantwortungslose oder fahrlässige Anwendung der Erfindungen kann er auch (wie Hiroshima, Nagasaki und Tschernobyl zeigten) gewaltiges Unheil anrichten, das zur Zerstörung irdischen Lebens führt.

Ich glaube, in den vergangenen Jahrzehnten wurde die Natur schon mehr als nötig vergewaltigt. Was die Natur in sehr vielen Jahrmillionen geschaffen hat, wurde von uns Menschen in wenigen Jahrzehnten schwerstens beschädigt. Die Politiker der letzten zwei Generationen haben unseren Nachkommen ein schweres Erbe hinterlassen, auch durch die große Menge an Atommüll, der noch weggeschafft werden muss.

Ähnliche durch den menschlichen Geist und seine Erfindungen ausgelöste Gefährdungen gelten auch für das Schutzschild, das alles Leben auf der Erde vor gefährlichen Strahlen der Sonne beschützt, die Ozonschicht in der Stratosphäre. Darüber mehr im nächsten Kapitel.

1.3 Das ökologische Gleichgewicht

Schon vor etwa 10 Jahren, als Al Gore noch Vizepräsident der USA war, hat mich sein Buch „Wege zum Gleichgewicht“[1)] äußerst fasziniert. Das Buch deckt die überaus große Bedeutung der Gleichgewichtszustände aller Art im Leben der Natur und der Menschheit auf. Al Gore weist darin sehr schlüssig auf die Zusammenhänge biologischer und menschlicher (vornehmlich geistiger) Gleichgewichte hin. Er befasst sich neben dem ökologischen Gleichgewicht (seinem Lieblingsthema) auch mit dem sozialen und ökonomischen Gleichgewicht in den verschiedenen Staaten der Welt. Und er zeigt auf, wie sich deren unterschiedliche Kräfte gegenseitig beeinflussen und damit das Wohl und Wehe der Menschen in diesen Ländern bestimmen. Eigentlich war das Buch von Al Gore der Anlass, dass ich mich – ein paar Jahre später – mit der Thematik des geistigen Gleichgewichts näher auseinandersetzte.

Jetzt hat sich Al Gore vorwiegend auf die Probleme des Klimawandels konzentriert. Er ist in dieser Frage weltweit zu einem der wichtigsten Sprecher und zum Vorreiter für eine verantwortungsbewusste Lösung dieser Problematik geworden.

Obwohl die folgenden Ausführungen bei halbwegs gebildeten Menschen heute wohl zu ihrem normalen Wissensstand gehören, möchte ich hier einige wichtige Fakten des ökologischen Gleichgewichts doch aufzeigen, weil es viele Menschen (auch in der hohen Weltpolitik) gibt, die diesen Tatsachen zu wenig Rechnung tragen. Außerdem gibt es auch ältere Leute, die sich sagen: „Ich möchte mein Leben in vollen Zügen genießen. Nach mir die Sintflut!“ Dass eine (sehr oft von uns Menschen selbst gemachte) bevorstehende Sintflut um ein Vielfaches verheerender sein würde als der Tsunami von Weihnachten 2004 und die Naturkatastrophen in Haiti und Chile 2010, dessen sind sich all diese Leute nicht bewusst. Und sie verhalten sich sehr verantwortungslos gegenüber den kommenden Generationen. Wahrscheinlich werden schon die heute lebenden jungen Leute von der Klimakatastrophe betroffen sein, die der Menschheit bevorsteht, falls es nicht gelingt, sehr bald und sehr energisch weltweit für Abhilfe zu sorgen.

Dass der Klimawandel durch einen zu hohen Ausstoß von CO_2 und anderer sogenannter Treibhausgase verursacht wird, darf ich als Wissensstand gebildeter Leute annehmen. Durch den Klimawandel schmelzen derzeit schon große Eismassen in der Arktis, der Antarktis und der Gletscher im Himalaya und in anderen Hochgebirgen. Im Jahr 2010 sind schon einige flache Inseln im Pazifik von einer dauerhaften Überschwemmung in naher Zukunft bedroht. Welche Horror-Szenen uns erwarten, denen die Politiker bis jetzt nur mit Protokollen, aber nicht mit ausreichenden Maßnahmen begegnen, werde ich im Kapitel 10.2 erläutern.

Nicht nur die Industriestaaten, auch die unterentwickelten Länder tragen zum Klimawandel bei. Dort wird die Reinhaltung der Atmosphäre durch die Regenwälder reduziert, weil diese immer mehr abgeholzt werden. Daran sind einerseits die Reichen schuld, weil sie enormes Geld für die wertvollen Hölzer dieser Wälder zahlen. Andererseits sind es aber auch die Armen in diesen Ländern, weil sie durch die übergroße Zahl an Kindern, die sie zeugen und gebären, zu viele Wälder abholzen, und dadurch ihr Land veröden und Überschwemmungen preisgeben. Das alles, weil sie sich ihren notwendigen Lebensraum schaffen wollen.

Manche Politiker reden sich auch darauf aus, dass es in der relativ nahen Vergangenheit, vor etwa 10.000 Jahren, eine Eiszeit auf der Erde gegeben hat, ohne dass Menschen damals daran mitgewirkt hätten. Das stimmt und ist historisch nachgewiesen. Die Frage ist, ob sich das Klima der Erde aus Gründen der natürlichen Erwärmung (durch die Wirkung der Sonne?) weiter von der letzten Eiszeit entfernt, was allem Anschein nach zutrifft. Dann ist die Gefahr für die Bewohner der Küstenregionen nicht geringer, sondern noch größer! Und die Verantwortung für die Politiker ist noch viel größer, dass sie möglichst bald und rasch geeignete Schutz- und Abhilfemaßnahmen für die zu erwartende Sintflut veranlassen.

Außer durch den Klimawandel ist das ökologische Gleichgewicht durch die gewissenlose Ausbeutung der Erdölreserven gefährdet, wie die Katastrophe im Golf von Mexiko gerade jetzt im Sommer 2010 zeigt. Die Medien sprechen (mit Recht) von einer „Ölpest“. (Sollte man nicht auch von einer „Pest egoistischer Wirtschaftstreibender“ sprechen, die um des raschen Profits willen die notwendigen Sicherheitsmaßnahmen vernachlässigten??)

Aus dieser Situation ein halbwegs stabiles ökologisches Gleichgewicht für die gesamte Erde zu schaffen, ist ein immenses Problem für die Politiker und Lenker aller Staaten der Erde.

1.4 Das soziale Gleichgewicht: Eine Utopie?

Das soziale Gleichgewicht hängt noch mehr als das ökologische Gleichgewicht von der Wirtschaft ab. Aber unsere derzeitige Weltwirtschaft ist eine Geldwirtschaft. Sie bevorzugt die Reichen und benachteiligt die Armen in allen Ländern der Erde. Der fromme Spruch der UNO-Deklaration der Menschrechte, dass es für alle Menschen einen gerechten Lohn entsprechend ihren Leistungen geben soll, gilt wohl nur für den Mittelstand in Wohlstandsgebieten sowie für einfache Bauern und Arbeiter, die vom Staat nicht mehr Leistungen fordern, als ihrer Arbeit entspricht.

Wenn ein Reicher genügend Geld (oder Wertpapiere) besitzt, kann er ohne jede Arbeitsleistung nur von den Zinsen seines Kapitals leben. Wenn er nicht übermütig ist und sein Kapital nicht verprasst, kann er es sogar noch vergrößern. Und er kann es sogar noch weiter erhöhen, falls er ausreichende Börsenerfahrung besitzt und erfolgreich mit dem Wert seiner Aktien und Wertpapiere spekuliert. Dann wachsen die Kapitalerträge noch mehr an.

Was aber tun die Armen? In den meisten Wohlstandsgebieten der Erde versuchen die regierenden Politiker (sofern sie halbwegs gerecht denken) das Wohlstandsgefälle auszugleichen. Dieses Gefälle entsteht einerseits durch eine beabsichtigte leichte kontinuierliche Inflation, die die Wirtschaft in Schwung halten soll, andererseits dadurch, dass die Preise für die meisten Waren, die jedermann zum Leben braucht, fast überall besonders stark steigen. (Das betrifft die Lebensmittel, Mieten, Kraftstoffe, Strom und Heizung, Dienstleistungen der Behörden, etc.) Auch das kontinuierliche Älterwerden der Bevölkerung durch die immer hochwertigeren Leistungen der Medizintechnik und durch die damit verbundenen Kosten spielen da mit. Die Leistungen der Staaten für schlecht bezahlte Berufstätige werden daher von ordentlichen Regierungen von Zeit zu Zeit angehoben.

Aber die ganz Armen, die Arbeitslosen, Kleinstverdiener und Kleinstpensionisten kommen dabei vielfach nicht mit. Viele schaffen sich einen Zusatzverdienst durch Schwarzarbeit. Das wiederum schädigt den Staat durch den Verlust von Steuer-Einnahmen. Der Staat wird aber auch durch reiche Unternehmer geschädigt. Sie holen sich Arbeiter aus benachbarten Billiglohn-Ländern. Und durch Gründung von Scheinfirmen (die nach kurzer Zeit wieder aufgelöst werden) wird es sehr schwer, solche Tätigkeiten zu kontrollieren und zu unterbinden.

Solche Unternehmer schädigen sogar vielfach ihr angestammtes inländisches Personal. Mit Hilfe der Konkurrenzlöhne der billigen, ausländischen Arbeitskräfte halten sie jahrelang ihr Stammpersonal trotz Inflation auf dem gleichen Lohnniveau. Das Geld regiert! Und die Globalisierung in den meisten Bereichen des wirtschaftlichen Lebens heizt diese Situation noch an!

Noch ärger ergeht es – wie schon erwähnt – den Armen und Ärmsten in den Elends- und Kriegsgebieten Afrikas, Südamerikas und Asiens. Solange der freie, ungezügelte Kapitalismus in der Weltwirtschaft vorherrscht, für den der Geldgewinn das Maß aller Dinge ist, kann es kein soziales Gleichgewicht geben. **Eine Globalisierung des sozialen Denkens nach gerechten ethischen Richtlinien tut Not! Nur durch eine solche Veränderung kann die Menschheit zu einem sozialen Gleichgewicht kommen!**

Oder hat sich der ungehemmte Kapitalismus jetzt selbst „ein Haxel gestellt"? So nennt man das bei uns in Wien, was sich ab Herbst 2008 bei den Banken in aller Welt abspielt: Nämlich die Pleiten von Banken aller Größenordnungen, die zweifellos durch unseriöse Aktivitäten ihrer Manager verursacht sind. Bedeutende Wirtschaftszweige und sogar die Finanzgebarungen einzelner Staaten werden mit in den Strudel der Konkurse gezogen. Und das Sonderbare dabei ist, dass sich die Manager im Recht fühlen, und dass sie vielleicht sogar nach den im Börsenleben üblichen Regeln formal im Recht sind, wenn sie durch ihre Verträge geschützt, ungeheuer hohe persönliche Erträge einheimsen und womöglich noch Spekulationsgewinne kassieren, bei denen man ihnen anscheinend keine Unredlichkeit nachweisen kann.

Auslöser der Bankenkrise waren führende amerikanische private Großbanken, deren Manager ein Drittel der Unternehmensgewinne kassierten und ihr Milliarden-Dollarvermögen in wenigen Jahren noch vervielfachen konnten. Sie achteten nur auf ihre Einnahmen, nicht aber auf die Qualität der von ihnen finanzierten Leistungen, und auch zu wenig auf die Zahlungsfähigkeit ihrer Kreditnehmer. Durch verzögerte oder mangelhafte Leistungen und durch Kursverluste ihres eingesetzten Kapitals konnten mehrere Millionen einfacher amerikanischer Bürger ihre Kredite nicht mehr zurückzahlen, die sie zum Erwerb von Eigenheimen, Wohnungen, Autos etc. aufgenommen hatten. Die Herren Manager sind sich anscheinend nicht dessen bewusst, dass sie ein sehr wichtiges Rad in einer Volkswirtschaft sind, die nur florieren kann, wenn alle Räder ordentlich funktionieren! Sie verwenden ihre Vernunft nur für ihren eigenen Vorteil. Nicht nur die Banken und die Bürger, sondern auch viele Wirtschaftszweige werden mitgerissen.

In der Zeitschrift „Die Zeit“ vom 18. September 2008 wird diese Situation von Uwe Jan Heuser und anderen Autoren[21)] sehr treffend geschildert. Die Autoren berichten nicht nur über die negativen Folgen der Krise, sondern sie sehen (allerdings nur längerfristig!) durchaus positive Aspekte.

Besondere Beachtung verdient in dieser Frage auch das Buch von Marion Gräfin Dönnhoff „Zivilisiert den Kapitalismus!“[6)]. Die Autorin hält die freie Marktwirtschaft grundsätzlich für richtig, aber in einer „gezähmten“ oder eben „zivilisierten“ Form. Derzeit herrscht der Kapitalismus global noch wild oder ungezähmt zum Vorteil vieler gieriger Geldleute und zum Nachteil vieler arbeitender Menschen. (Übrigens war Gräfin Dönnhoff lange Jahre Herausgeberin der Zeitschrift „Die Zeit“.)

Bei dieser Zukunftsvision drängen sich Parallelen zu Entwicklungen aus der Vergangenheit auf. Durch den Zweiten Weltkrieg wurde der barbarische Nationalismus in vielen Gegenden der Erde in friedliche Bahnen gelenkt; durch den Zerfall der Sowjetunion wurde der wilde (und nicht minder barbarische) Kommunismus „gezähmt“:

Vielleicht könnte es in absehbarer Zukunft doch gelingen, den wilden Kapitalsmus durch energische internationale Maßnahmen zu zähmen, wenn alle wichtigen selbstständig entscheidungsfähigen Staaten mittun. Das wäre dringend notwendig. Aber es sollte durchaus keine Utopie sein, wenn alle Beteiligten den Wert der ordentlichen Arbeit als eine der wichtigsten Grundlagen des friedlichen Zusammenlebens der Menschen und der Völker beachten!

1.5 Das Geschenk des Lebens

Es gibt zwei ungemein interessante und als hoch wissenschaftlich anerkannte Bücher, die beweisen, dass unser Leben als Menschen ein einmaliges Geschenk ist. Die Bücher beschreiben die Entstehung des Planeten Erde (vor etwa 4,6 Milliarden Jahren) und die Entwicklung des Lebens auf der Erde von den einfachsten bis zu den höchstentwickelten Geschöpfen.

Das erste Buch „Unsere einsame Erde“[40)] beschreibt die astronomischen und geophysikalischen Bedingungen, die dazu führten, dass auf dem Planeten Erde einfaches Leben entstehen konnte. Das wäre übrigens auch auf anderen Planeten möglich. Einfaches Leben gab es vielleicht sogar vor vielen Millionen Jahren auf dem Mars. Das Buch zeigt die äußerst seltenen astronomischen und physikalischen Bedingungen und Geschehnisse (Zufälle) auf, die dazu führten, dass sich auf der Erde immer neues, höher entwickeltes Leben bilden konnte. Alle diese Fakten sind so ungewöhnlich, dass nach Ansicht der Autoren die Wahrscheinlichkeit äußerst gering und wahrscheinlich sogar Null ist, es könnte im ganzen Weltall mit seinen zahllosen Galaxien und Sternensystemen irgendwo zu einer gleichartigen Entwicklung gekommen sein. Daher der Titel des Buches „Unsere einsame Erde“.

Das zweite (ebenso interessante) Buch „Das ist Evolution“[27)] erklärt und schildert, dass sich auf der Erde vor etwa 3,8 Milliarden Jahren (somit etwa 800 Millionen Jahre nach ihrer Entstehung) einfachstes Leben in Form eines „Einzellers“ gebildet hat, auf dessen genetischen Ursprung alle weiteren (höheren) Lebensformen zurückgehen. Anschließend haben sich die lebenden und die leblosen Elemente der Erde gegenseitig beeinflusst und weitergebildet. Die entsprechenden Texte, wie dies begann und schließlich bei dem heutigen Zustand des Mensch-Seins endete, sind so klar formuliert, dass ich einige Textstellen aus dem Buch wörtlich übernehmen kann. Aus[27)] Seite 64: „Seit Anbeginn des Lebens bestand eine dynamische Wechselwirkung zwischen den Lebewesen und ihrer unbelebten Umgebung, insbesondere der Luft.“ … „In den Wechselwirkungen zwischen der Tätigkeit der Lebewesen und den Reaktionen der unbelebten Umwelt besteht häufig ein Fließgleichgewicht.“ (Hier wird sogar das Grundthema meiner Studie, das Gleichgewicht, konkret erwähnt.)

Ich möchte jetzt aber die sehr detailreichen Ausführungen des Buches über die Entwicklung der Lebewesen zu Pflanzen, Tieren und die Menschentypen der Vorzeit überspringen und gleich die Formulierungen des Buches über den heutigen Menschen zitieren[27)]: S. 308, 309 und 317. *„Manche Autoren (der Evolutionstheorie) verstiegen sich zu der Behauptung: ‚Der Mensch sei auch nur ein Tier!' Aber das stimmt ganz und gar nicht! Der Mensch ist tatsächlich so einzigartig, so verschieden von allen Tieren, wie Theologen und Philosophen es seit jeher behauptet haben. Das ist unser Stolz und unsere Last!"* Und im Buch weiter: *„...Beim Menschen ist die Weitergabe kultureller Informationen zu einem zentralen Aspekt des Lebens geworden."*

Das Buch behandelt sogar in seinen Schlussbetrachtungen über die Entwicklung der menschlichen Natur die Themen Ethik, Altruismus und Bedeutung der Religionen zu diesen Fragen. Ich darf hierzu aus den letzten Sätzen des Kapitels „Einzigartigkeit des Menschen" zitieren: „Mehrere Weltreligionen haben mit großem Erfolg ethische Erziehung praktiziert. Wo die Religionen versagt haben, so bei der Vermeidung der beiden entsetzlichen Weltkriege, können wir hoffen, dass die Welt aus den Fehlern gelernt hat."

Diese Aussagen bestätigen meine Behauptung im Titel dieses Kapitels, dass das Leben des Menschen ein einzigartiges Geschenk ist. Ich möchte das anders (vielleicht für uns heute lebenden einfache Menschen verständlicher) formulieren:

Wir sind doch die einzigen Lebewesen, die logisch und abstrakt denken können, die auch bewusst die Geheimnisse der Natur erforschen und zivilisatorische und kulturelle Leistungen erbringen können. Sogar unseren Gefühlen können wir künstlerisch Ausdruck verleihen. Und wir können lieben und diese Liebe anderen Menschen und Geschöpfen zuwenden. Oder wir können die Liebe auf eine gute Aufgabe und dazugehörige Tätigkeiten ausrichten, die uns von unseren Lebensumständen gestellt werden oder die wir uns selbst stellen. Und wir können auch friedlich und zufrieden, und mitunter sogar glücklich mit anderen Menschen zusammenleben, wenn wir die guten Werte des Lebens beachten, über die ich in den folgenden Kapiteln noch mehr berichten möchte.

2. Die Ordnungssysteme unserer geistigen Welt

Wenn ich das Thema der Ordnungssysteme unserer geistigen Welt erläutere, meine ich damit die grundsätzlichen (geistigen) Methoden, nach denen die einzelnen Menschen und die Menschheit regiert und ihre Geschicke gelenkt werden, unabhängig davon woher dieser Einfluss kommt. Er kommt selbstverständlich in erster Linie für die einzelnen Bürger vom Staat, für die Staaten auch von überregionalen Staatengemeinschaften und von globalen Organisationen, soweit diese entscheidungsberechtigt und -fähig sind.

Dieser Einfluss kann aber auch von Religions- und anderen Gesinnungsgemeinschaften ausgeübt werden. Sogar Einzelpersonen können die Welt bewegen, nicht nur Cäsaren, Diktatoren und Heerführer, sondern auch friedliche Menschen wie Philosophen, bedeutende Naturwissenschaftler und sogar Schriftsteller. Mir fallen gerade Kant, Einstein, Emile Zola und Bertha von Suttner ein. Noch viele andere Menschen der Weltgeschichte gehören dazu.

Auch Naturereignisse (meistens Katastrophen) können nicht nur die materielle sondern auch die geistige Welt verändern. Etwa der schon erwähnte Tsunami zu Weihnachten 2004. Er hat sehr viel gute Hilfsbereitschaft geweckt.

Ob es überirdische geistige Kräfte gibt, die Einfluss auf das Leben der Menschen nehmen, weiß ich nicht. Und ich weiß genau so wenig, ob es Gott oder einen göttlichen Plan in der Natur gibt, der die Geschicke der Menschen und der Menschheit lenkt. Viele Leute glauben das, aber niemand kann es mit Gewissheit behaupten.

Was möchte ich mit dieser Überlegung sagen? Die Frage, ob die bestehenden Ordnungssysteme unser menschliches Schicksal beeinflussen, oder gar beeinträchtigen ist völlig offen. Alles kann derzeit passieren, auch das Ärgste. Können wir aber auch etwas Gutes erhoffen? Wenn ja, wodurch??

Ganz schlimm muss es für unsere Zukunft nicht unbedingt sein, trotz all der vielen politischen, sozialen und kriegerischen Auseinandersetzungen in der Welt und trotz der drohenden Naturkatastrophen. Es geht uns ja in vielen Gegenden der Erde ganz gut. Und es gibt auch wohlmeinende gute Politiker, die versuchen, für die Zukunft richtig und vorausschauend vorzusorgen. Aber wird ihnen das auch gelingen? Und wie sollen sie agieren? Das sind die großen Fragezeichen.

2.1 Das Ordnungssystem der geteilten Gewalt

Wie haben sich die geistige Einstellung und der Charakter der Menschen entwickelt, seit es den „homo sapiens“ gibt? Blättern wir zurück in der Menschheitsgeschichte bis zu den Jägern der grauen Vorzeit. Sie mussten Äxte und Speere verwenden, um wilde Tiere zu töten und um zu überleben. Sie verwendeten körperliche Gewalt und von ihnen erdachte Waffen, um sich in der Natur durchzusetzen und um sich auszubreiten.

Dann wurden die Menschen sesshaft, betrieben Ackerbau und bildeten Gemeinschaften in sogenannten Stämmen. Sie betrieben aber auch weiter die Jagd. In fruchtbaren Gegenden und in reichen Jagdgebieten wuchs die Bevölkerung stark an, so dass sich einzelne Stämme in die Quere kamen. Manche kämpften gegeneinander, um die ertragreichen Gegenden in Besitz zu nehmen oder zu behalten. Die Waffen, die sie vorher im Kampf gegen Tiere verwendet hatten, dienten ihnen nun zum Kampf untereinander.

Der Krieg zwischen den Menschen war geboren! Und mit ihm das gegenseitige Töten und die Brutalität, nicht nur gegen die feindlichen Kämpfer, sondern auch gegen harmlose unbeteiligte Frauen, Kinder, Kranke und Alte. Das umstrittene Land wurde durch die Sieger annektiert, die Besiegten unterdrückt und versklavt. Die gewalttätigsten und tüchtigsten Kämpfer und Feldherren der Sieger wurden zu Helden erklärt und zu Herrschern (Fürsten, Königen oder Kaisern) gemacht.

Die Anführer der unterlegenen Stämme oder Völker wurden von den eigenen Leuten auch zu Helden aber gleichzeitig zu Märtyrern erklärt, auch wenn sie genau so brutal gekämpft hatten wie die Sieger. Wenn es möglich war, rüsteten sie später wieder auf. Und wenn sie neue, bessere Kämpfer ausbildeten oder gar bessere Waffen erfanden, holten sie sich nach einiger Zeit das Land (oder noch mehr) zurück, unterdrückten und versklavten die Besiegten und zwangen diesen einen Frieden auf, wie sich die Sieger ihn wünschten.

So war das in der Vorzeit und auch in den Jahrtausenden, seit Weltgeschichte geschrieben wird. Auch heute ist es nicht viel anders. Nur geht es jetzt beim Landbesitz nicht so sehr um Ackerland, sondern um

Energie- und Mineralvorräte. Angeblich geht es aber auch, wie viele Politiker und Medienleute sagen, um geistige Werte, sogar um einen dauerhaften Frieden zwischen den Völkern, Staaten und Religionen; alle Parteien sagen, sie wollen den Frieden verteidigen und die besseren Werte herbeiführen. Das kann doch nicht stimmen!

Damit komme ich zum Thema Religionen und Ideologien. Dazu möchte ich vorweg festhalten, dass friedliche, lebensbejahende Religionen und Ideologien sehr wertvoll sind, weil sie ihren Gläubigen oder Anhängern gute geistige Werte vermitteln. Ich möchte aber auch aufzeigen wie es manchen Menschen, die Macht ausüben, immer wieder gelang (und scheinbar auch heute noch gelingt), Religionen und gute Ideologien zu missbrauchen, um ihre Machtansprüche durchzusetzen. Daraus ergibt sich die Frage: „Wie findet dieser Missbrauch statt?“ und die fundamentale Frage: „Wem nützen die kriegerischen Auseinandersetzungen?“

Seit Menschengedenken bestimmen in den selbstständigen Gemeinwesen, d.h. in den Staaten – oder in früheren Zeiten bei den Stämmen und Völkern – zwei Mächte das Leben der Menschen. **Erstens: Die weltliche Macht (d.h. die herrschenden Fürsten, Könige oder Regierungen) bestimmt die Pflichten der Leute, die im Gemeinwesen leben. Zweitens: Die geistige Macht (Religionen, in neuerer Zeit auch Ideologien) legt die Regeln fest, nach denen die weltliche Macht regieren soll, so dass ein gottgefälliges (heutzutage menschenwürdiges) Leben der Menschen innerhalb der Gemeinschaft stattfindet.**

Als geistige Macht agierten in den Urzeiten Medizinmänner, später Priester. Die Regeln wurden ursprünglich von den Gründern der Religionen bzw. Ideologien nach den zu ihrer Zeit gültigen Lebensbedingungen und geistigen Erkenntnissen aufgestellt, mit der Absicht, dass alle Menschen der Gemeinschaft in guter Ordnung friedlich und anständig miteinander leben sollten.

Die meisten Inhaber der weltlichen Macht regieren schon seit jeher nach dem Motto: „Der Krieg ist der Vater aller Dinge!“ (Und der Friede, der zwischen den Kriegen liegt, hat – wie oben erläutert – den Gesetzen der Sieger zu folgen!) Das beweisen alle Geschichtsbücher.

Bei den Vertretern der geistigen Macht ist das anders: Wenn die weltlichen Machthaber einen Krieg als unvermeidlich ansahen und anzettelten oder in diesen hineingezogen wurden, folgten die Priester der geistigen Macht (auf beiden Seiten) brav den Kampfaufrufen der weltlichen Machthaber und segneten jeweils die Kämpfer und die Waffen. Im folgenden Frieden durften die Sieger dann nicht nur die ihrem Staat einverleibten Besiegten regieren, sondern ihnen auch ihre Religion aufzwingen, notfalls mit Gewalt.

Nun zur fundamentalen Frage: „Welchen Nutzen zogen die Machthaber der Sieger aus dem Krieg?“ Sie konnten nicht nur ihre Länder und die Schar ihrer Gläubigen vergrößern, sondern sie und ihre weltlichen und geistlichen Gefolgsleute gewannen an Ruhm und sozialem und historischem Ansehen. Viele von ihnen gewannen auch Reichtum und lebten in Saus und Braus. Nur die „Rufer in der Wüste“ der geistigen Macht erinnerten mitunter an die moralischen Regeln der Gründer ihrer Religion.

2.2 Die letzten hundert Jahre, von Wien aus gesehen

Vor hundert Jahren war unsere geistige Welt noch in Ordnung. Das heißt: Aus unserer heutigen Sicht war sie selbstverständlich nicht in Ordnung. Sie war es auch nicht, wenn man sie aus einem weiten historischen Blickwinkel betrachtet, der an keine der damals gültigen Ideologien gebunden ist. Aber viele brave und halbwegs intelligente Bürger unseres Heimatlandes (der Österreichisch-Ungarischen Monarchie) waren vor hundert Jahren mit ihren Lebensumständen durchaus zufrieden und hatten kaum etwas daran auszusetzen.

Es waren ja nach der Ansicht der damals Herrschenden nur „Randgruppen" der Bevölkerung, die unzufrieden waren: Etwa die Arbeiter, die für einen Hungerlohn unter miserablen Lebensbedingungen neue schöne Wohnviertel aufbauten, oder arme Frauen, die in Textilfabriken oder in ärmlichen Landgemeinden noch weniger Geld verdienten; Und es waren die chauvinistischen Intellektuellen der anderen Völker der Monarchie, die Tschechen, Polen, Italiener, Slowenen, Slowaken, Kroaten, Ruthenen, Rumänen, die sich von den deutsch und magyarisch sprechenden Beamten ihrer Länder unterdrückt und benachteiligt fühlten.

Trotzdem schworen auch all diese Unzufriedenen ihren Treueeid auf Gott, Kaiser und Vaterland, wenn sie zum Militär eingezogen wurden. Viele von ihnen starben sogar für diese Ideale und die allermeisten waren bereit dafür zu sterben, als sie in den ersten Weltkrieg zogen, weil ihr kaiserlich-königlicher Thronfolger ermordet worden war. Denn der Krieg war noch immer „Der Vater aller Dinge"! Das aber nicht nur für sie und die Soldaten der verbündeten Staaten: des deutschen Reiches, der Türkei und Bulgariens, sondern ebenso für die Menschen der feindlichen Mächte: der Serben, Russen, Franzosen, Engländer etc. und selbstverständlich auch der (treulosen) Italiener. Alle Menschen dachten weiterhin, dass Kriege ein notwendiges, unvermeidliches Übel seien. Und der dazu notwendige Untertanengeist wurde allen Menschen bei Freund und Feind von Kind auf eingepflanzt und unabänderlich eingeprägt. Dabei halfen die Religionen (meistens auf beiden Seiten) mit, diese Gedankenwelt zu erhalten. Man schwor ja „bei Gott" und viele

Soldaten kämpften sogar in ihren Gedanken für die „gerechte Sache" im Sinne Gottes. Auch die meisten Zivilisten glaubten daran.

Was hat sich nicht alles in unserer geistigen Welt seither geändert! Ich glaube, noch nie in der Weltgeschichte hat sich innerhalb von hundert Jahren das Geistesleben der Menschheit so stark und so schnell gewandelt, wie vom Beginn des zwanzigsten Jahrhunderts bis heute.

Der Erste Weltkrieg war schon grausam genug. Er war für die Soldaten auf beiden Seiten der Fronten deprimierender als frühere Kriege, besonders durch die monate- und jahrelangen Stellungskämpfe und die neuartige Verwendung der Giftgase.

Übrigens war der Zweite Weltkrieg schon vorprogrammiert, wenn auch nicht in seiner immensen Brutalität: Ein Präsident der USA, Woodrow Wilson, verkündete im Jänner 1918 in einer Kongressbotschaft das „Selbstbestimmungsrecht der Völker". Es diente als Grundlage für die Festlegung der Staatsgrenzen in Europa bei der Gründung neuer und der Grenzkorrektur bestehender Staaten nach dem Ersten Weltkrieg. Das galt allerdings nicht für die Besiegten. Deutschland wurde ein Zusammenschluss der geschlossenen deutschen Siedlungsgebiete durch die Friedensverträge verwehrt. So ein Diktat den Deutschen, einem bis 1945 äußerst kriegerischen Volk! Das war doch weder gerecht noch politisch weitblickend. So etwas schrie doch nach Revanche!

Im Zweiten Weltkrieg entartete das Kampfgeschehen in einer barbarischen Weise, wie es das kaum jemals zuvor gab. Galten vor und auch während dem ersten Weltkrieg noch gewisse Regeln für das Kriegsrecht, die einen Rest von Menschlichkeit bei den Kriegshandlungen sicherstellten, so wurden im Zweiten Weltkrieg nicht nur die Zivilbevölkerung, sondern auch völlig unbeteiligte und harmlose Menschen hineingezogen und millionenfach vernichtet und schwer geschädigt: Beim Holocaust, bei den Flächenbombardements großer Städte, beim Einsatz der Atombomben und bei der Vertreibung vieler Millionen Menschen aus ihrer Heimat.

Die Jahre nach dem Ende des Zweiten Weltkriegs brachten eine Wende in der Gedankenwelt der meisten Menschen, zumindest in den Ländern, die an den Geschehnissen der beiden Weltkriege beteiligt waren. (Oder sah es nur so aus, als wäre es eine Wende gewesen? Heute kommen immer mehr Zweifel auf!) Jedenfalls wurden die „Vereinten Nationen" (UNO) gegründet, denen alle bedeutenden Staaten der Erde beitraten.

Die UNO beschloss noch 1945 eine Deklaration der Menschenrechte, die sehr exakte und detaillierte Bestimmungen der Rechte jedes einzelnen Menschen aufweisen. Der Gedanke der Menschenrechte war ja nicht neu: Schon bei der Französischen Revolution und bei der Unabhängigkeits-Erklärung der USA im 18. Jahrhundert gab es solche Erklärungen. Aber sie waren noch zu allgemein gefasst, und die Zeit war damals noch nicht reif für ihre politische Umsetzung.

Aber jetzt kam es anders: Die UNO-Menschenrechte wurden sehr exakt und detailliert ausgearbeitet. Bis heute haben fast alle zivilisierten Staaten die UN-Deklaration anerkannt und sich verpflichtet, sie einzuhalten. Was wollen wir einfachen Leute der Erde mehr? Der ewige Friede könnte ausgebrochen sein! Es schien sogar einige Zeit in der zweiten Hälfte des 20. Jahrhunderts (zumindest uns Europäern), als wäre das tatsächlich der Fall.

Leider schützt dieser Zustand die Welt nicht vor einem Rückfall mancher Menschengruppen oder Staaten in barbarische Aktionen: In den letzten zwei Jahrzehnten wurden in einigen Staaten der Welt Selbstmord-Attentate begangen, bei denen nicht nur scheinbare Feinde und Unterdrücker und die angeblichen „Märtyrer" zu Tode kamen und kommen, sondern auch vielfach harmlose Unbeteiligte (Frauen, Kinder und andere Zivilpersonen, auch der eigenen Nation oder Religionsgemeinschaft). Was die einfältigen Märtyrertoren sich von ihren Aktionen erwarten, und dass sie nicht begreifen, schreiendes Unrecht zu begehen, ist völlig unverständlich, besonders auch wenn sie ihre eigenen Landsleute umbringen.

Dass aber im Zeitalter der Globalisierung des Informationswesens Angehörige einer Konfession Menschen einer anderen Konfession der gleichen Religionsgemeinschaft ermorden, weil vor mehr als 600 Jahren die Führer dieser beiden Konfessionen blutig um die Vorherrschaft kämpften, ist für realistisch denkende Menschen völlig absurd.

Ebenso unverständlich ist aber auch, dass manche Politiker zivilisierter Staaten Terroraktionen angeblicher Märtyrer durch ihre überlegene Waffentechnik mit vielfacher militärischer Gewalt niederringen wollen! Dabei verursachen sie nicht nur zahllose Opfer ihres eigenen

Militärs, sondern auch ein Vielfaches an unbeteiligten Opfern bei den angeblichen Feinden. Sie erkennen nicht, dass ideelle Gewalt nicht mit Waffen, sondern nur mit besseren Ideen niedergerungen werden kann.

Auch heute noch glauben manche Politiker und Militaristen, dass kriegerische Gewalt notwenig und entsschuldbar sind, selbst wenn einer von ihnen gegen das herrschende Kriegsrecht verstoßen hätte, sofern der Krieg siegreich beendet wurde. Bei „kleinen Soldaten" (der niederen Dienstränge) wird so etwas natürlich geahndet, nicht jedoch bei höheren militärischen und politischen Führern, wenn diese den Siegermächten angehören.

Auch das Ende des Zweiten Weltkriegs hat das gezeigt. Die Zerstörung Dresdens war nicht mehr kriegsentschiedend und widersprach daher dem Kriegsrecht. Trotzdem wurde der englische Luftwaffenchef, der diese Aktion befohlen hat, nicht zur Verantwortung gezogen sondern geadelt. Auch die Atombombe auf Nagasaki war gegen das Kriegsrecht. Japan hatte schon mehrere Wochen vorher (nach Hiroshima) kapituliert. Unzählige harmlose Zivilisten kamen bei diesen und ähnlichen Aktionen um ihr Leben, Gesundheit oder Hab und Gut. Diese Tatsachen werden heute zum Glück der Öffentlichkeit zur Kenntnis gebracht, ohne dass die Untaten der Verlierermächte verharmlost werden, z.B. in dem Buch „Das Ende der Tabus" von R. Cernin[3)]. Durch solche Informationen dringt hoffentlich die Erkenntnis durch, dass Kriege an sich etwas Böses sind! Und die Verherrlichung von angeblichen oder wirklichen Heldentaten, besonders in Kinos und im Fernsehen, sind auch etwas Böses. Denn sie zeigen nur das angeblich „Edle" der Kriege, verschweigen nicht nur das Leid der Zivilisten, sondern auch die Leiden und die Verrohung der Kämpfer. Und sie verführen die jungen Menschen zu einer falschen Sicht von Krieg und Gewalt, so dass viele dieser jungen Menschen später selbst Opfer dieser Einstellung werden.

Im 21. Jahrhundert sind die kriegerischen Aktionen noch schwieriger geworden. Die Erfahrung der letzten Jahre zeigt, dass viele kriegerische Aktivitäten früher oder später zu einer Pattstellung zwischen den feindlichen Mächten führen, so z.B. in Afghanistan, im Irak-Krieg oder neuerdings in Georgien. Diese Entwicklung lässt jedoch hoffen, dass wir uns doch mitten in einer Zeitenwende befinden, in der kriegerische Auseinandersetzungen immer mehr ad absurdum geführt werden.

2.3 Demokratie und Menschenrechte, Schwächen und Herausforderungen

Die Politik, vor allem die große Weltpolitik, beeinflusst durch die globale Entwicklung der Wirtschaft, der Technik und der Medien das Leben fast aller Menschen. Wir können nicht daran vorbeigehen. Auch wir Alten nicht, wenn wir ehrlich gegenüber unseren Mitmenschen und Nachkommen denken.

In aller Welt schwärmt man heute von der Demokratie als beste und erstrebenswerteste Staatsform. Allerdings tun das nicht alle Leute, die in einem demokratisch regierten Staat leben. Denn die Demokratie hat ihre Tücken und Schwächen. Schon Churchill hat das erkannt und deutlich ausgesprochen. Nach seinen Worten ist „Die Demokratie die beste unter vielen schlechten Regierungsformen." Denn sie neigt zu einer Art „Pendelsystem": Bei kurzsichtigen Entscheidungen durch eine Regierung werden die richtigen (für die Allgemeinheit besten) Lösungen politischer Probleme mitunter erst nach einem oder mehreren Wechseln der Regierungsparteien gefunden. Das ist wohl meistens zu ertragen, es sei denn, dass die Opposition dauerhaft sehr schwach ist. Dann kann ein Regierungschef, der die Macht und seine eigene Bedeutung liebt, dem Land viel Verwirrung und Unheil bringen.

Die größte Schwäche der Demokratie ist jedoch, dass sie manipulierbar ist, einerseits durch Demagogie, andererseits auch durch Geld, durch unehrliche Berichterstattung der Medien, sowie durch Lügen und Bluff, oder durch eine Kombination dieser unschönen Eigenschaften. Wenn dann noch ein paar politische Tricks dazukommen, kann es leicht geschehen, dass aus einer Demokratie, die regulär gewählt wurde, auf einmal eine Diktatur wird. Die Geschichte hat das bewiesen. Man braucht bei dieser Feststellung nicht nur an das Hitlerregime zu denken. Auch in etlichen anderen Ländern ist das schon passiert.

Den Medien kommt bei der Manipulation angeblich demokratischer Entwicklungen besondere Bedeutung zu. Ein Beispiel dafür beschreibt der bekannte und angesehene deutsche Journalist Peter Scholl-Latour in seinem Buch „Russland im Zangengriff"[32], S. 384ff. *Im Winter 2004 fand in Kiew, der Hauptstadt der Ukraine, die so oft gelobte Orange-*

Revolution statt, mit der die Revolutionäre einen neuen Urnengang erzwangen. Scholl-Latour wörtlich: „Die Welt huldigte in fast einstimmiger Bewunderung diesem Aufbäumen einer jungen osteuropäischen Nation, bei der eine gewaltige Menge Unzufriedener (ohne Zeichen von Nachgiebigkeit und Schwäche) nächtelang im klirrenden Frost und ohne angemessene Versorgung ausharrte, um ihren hohen Idealen zum Durchbruch zu verhelfen. Die Kameras der westlichen TV-Stationen vermieden es seltsamerweise, die immense Ansammlung von 1500 geheizten Zelten zu filmen, in denen warme Nahrung ausgeteilt wurde. Die Reporter hüteten sich, die dubiosen Schattenaktivitäten, den gewaltigen Finanzaufwand zu erwähnen, der bis zur Bestechung reichte, aber dem organisierten Taumel das Rückgrat stärkte. Der Zeitungsleser (vom Fernsehkonsumenten ganz zu schweigen) brauchte etliche Monate, um durch Berichte renommierter Printmedien über die Machenschaften amerikanischer Spenderorganisationen (Institute, Foundations und Regierungsstellen) informiert zu werden, die ihre subversive Einmischung gar nicht zu kaschieren suchten.“

Scholl-Latour erwähnt hinterher noch, dass die Steuerung und Finanzierung der Orange-Revolution durch amerikanische Organisationen lückenlos bewiesen und belegt wurde. Im Übrigen vertritt auch er die Ansicht, dass Demokratie nicht „exportiert“ werden kann, vor allem nicht durch Anwendung von Gewalt.

Im Sommer 2008 ist sogar ein kriegerischer Konflikt zwischen Russland und Georgien ausgebrochen, einem der unabhängigen Nachfolgestaaten der Sowjetunion. Um die Hintergründe dieses bösen Konflikts recht zu verstehen, genügt es vielleicht nicht, das Buch von Scholl-Latour zu lesen. Selbstverständlich bemühen sich die Russen unter ihrer jetzigen Führung aus dem Zangengriff herauszukommen, den dieses Buch schildert.

Ich darf dazu eine kleine Episode erzählen, die ich erlebte, als ich 2004 an einer der berühmten Schiffsreisen von Moskau nach Sankt Petersburg teilnahm. Ein junger, sehr intelligenter Reiseleiter sprach über die russische Politik. Er sagte lächelnd, dass die Russen jetzt in einer „Demokratur“ leben. Dieses Wortspiel hat er durchaus nicht negativ gemeint: Die meisten Russen sind recht froh und stolz, dass ihr Staat durch diese Politik wieder Achtung und Geltung in der Welt bekommt.

Um die Hintergründe dieser Geisteshaltung richtig zu verstehen, sollte man das großartige Buch „Denken in Völkern“ von Heinrich Jordis von Lohausen[25)] lesen. Welche Hintergründe dies sind, sagt eigentlich schon der Untertitel des Buches: „Die Kraft von Sprache und Raum in der Kultur- und Weltgeschichte“. Die Kraft der Sprache zeigt sich z.B. im Georgien-Konflikt: In jenen Gegenden von Georgien, in denen Menschen mit russischer Muttersprache die Mehrheit der Bevölkerung bilden, wollen diese (wie die Albaner im Kosovo) mit Gewalt eine Autonomie erkämpfen, besonders wenn ihre Siedlungsgebiete an das russische Staatsgebiet grenzen. Die russische Staatsführung unterstützte zunächst militärisch und später politisch diese Bestrebungen. Das kann zwar ein Bumerang werden, wenn man an die Nachfolgestaaten im sibirischen Raum denkt. Aber die Lenker Russlands sind dieser Herausforderung anscheinend gewachsen. Es scheint so, als hätte Russland derzeit die geschicktesten Politiker im Spiel der globalen Mächte.

Im Übrigen ist das Buch „Denken in Völkern“ für Menschen, die das heutige politische Geschehen aus dem Blickwinkel der Weltgeschichte verstehen wollen, eine wahre Fundgrube. Der Autor beleuchtet das geopolitische Geschehen in seinen Grundzügen von den Urzeiten bis in die Gegenwart und verweist darauf, dass sich trotz Globalisierung und weltweiter Gleichmacherei das Denken der Völker nicht geändert hat. Besondere Aufmerksamkeit widmet er nicht nur den kriegerischen Aktivitäten der USA (seit ihrer Gründung und dem daraus resultierenden negativen Karma der USA), sondern auch dem Zerfall der österreichisch-ungarischen Monarchie und der Aufgabe Österreichs im europäischen Raum.

Aber nun doch wieder zurück zu den allgemeinen Schwächen der Demokratie: Wie deren Mängeln theoretisch von offiziellen Stellen begegnet wird, kann man in dem Buch von Peter Fischer „Politische Ethik“[8)] nachlesen. Sehr viele Ethik-Experten aus den verschiedensten Gebieten des Lebens (Politik, Wirtschaft, Technik, Medizin, Religionen, etc.) sind damit beschäftigt, den Grundriss einer „Angewandten politischen Ethik“ zu konzipieren.

Die Studie, die Du jetzt liest, leitet ihre Ethik jedoch weitgehend von persönlichen Erfahrungen und von logisch begründeten Erkenntnissen der Geistes- und Naturwissenschaften ab. Eine gute Ethik sollte (meines Erachtens) sowohl für Einzelpersonen gelten wie auch für größere Gemeinschaften, und im Zeitalter der Menschenrechte und des fortschreitenden globalen Denkens sogar für die Menschheit als Ganzes. Ist das möglich?? Zu dieser Frage ein allgemeiner Hinweis:

Die einzelnen Menschen, die im Wohlstand leben, nützen ihre Rechte und ihre Freiheiten (die sie durch die UN-Erklärung der Menschenrechte und deren Anerkennung durch die meisten Staaten der Welt erhalten haben) voll aus. Die meisten Leute vergessen dabei aber ihre moralischen Pflichten und den Anstand gegenüber anderen Menschen. Sie leben für Spaß, Geld, soziale Position und Abenteuer. Und sie vergessen nicht nur auf ihre Verantwortung gegenüber anderen Menschen, der Natur und der Kultur, sondern vielfach sogar auf die Verantwortung für ihr eigenes Leben. Ihnen fehlen nicht nur die ethischen Grundregeln, sondern auch Erziehung und Verstand zur Eigenverantwortung!

Viele Menschen sind orientierungslos geworden, und zwar sowohl durch ihren Mangel an lebensnahen und friedlichen religiösen Bindungen wie auch durch die Fehler der Religionen in der Vergangenheit. Diese Mängel sind in den letzten Jahrzehnten auch für einfach denkende Menschen offenkundig geworden. Darüber hinaus halten die Verkünder der Religionen vielfach an fundamentalistischen Vorstellungen fest, die den heutigen Lebensbedingungen nicht mehr entsprechen.

3. Auf der Suche nach den guten geistigen Werten

Eigentlich habe ich ursprünglich gar nicht das „geistige Gleichgewicht" gesucht, das uns innere Ruhe und Befriedigung beschert. Sondern ich war auf der Suche nach den guten geistigen Werten, die uns im Zusammenleben mit anderen Menschen dieses Ziel erreichen lassen und uns gleichzeitig Lebensfreude schenken können. Diesen Werten widmete ich schon das Titelgedicht meines Buches „Der Atem unseres Lebens"[38]. Es lautet:

Das Leben ist doch nur ein Atemzug im weiten Strom der Ewigkeit.
Wir Menschen, die wir fühlend denken dürfen,
wir sollen diesen Atemzug mit einem guten Sinn erfüllen.
Wir atmen Leben ein und soll'n dabei die Schönheit, Glück,
das Leid, die Schwierigkeiten, die uns das Leben bringt,
erfühlen und verstehen lernen.
Wir atmen Leben aus und soll'n dabei
das Wissen und die Fröhlichkeiten, die wir erfahren,
an andre Menschen weitergeben, die mit uns
und die nach uns auf unsrer treuen Erde leben.
Nur dadurch fügt sich unsres Daseins Atem
in guter Art ins ew'ge Sein des endlos weiten Stromes ein!

Das ist eine moralische Aufforderung, die bereits in die gleiche Richtung ging wie die Studie. Damals aber war noch keine Rede vom geistigen Gleichgewicht. Ich fand es erst, als ich bei Seminaren und Vorträgen weiter nach den guten geistigen Werten suchte, die uns Frieden und Zufriedenheit bringen können.

Aus dieser Thematik ergibt sich eine sehr konkrete Frage: Wie erkennen wir die guten geistigen Werte, da doch unser geistiges Leben nicht nur von unserem verstandesmäßigen Denken, sondern auch von unseren Gefühlen bestimmt wird? Dieser Frage widme ich mich in den folgenden Kapiteln dieses Teils 3 der Studie.

Ich habe in den letzten zwei Jahrzehnten Seminare von fünf verschiedenen Vereinigungen besucht, die man dem allgemeinen Bereich „Lebenshilfe" zuordnen könnte. Im nächsten Kapitel behandle ich die Seminare eines dieser Veranstalter deshalb, weil der gedankliche Inhalt des Vortragenden (nach meiner Ansicht) einen deutlichen Mangel aufwies, der mich schließlich zum Gedanken des „Geistigen Gleichgewichts" führte.

3.1 Die physischen und die geistigen Sinne

Bei Seminaren eines „Vereins für positives Denken“[7] und der „Schule für intuitive Seelenentfaltung“[34] hieß es, dass wir Menschen analog zu jedem der fünf körperlichen Sinne auch „geistige Sinne“ besitzen: Das geistige Sehen oder „Visionen“, das geistige Hören oder „Auditionen“, das geistige Riechen (z.B: man kann jemanden nicht riechen), das geistige Schmecken (z.B: die Arbeit schmeckt mir nicht!) und das geistige Fühlen oder unser „Gefühl“. Diese Theorien haben einiges für sich: Das Gefühl besitzt ja jedermann, Visionen oder Auditionen haben manche (besonders sensible?) Menschen. Und das geistige Riechen und Schmecken kann man (großzügig gedacht) auch gelten lassen.

Die erwähnte Denkschule baut auf 2500 Jahre alten Erkenntnissen von Philosophen des „alten Griechenlands“ auf. Dabei wurde aber weder das physische Gleichgewicht noch das geistige Gleichgewicht erwähnt. Ich glaube, dass das körperliche und das geistige Gleichgewicht für uns Menschen mindestens so wichtig sind wie des Sehen und das Hören.

Wir haben doch auch ein Sinnesorgan für das körperliche Gleichgewicht. Es befindet sich bekanntlich im Innnenohr. Heute wird es von den Naturwissenschaftlern selbstverständlich den anderen Sinnesorganen zugerechnet. Der Gleichgewichtssinn ist von außerordentlicher Bedeutung für uns Menschen. Denn er gestattet uns ja – im Gegensatz zu den meisten Tieren – aufrecht zu gehen und unsere Hände für Verrichtungen zu gebrauchen, die vom Gehirn durch logische Gedanken gesteuert werden. Das physische Gleichgewichtsorgan ist somit die Grundlage des „Homo erectus“ (des aufrechten Menschen). Und der Sinn für ein „Geistiges Gleichgewicht“ ist dann logischerweise die Basis des Nachfolgers des Homo erectus. Das ist der „Homo sapiens“, der vernunftbegabte Mensch, der heute einen großen Teil des Geschehens auf der Erde steuert.

Wir (die einzelnen Menschen) sind dann im Zustand des geistigen Gleichgewichts, wenn unser Denken und unser Gefühl sich nicht widersprechen, das heißt, wenn wir ruhig und ausgeglichen an die Probleme, die uns das Leben stellt, herangehen und diese vernünftig und ohne negative Emotionen lösen.

Die Probleme können aus unserem eigenen Geisteszustand kommen: Denn wenn wir unsere eigenen Fähigkeiten über- oder unterschätzen, können wir die Probleme nicht richtig lösen. Unser Selbstwertgefühl ist – wie die Psychologen sagen, noch unfertig. Wenn es ausgereift ist, gelingt uns das besser, allerdings nicht immer zum Wohlgefallen anderer Menschen, falls diese mit ihren eigenen Problemen nicht zurechtkommen. Das geistige Gleichgewicht ist somit – objektiv gesehen – nicht immer gut.

Wenn wir in solchen Fällen auch die Gedanken- und Gefühlswelt der anderen an den Problemen beteiligten Menschen beachten und die Gefühle der anderen nicht verletzen, können wir von einem guten geistigen Gleichgewicht für unser Zusammenleben sprechen.

Im Prinzip gibt es somit zwei Problemkreise: Erstens das geistige Gleichgewicht des einzelnen Menschen. Es wird auch das „Seelische Gleichgewicht“ genannt. Zweitens das geistige Gleichgewicht in den Beziehungen zwischen einem Menschen und seiner geistigen Umgebung, den anderen Menschen.

Es geht doch darum, dass jeder von uns mit seinem eigenen Tun und Lassen zufrieden sein möchte und dass er ebenso mit den Menschen seiner Umgebung gut und friedlich zusammenleben möchte, aber nicht im eigenen Frust oder in Depressionen oder im Streit und Hader mit anderen Menschen bzw. in Angst oder unfreundlicher Distanz vor ihnen. Die Wünsche mit sich selbst zufrieden zu sein und mit den anderen für uns wichtigen Menschen gut und friedlich zusammen zu leben, bedingen sich gegenseitig. Deshalb ist das gute geistige Gleichgewicht für uns so überaus wichtig.

Jeder Mensch kann dieses „Seelische Gleichgewicht“ erreichen. Es sollte nicht so schwer sein wie es im ersten Moment scheinen mag, denn es hängt nicht nur von seinen Lebensumständen, seinen Fähigkeiten und seinem guten Willen ab, sondern davon, dass er sich an allgemein gültige ethische Regeln hält. Wie das geht, erkläre ich in den folgenden Teilen der Studie mehr im Detail.

Zu meinen Ausführungen möchte ich betonen, dass ich meine „Erkenntnisse“ durchaus nicht als mein persönliches Verdienst betrachte.

Ich halte meine Überlegungen vielmehr für eine Entdeckung, die ein logisch denkender Mensch fast von selbst finden sollte, wenn er die Ursachen eines Problems sucht.

Denn unsere Gedanken und Gefühle sind doch bei unseren Entscheidungen und bei unseren Tätigkeiten genau so real wie körperliche Kräfte oder materielle Dinge. Unsere geistigen Kräfte beeinflussen eben unser eigenes Leben und das Zusammenleben mit anderen Menschen sehr stark.

3.2 Eine Lanze für den „sechsten Sinn“!

Neben dem Begriff der „Fünf Sinne“, den wir von den „alten Griechen“ übernommen haben, sprechen wir oft vom „sechsten Sinn“, wenn wir unbewusst, meistens ohne klar zu denken, auf eine Situation reagieren und sie positiv lösen. Der sechste Sinn reicht somit vom instinktiven Verhalten (dem angeborenen Naturtrieb der Selbsterhaltung) bis zur Intuition, dem gefühlsmäßigen Erkennen einer Situation, wobei der logische Verstand nicht gefragt wird, oder sogar gegen die Logik entschieden wird. (Naturwissenschaftlich gesehen, sollte man beim „sechsten Sinn“ das Wort „Sinn“ gar nicht verwenden, weil dabei kein Sinnesorgan mitwirkt.)

Der sechste Sinn bewährt sich besonders in kritischen Situationen, wenn wir instinktiv oder intuitiv handeln. Ich möchte das hier durch Beispiele aus meinem Leben zeigen:

Nussernte im Garten meiner Eltern: Ich stand mit einem Bein auf einem Ast des großen Nussbaums ein paar Meter über dem Boden. Mit beiden Händen hielt ich mich auf einem höher hängenden Ast fest. Mit dem zweiten Bein trat ich mehrmals auf einen anderen Ast, um die reifen Nüsse an seinen Zweigen herunter zu beuteln. Auf einmal trat ich daneben, verlor den Halt der Hände und stürzte nach vorne. Obwohl ich wirklich kein Trapezkünstler bin, fing ich mich instinktiv mit meinen Händen auf dem Ast, auf den ich vorher getreten war. Nicht auszudenken, was mir passiert wäre, wenn ich kopfüber auf den darunter befindlichen Betonboden gefallen wäre!

Ende August 1939, wenige Tage vor Beginn des 2. Weltkriegs: Vor einem Monat hatte ich als Reservist eine „Waffenübung zur Umschulung vom österreichischen Bundesheer zur deutschen Wehrmacht“ als „Wachtmeister der Reserve“ beendet. Nun war ich wieder Zivilist und Student der Technischen Hochschule von Wien und ich arbeitete als Ferialpraktikant in Graz. Rundherum Kriegs-Vorbereitungen. Der Bahnverkehr nach Wien war unterbrochen. Obwohl mich durchaus nichts drängte, wieder die Uniform anzuziehen, unterbrach ich die Praxis, packte mein Gepäck auf mein Fahrrad und strampelte per Rad nach Wien.

Das tat ich alles intuitiv am 30. August 1939. Zu Hause lag schon der Einberufungsbefehl für mich für den 1. September zu einer Nachrichtenkompanie, die in der Wiener Breitenseer Kaserne vorwiegend aus Reservisten zusammengestellt wurde. Die Kompanie wurde Ende Jänner 1940 einem Regiment eingegliedert, das die Fernsprech- und Fernschreibverbindungen des „Oberkommando des (deutschen) Heeres" zu bauen und zu betreiben hatte. Es hieß „Führungs-Nachrichtenregiment Nr. 40", kurz „FNR 40".

Der Kompaniechef, ein Oberleutnant der Reserve, Rheinländer und im Zivilberuf Studienrat (wie man in Deutschland zu den Mittelschullehrern sagt), zeigte sehr viel Verständnis für mein Studium. Solange wir noch in Wien waren gestattete er mir, die Dienstzeit für mein Studium zu verwenden, mit Ausnahme der militärischen Übungen der Kampanie. Dadurch war es mir möglich, noch vor der Verlegung der Kompanie zum Regiment meine erste Staatsprüfung an der Technischen Hochschule in Wien abzulegen.

Später hatte ich noch mehr Glück. Ich wurde (noch vor dem sogenannten „Frankreich-Feldzug") als Ordonnanzoffizier in den Regimentsstab kommandiert, obwohl ich damals noch Offiziersanwärter war. (Dort blieb ich fast ein Jahr bis April 1941.) Ich lernte von meinen Vorgesetzten sehr viel menschlichen Anstand, Weltoffenheit und eine realistische Beurteilung der militärischen Lage. Mein direkter Vorgesetzter, ein Berliner und Hauptmann der Reserve, war etwas strenger, aber sehr auf mein Wohl bedacht. Der Regimentskommandeur, aktiver Oberstleutnant und Thüringer, hielt sehr auf Äußerlichkeiten. Beide zeigten mir gegenüber eine väterliche Zuneigung und ehrliche Fürsorge, vielleicht weil sie in mir einen noch formbaren jungen Mann sahen, einen jungen idealistisch denkenden Österreicher, für sie ein etwas fremdes Wesen und eine Art Wunderkind, das sie (wegen meines jugendlichen Aussehens) „Benjamin" nannten.

Im Regimentsstab wurde meine geistige Einstellung noch deutlicher als bisher geprägt: Zur Menschlichkeit und zur Verantwortung für mein eigenes Leben und das Leben der Menschen, die mir anvertraut waren. Ich konnte mich von den Wahnideen des Nationalsozialismus lösen, in denen viele von uns jungen Leuten damals lebten.

Ich kann hier selbstverständlich nicht alle meine Erlebnisse während des 2. Weltkriegs erzählen, nicht einmal meine ganze geistige Entwicklung während dieser Zeit. Ich möchte nur kurz ein Ereignis skizzieren, das mich (wie ich glaube) besonders bewegt und geprägt hat: Mein „Aufstand gegen die Sinnlosigkeit des Krieges" im Frühjahr 1943, wenn ich das so nennen darf. Dieses Ereignis ist in meinem Buch „Gedanken am Abend"[28)] ausführlich beschrieben. Hier nur das Wichtigste daraus:

Juni 1943: Die „Wehrmacht" hatte mich inzwischen zum Oberleutnant der Reserve aufsteigen lassen und zum Kompanieführer der Fernsprech-Baukompanie zbV (zur besonderen Verwendung) 20/649 gemacht, nachdem ich vorher eine andere Kompanie vertretungsweise führte und dabei getestet wurde, ob ich für eine solche Funktion geeignet sei. (Während dieser Zeit überführte ich einen Wachtmeister, der im Zivilleben SA-Hauptsturmführer war, wegen 19(!) verschiedenen strafrechtlichen Delikten und meldete ihn dem Kriegsgericht.)

„Meine" Kompanie 20/649 lag in Makejewka, nahe bei Stalino, das heute wieder Donezk heißt. Die Kompanie unterstand organisatorisch dem „Kommandeur der Führungs-Nachrichtentruppen", war aber an die 6. Armee verliehen, die nach dem Desaster von Stalingrad wieder völlig neu zusammengestellt werden musste.

Nun war ich nicht nur für die ordentliche Durchführung der militärischen Aufgaben der Kompanie sondern auch für das Wohl von 220 Menschen verantwortlich, die im Durchschnitt um 10 Jahre älter waren als ich. Die meisten waren verheiratet und seit eineinhalb Jahren nicht mehr zu Hause. Die militärische Ordnung der Kompanie war gut, die menschliche schlecht. Die Kompanie lag ja in der Etappe. Durch „flammende Appelle" gelang es mir, die Zahl der neuen Fälle von Geschlechtskrankheiten innerhalb von 6 Wochen von 15 auf 3 zu reduzieren. Auch sonst schaffte ich es bis auf wenige Ausnahmen, die Disziplin und den Zusammenhalt der ganzen Kompanie in Ordnung zu bringen.

Das größte Übel der Kompanie waren die Kraftfahrzeuge. Auch sie waren seit 1 1/2 Jahren in Russland und total verbraucht. Dennoch waren der Regiments- und der Abteilungskommandeur sehr interessiert, meine Kompanie in ihr Armeeregiment einzugliedern, denn sie passte in ihrer Organisationsform genau in ein Armee-Nachrichtenregiment.

(Wie beide Herren die Aufgaben der Kompanie mit den völlig kaputten Kraftfahrzeugen bewältigen wollten, blieb ein Rätsel, so weit dachten sie wohl nicht.)

Ich war total sauer. Der Krieg war nach Stalingrad verloren. Das war jedem denkenden Menschen völlig klar. Aber es gab zu wenig Denkende. Die einen folgten Hitlers verantwortungslosen Wahnideen, die anderen waren korrupt oder fatalistisch.

An den neuen Frontlinien der 6. Armee entlang des Donezbogens war es zunächst ruhig. Sowjets und Deutsche sammelten neue Kräfte. Meine Kompanie hatte die Fernsprech-Freileitungen vom Armeekommando zu den unterstellten Armeekorps instandzuhalten. Die östlichste Leitung an der Straße nach Taganrog (einige km westlich des Donez) betreute der Zug des Wachtmeisters Schwarz. Eines Tages, Ende Juni, war die Verbindung unterbrochen. Nächtliche Panzergefechte, die jedoch nach ein paar Stunden verstummten.

Als am nächsten Abend die Fernsprechverbindung noch immer nicht da war, betrachtete ich es sehr richtig, als Kompanieführer nach dem Rechten zu sehen. Ich fuhr mit meinem PKW in der Dunkelheit (mit abgeblendeten Scheinwerfern) die Straße entlang Richtung Taganrog. Nach etwa 20 km wurde ich von einem Wehrmachtsposten angehalten: „Sie fahren ins Niemansland! Wenn Sie weiterfahren, auf eigene Gefahr!“ Ich erklärte dem Posten die Situation. „Ich muss doch weiterfahren, um die militärische Aufgabe meiner Kompanie zu erfüllen!“ Gesagt, getan. Vorsichtig spähend fuhren wir, mein Fahrer und ich weiter. Nach einer halben Stunde sahen wir ein Kfz mit abgeblendeten Scheinwerfern entgegegenkommen. Als wir uns trafen, hielten beide Autos an. Große Überraschung: Es war Wachtmeister Schwarz! Ich sagte ihm nach kurzer Unterredung: „Umdrehen und mit etwas Respektabstand zum nächsten Regimentsgefechtsstand!“ Dort konnte ich klären, dass der Zug von Schwarz seine Instandsetzungsarbeiten unbehindert durchführen kann. Alles war in Ordnung. Schwarz war froh, dass ich ihm keine negativen Vorhaltungen machte.

Die Männer von Schwarz arbeiteten gut. Am nächsten Nachmittag war die Fernsprechverbindung nach Taganrog wieder in Ordnung. Ich machte gleich eine kleine Kontrollfahrt noch bei Tageslicht, denn ich wollte mir das „Niemansland“ von gestern näher anschauen: Ein entsetzlicher Anblick. Links und rechts der Straße eine große Zahl ausgebrannte deutsche und russische Panzer! Wie viele unsägliche Schmerzen und Todesangst der Soldaten zeigten sie an?!; und wie Leid der Angehörigen dieser Männer?!

Ein paar Tage später fand in Stalino ein geselliger Abend der Abteilung statt, bei dem ich meinen ganzen Frust loswerden konnte, der sich in den letzten Monaten angesammelt hatte. Zu dem Abend waren alle verfügbaren Offiziere und Unteroffiziere der Kompanien unserer Abteilung sowie der Stäbe des Regiments und der Abteilung erschienen. Allerdings fehlte der Abteilungschef. Er war auf Urlaub. Aber der Regimentschef war anwesend. Es gab Gesang, Sketches und eine feuchtfröhliche Stimmung.

In vorgerückter Stunde machte sich der Regimentschef, der in seiner Jugend anscheinend ein schlechter Schüler war, lauthals über die Oberschullehrer lustig. Er grölte ganz laut in den Saal hinein: „Die Studienräte, diese Arschpauker!“ Eine Weile betretenes Schweigen, denn der abwesende Abteilungschef war im Zivilberuf Studienrat und im Gegensatz zum Regimentschef ein zurückhaltender, vorsichtiger und etwas ängstlicher Mann. „No ja, so etwas kann im Suff schon passieren!“ haben sich wohl die meisten Anwesenden gedacht, nicht aber ich. In meinem Frust dachte ich mir: „Auch das noch! So wenig Disziplin und Kollegialität gibt es von oben nach unten bei den hohen Offizieren!“

Am nächsten Tag setzte ich mich allein in die Schreibstube der Kompanie und tippte in Abwesenheit der Schreibstubenleute eigenhändig eine Beschwerde an den Armee-Nachrichtenführer, den Vorgesetzten des Regimentschef‚s in die Maschine. „Herr Oberst X hat bei dem gestrigen geselligen Abend in Anwesenheit fast aller Offiziere und Unteroffiziere der Abteilung, jedoch in Abwesenheit des Herrn Abteilungskommandeurs, Herrn Major Y, der im Zivilberuf Oberschullehrer ist, die Studienräte sehr laut als „Arschpauker“ bezeichnet. Ich halte eine solche Äußerung auch während einer feuchtfröhlichen Feier für disziplinzerstörend und fühle mich außerdem in meiner persönlichen Ehre getroffen, da mein Vater und meine Mutter auch Studienräte sind.

Oberleutnant der Res. Gunther Swoboda. Komp.Führer 20/649."
Nachdem ich das geschrieben hatte, setzte ich mich ins Auto, fuhr nach Stalino zum Quartier des Armee-Nachrichtenführers und gab den verschlossenen Briefumschlag mit meiner Beschwerde eigenhändig in der Posteinlaufstelle ab. Der Brief war „An den Armee-Nachrichtenführer, Herrn Oberst N. persönlich" adressiert.

Als dieser die Beschwerde las, wird er sich wohl gedacht haben: „Was will dieser Irre eigentlich mit dieser Beschwerde? Er hat im Prinzip wohl recht. Aber was soll man mit einem so verzwickten Problem tun? Wer ist dieser Mann, der sich da so wild gegenüber einem höheren Vorgesetzten gebärdet?" Selbstverständlich wusste er, dass ich dizsiplinär zum Kommandeur der Führungs-Nachrichtentruppen gehörte. Dort war inzwischen mein früherer Vorgesetzter im Stab des FNR 40, Major Hoch, zuständig.

Die beiden Herren einigten sich wohl, dass die beste Lösung sei, die ganze Affäre unter den Tisch fallen zu lassen. Denn zwei Tage später rief mich Major Hoch an und fragte mich: „Was wollen Sie eigentlich mit Ihrer Beschwerde erreichen?". Ich verwies nochmals auf den miserablen Zustand der Kraftfahrzeuge der Kompanie. (Das hatte ich schon zwei Wochen vorher einmal ihm gegenüber telefonisch unter angeblicher „Umgehung des Dienstweges" getan, was mir einen Rüffel durch den Abteilungskommandeur eingetragen hatte.)

Nach zwei Tagen kam der Marschbefehl zur „Auffrischung der Kompanie 20/649" in Deutschland. Bei meiner Beschwerde-Aktion hatte ich nicht eingeplant, dies zu erreichen. Es war tatsächlich mein Frust, der mich zu dieser Aktion hinriss. (Wenn es Berechnung gewesen wäre, hätte es wohl nicht geklappt!)

Nach zwei Monaten Auffrischung waren die Kraftfahrzeuge in Ordnung oder ergänzt. Die Kompanie wurde wieder auf die Bahn verladen. Diesmal ging es nach Griechenland, zu Einsätzen im Norden und Westen des Landes. Im Oktober wurde ich als Urlaubsvertretung zum Heeresgruppen-Nachrichtenführer gerufen. Der war Oberst Göhring, mein früherer Regimentskommandeur des FNR 40.

Nach ein paar Tagen zeigte er mir einen „Führer-Befehl": Die Studenten der Chemie, Ballistik und Nachrichtentechnik, die ihr Studium bis Dezember 1944 abschließen können, sind zum Studienurlaub zu kommandieren. „Trifft das bei Ihnen zu, Swoboda?"

Es traf zu, ich wurde gemeldet und nach etwa 3 Wochen kam der Befehl des Oberkommandos des Heeres, dass ich den Studienurlaub an der Technischen Hochschule in Wien unverzüglich anzutreten habe. Ich durfte sogar per Flugzeug reisen, einer alten JU 52, die militärische Frachten über die Partisanengebiete am Balkan beförderte und die ungarische Tiefebene wegen der feindlichen Jagdflieger in 50 m Flughöhe überquerte.

Nach diesen Berichten glaubt Ihr vielleicht, liebe Leser, dass ich dank eines gnädigen Schicksals an den vielen Gefahren, Schrecknissen, Ängsten und Kümmernissen dieses grausamen Krieges vorbei gekommen bin. Das stimmt nicht ganz. Ich war sowohl in Russland wie in Griechenland und (am Kriegsende) in Deutschland noch etliche Male in recht gefährlichen Situationen, die ich heil überstand. Aber ich habe immer meine militärische Aufgabe nach bestem Wissen und Gewissen erfüllt und für das Wohl der mir anvertrauten Menschen gesorgt. Zum Glück wurde ich nie in Nahkampfsituationen verwickelt. Und ich musste mich weder (mit meiner Pistole) verteidigen noch mein Gewissen belasten, dass ich irgendwann gewalttätig gehandelt hätte.

Im Herbst 1941 erkrankte ich (im Mittelabschnitt der russischen Front) an der Ruhr und verlor 10 kg meines Körpergewichts. Ich konnte diese Krankheit aber während eines 4 Monate dauernden Studienurlaubs im Winter 1941/42 in Wien durch die fürsorgliche Pflege meiner Mutter ausheilen. Ursache war eine Blinddarmreizung, die durch eine Operation in Plauen behoben wurde. (Dort hatte ich ein berührendes Erlebnis, das meine geistige Einstellung stark beeinflusste. Darüber berichte ich später.)

Nun war ich im November 1943 wiederum Student in Zivil und zu Hause in Wien auf Befehl unseres „obersten Kriegsherren" Adolf Hitler. Und ich sollte ihm nach 14 Monaten helfen, mit den angeblichen „Wunderwaffen" den Krieg doch noch zu gewinnen. Ausgerechnet ich, der ich mich geistig schon völlig von Hitlers Wahnvorstellungen abgewendet hatte.

Ich hatte nur eines im Sinn: Ich wollte in diesen Monaten mein Studium so gut und einwandfrei wie möglich abschließen, um nach dem

Ende des Krieges als Diplomingenieur irgendwo und irgendwie als Zivilist mein Leben aufbauen zu können.

Damals ging unter den einfach denkenden deutschen Soldaten der seltsame Spruch um: „Genießet den Krieg, denn der Frieden wird fürchterlich sein!“ Dieser Gedanke war (zumindest in den östlichen Teilen der von der deutschen Wehrmacht besetzten Gebiete) durchaus begründet. Denn die Diktatur des Naziregimes gegen die Gefangenschaft im Sowjetstaat Stalins zu tauschen, war durchaus keine erfreuliche Zukunftsperspektive. Dazu kamen noch die Rachegelüste der Sowjets gegen alle Deutschen, die den Krieg erdacht und geführt hatten. Dass die Diktatur der Sowjets (in negativer Hinsicht) der Nazidiktatur durchaus gleichwertig war, hatten wir in der Ukraine sehr gut erfahren können.

Die Rachegelüste der Sowjets waren ja gar nicht so unverständlich, je mehr man von den brutalen Unterdrückungs- und Vernichtungsmethoden erfuhr, die die deutsche Staatsführung nicht nur gegenüber Juden (und gegen sogenannte „minderwertige Menschen“), sondern auch gegen sowjetische Politkommissare und Kriegsgefangene duchführte. Gegenüber der deutschen Zivilbevölkerung und den nicht beteiligten Wehrmachtsangehörigen wurde dieses brutale Vorgehen allerdings mit großer Konsequenz und lange Zeit mit großem Erfolg vertuscht.

Ich habe das Studium, zu dem ich geschickt wurde, keinesfalls benützt, um „den Krieg zu genießen“. Sondern ich habe sehr intensiv für meine Zukunft studiert. Das Studium war wegen des Krieges statt in Semester in Trimester unterteilt. Ich musste in den 14 Monaten Vorlesungen von drei Trimestern inskribieren, 16 Einzelprüfungen darüber ablegen und eine schriftliche Diplomarbeit fertigstellen, die ich (verbunden mit praktischen Arbeiten an elektrischen Geräten) verfasste. Da blieb fürs „Genießen“ kaum Zeit übrig. Einzig und allein an manchen Samstag-Nachmittagen oder Abenden gönnte ich mir ein bisschen Freizeitentspannung.

Ich schaffte das ganze Arbeitspensum und legte am 11.1.1945 meine Zweite Staatsprüfung ab, mit der ich den akademischen Titel „Diplom-Ingenieur“ erwarb.

3.3 Das „seelische“ Gleichgewicht und die Sprache des Körpers

Wie schon im Kapitel 3.1. erwähnt, wird das gute geistige Gleichgewicht als „seelisches Gleichgewicht“ bezeichnet. (In diesem Gleichgewichtszustand sind wir dann, wenn bei einem Problem, das unser Denken und Fühlen voll beansprucht, die Gedanken und das Gefühl im Einklang sind.) Selbstverständlich ist jeder Mensch bemüht, bei Problemen die ihn beschäftigen, das seelische Gleichgewicht zu bewahren oder es wieder zu erlangen, falls er es verlieren sollte.

Es kommt immer wieder vor, dass wir aus dem seelischen Gleichgewicht fallen, sei es durch Situationen, die uns von außen aufgedrängt werden und denen wir uns nicht gewachsen fühlen, sei es durch Gefühlsstimmungen, z.B. Depressionen, die aus unserem Inneren kommen, manchmal auch durch eine Kombination beider Ereignisse.

Wenn es Gefühlsstimmungen sind, ist das ein Zeichen, dass unser „Selbstwertgefühl“ (wie sie Psychologen sagen) nicht in Ordnung ist. Bei Depressionen schätzen wir unseren Selbstwert zu gering ein, bei unberechtigtem (falschen) Hochgefühl schätzen wir unseren Selbstwert (unsere Fähigkeiten und Möglichkeiten) zu hoch ein. In beiden Fällen sind das Fehlleistungen.

Was sollen wir dann tun? Dann bleibt scheinbar nur der Weg zum Psychiater, der uns den Zustand unserer Psyche erklären und den richtigen Weg für unser künftiges Verhalten weisen soll. Es gibt aber auch eine andere Möglichkeit, den Weg des Lernens:

Aus Büchern lernen und durch Selbstbeobachtung aus den eigenen Fehlern lernen. Das ist der Weg der Selbstkritik.

Zunächst zu den Büchern. Ich habe das Buch „Gesundheit für Körper und Seele“[19] von Frau Louise L. Hay gelesen. Es macht den guten Eindruck, als wäre es eine Bibel der Psychotherapie. Darin steht, dass die meisten Menschen in ihren Gedanken und in ihrem Verhalten von Gedankenmustern geprägt sind, die sie in ihrer Kindheit von ihren Eltern übernommen haben, oder die sie durch schlechte Erfahrungen in sich aufgenommen und aus Angst aller Art, z.B. vor Verletzungen, aus Vorurteilen, aus Stolz oder Neid, Habsucht etc. beibehalten haben. Kein Mensch ist davon ausgenommen. Aber jedermann kann nur an seiner eigenen geistigen Einstellung arbeiten, nicht an der anderer Menschen. (Das sagen uns das ja auch die meisten anderen Psychologen.)

Weiter aus dem Buch von Frau Hay: Je mehr und je länger wir diese Gedankenmuster beibehalten, umso tiefer graben sie sich in unsere Psyche ein. Dadurch können nicht nur psychische sondern sogar körperliche Leiden entstehen. Aber der Kranke kann durch eine bewusste Änderung seiner geistigen Einstellung (und dementsprechend seines Verhaltens) gesund werden. Es gibt sogar bei verschiedenen Krankheitsbildern (Kopfschmerzen, Rückenschmerzen etc.) konkrete Zusammenhänge zwischen einer bestimmten Krankheit und einem wahrscheinlichen zugehörigen falschen Gedankenmuster. In dem Buch steht sogar, welches neue Gedankenmuster man wählen soll, damit man sein Problem lösen und seine Krankheit loswerden kann.

Aus den überzeugenden Gedanken des Buches von Frau Hay habe ich (ebenso wie durch meine persönlichen Erfahrungen) folgende generelle Erkenntnisse gewonnen:

a) Menschen, die ein zu geringes Selbstwertgefühl haben, sollen mehr Vertrauen zu sich selbst suchen, zu ihren Fähigkeiten und Möglichkeiten. Und sie sollen mehr für das „Jetzt“ und für die nahe Zukunft leben und sich von den Gedankenmustern der Vergangenheit lösen, die sie gefangen halten. Das kann man, indem man seine geistige Einstellung ändert.

b) Menschen, die ein zu großes Selbstwertgefühl haben, sollten besser auf die Kritik durch andere Menschen horchen und mehr Selbstkritik üben und ihr Verhalten anderen gegenüber dementsprechend ändern!

Mit den neuen Gedanken ändert man dann auch sein Gefühlsleben. Hierbei handelt es sich um den umgekehrten Vorgang zwischen Gedanken und Gefühl: Vorher hat das Gefühl die Gedankenwelt beherrscht. Wenn man diesen Erkenntnissen folgt, verändert man (durch gute, klare, den gegenwärtigen Verhältnissen entsprechende Gedanken) seine geistige Einstellung und damit seine Gefühlswelt.

Wie sollen wir unsere geistige Einstellung ändern, damit wir das geistige Gleichgewicht finden? Das ist eigentlich recht einfach: Wir sollen die guten geistigen Werte suchen und in unseren Gedanken und Tätigkeiten festhalten. Wir kennen diese Werte ja schon seit unserer Kindheit, sofern wir in guten Verhältnissen aufgewachsen sind. Diese Werte heißen: Menschlicher Anstand, Friedlichkeit, ehrliche Arbeit, Verantwortung, Lebensmut, Lebensfreude etc. Und der wichtigste Wert heißt: Wahre Liebe.

4. Die drei Arten der Liebe

Die Liebe ist zwar (zumindest in unserer christlichen Welt) der wichtigste geistige Wert. Und ich leite (im Teil 5) das geistige Gleichgewicht auch von der Liebe ab. Aber es gibt neben der wahren (geistigen) Liebe und der sexuellen (körperlichen) Liebe auch noch eine dritte Art, auf die ich im Verlaufe meines Suchens gestoßen bin.

Ich habe das bei einem Seminar[34)] erfahren, bei dem ein sehr seriöses Buch der Frau Eva Pierrakos „Bereit sein für die Liebe“[29)] zitiert wurde. Die Autorin nennt diese Liebe den „Eros“, weil sie von der erotischen Ausstrahlung des Objektes der Liebe abgeleitet ist. Ich bezeichne diese Art der Liebe in dieser Studie jedoch als „faszinierende Liebe“. Denn sie kommt – nach meinen Erfahrungen – nicht nur zwischen zwei Menschen vor, wie die Autorin das sieht, sondern auch von einem Menschen zu anderen Objekten der Liebe.

Die Faszination des Liebesspiels gibt es auch bei den Tieren. Sie dient der Arterhaltung, Auslese und Anpassung an neue Lebensbedingungen. Sie besteht darin, dass der Vertreter eines Geschlechts – meistens das Männchen – das Gegenüber des anderen Geschlechts anlockt, ihn zu wählen. Beispiele dafür sind der Pfau und der Auerhahn durch ihren Federschmuck oder auch der Hirsch durch sein Röhren und sein starkes Geweih, mit dem er dann mittels seiner Kraft die schwächeren Gegner niederkämpft.

Beim Menschen diente dieses Spiel ursprünglich auch einer möglichst guten Arterhaltung. Durch den menschlichen Geist hat sich die Faszination aber später verselbstständigt und wurde zum geistigen Inhalt einer eigenen Art der menschlichen Liebe, sei es in der Beziehung zu anderen Menschen, zu einer Aufgabe im Beruf oder sogar bei einem Hobby, sei es zur Natur oder zum Leben selbst, mit seinen Abenteuern, seinen Genüssen, seinem Ruhm oder seiner Macht.

Weil viele Menschen diese drei Arten der Liebe oft verwechseln und nicht miteinander in Einklang bringen, kann in unserem Leben ein großes Durcheinander entstehen. Das möchte ich in den folgenden drei Kapiteln durch einige Beispiele erläutern. Und weil das Liebesglück auch oft mit dem Lebensglück verwechselt wird und dies zu weiteren Verwirrungen führt, füge ich noch ein viertes Kapitel hinzu: „Ins Glück stolpern“.

4.1 Die sexuelle Liebe

Als Kind wuchs ich mit zwei Brüdern in der Familie meiner Eltern auf. Im zweiten Lebensjahrzehnt lebte ich geistig vor allem in einer Buben-Gruppe beim Wandern, Lagerfeuer und Heimabenden. In den Mittelschulen gab es damals noch keine Koedukation. Überall waren wir Burschen unter uns. Von der weiblichen Psyche hatte ich daher keinerlei Ahnung. Meine sexuelle Aufklärung holte ich mir selbst aus einem Konversationslexikon (Jahrgang 1896) meines Vaters unter dem Begriff „Begattung".

Auch im Biologie-Unterricht wurde dieser Vorgang rein sachlich erklärt: Neben dem „Selbsterhaltungstrieb" jedes einzelnen Lebewesens, gibt es auch den (schon erwähnten) „Art-Erhaltungstrieb": Dass dieses Geschehnis bei den Menschen etwas mit Gefühlen zu tun haben könnte, war mir völlig fremd. (Später merkte ich das schon.) Aber ich habe immer wieder versucht, logisch zu verstehen und zu erklären, was Liebe ist.

Als ganz junger Student versuchte ich einmal im Kreis einiger Freunde dieses Thema zu diskutieren. Ich fragte: „Es muss doch in der Liebe außer dem Sex noch etwas anderes geben?" Freund P. erklärte es mir postwendend: „Ja, das findest Du, wenn Du mit einer Frau Schach spielst!". Rundum schallendes Gelächter. Ich gab auf. Ich bin eben ein Intellektueller.

Viele Jahrzehnte später ist es mir dann doch einigermaßen gelungen, in meinem Buch „Der Atem unseres Lebens"[38)] zu beschreiben, was ich über die Liebe zwischen Mann und Frau denke. Allerdings habe ich mehr als zwei Seiten gebraucht, um in einem erfundenen Brief zu erklären, was ich für eine gute Liebe halte. Aber wie das mit unseren Gefühlen, unserem Charakter und unseren ererbten Anlagen zusammenhängt, konnte ich immer noch nicht einfach erklären. Mit der Theorie über die dreifache Bedeutung des Wortes „Liebe" geht das – meiner Meinung nach – viel leichter und verständlicher.

Doch zurück zur sexuellen Liebe: Was sie ist, dass sie mit Gefühlen verbunden ist (und zwar in einer guten Partnerschaft mit guten Gefühlen), das alles wird den Kindern und Jugendlichen heutzutage von gescheiten und anständigen Eltern (und überdies zusätzlich auch jenen Kindern, die solche Eltern nicht haben) rechtzeitig in einem ordentlichen Sexualunterricht meist recht gut beigebracht. Allerdings wird ihnen vielleicht nicht richtig erklärt, dass sie die sexuelle Liebe nicht mit der wahren Liebe verwechseln dürfen. Sonst gäbe es bei den jungen Leuten nicht so viele gestörte oder zerstörte Beziehungen, alleinstehende Mütter und in ihrer Persönlichkeitsentwicklung gestörte Kinder, Jugendliche und sogar Erwachsene.

Ein interessantes Beispiel über die sexuelle Liebe und ihre Ursachen habe ich bei einer recht amüsanten Folge der „Clever"Sendungen erfahren, die der deutsche Fernsehsender SAT1 im Herbst 2006 ausstrahlte. Herr Boning, der Präsentator dieser Sendungen, testete bei einer größeren Zahl erwachsener Männer, wie viele von ihnen (in Prozenten) sich von einer hübschen, aber keinesfalls aufgedonnerten, sondern recht seriös wirkenden (ihnen bis dato unbekannten) jungen Dame so weit verführen ließen, dass sie am Ende des Experiments bereit waren, mit ihr in ein Hotelbett zu steigen. (Unmittelbar bevor es dazu kam, brach die nette junge Dame das Experiment ab.) Bei der Sendung wurden zwei Prüflinge befragt, was sie schätzten, wie viele der getesteten Männer den Weg bis ins Hotelzimmer mitmachten.

Ein Prüfling, eine Polizistin von etwa 30 Jahren schätzte: „10 %!" Der andere Prüfling, ein Mann mittleren Alters aus einer beruflichen Mittelschicht, schätzte: „30 %!". Herr Boning nannte schließlich das Ergebnis des Tests: „Ganze 70 %!" (Er verschwieg diskret, wie viele der getesteten Männer verheiratet waren.) Dann erklärte er die wissenschaftlich erwiesene Ursache dieses Ergebnisses: Männer sind von der Natur aus polygam. In Situationen, in denen sie sich unbeeinflusst fühlen, kommt das Verhalten zutage, das Männer aus den Urzeiten der Menschheitsgeschichte in sich tragen. Sie lebten damals noch von der Jagd und vom Kampf. Daher gab es (für die Arterhaltung) viel weniger Männer als Frauen. Und es gab wohl noch kaum traditionelle oder gar eheliche Bindungen zwischen Männern und Frauen.

Die Monogamie ist für Männer das Ergebnis guter kultureller Einflüsse, um ein geordnetes Familienleben sicherzustellen und dadurch auch Ordnung in das Zusammenleben der Menschen eines Volkes oder einer Religionsgemeinschaft zu bringen. Diese Erkenntnis wird durch das Buch von Prof. Markus Hengstschläger „Die Macht der Gene“[20] noch deutlicher ausgesprochen. Prof. H. leitet das Institut für Genetik an der Universität Wien. Außerdem ist er Mitglied der päpstlichen Ethik-Kommission, die sich übrigens sehr eingehend mit der Evolutionstheorie befasst.

Zu dem geschilderten Problem habe ich mir selbst eine Frage gestellt: „Warum haben Frauen eine andere Erwartungshaltung in der sexuellen Liebe?“ Eine plausible Antwort habe ich mir aus der Biologie geholt: Die Natur hat es ja so eingerichtet, dass das Gesamtverhältnis der Geburten an Knaben und Mädchen etwa 1 zu 1 ist. Die meisten Frauen glauben, dass sich die Männer von der Natur her sich auch so verhalten wie sie selbst. Das tun diese aber nicht, sondern erst dann, wenn sie schon gewisse kulturell bedingte Eigenschaften erworben haben. Nicht ohne Grund hat Moses in seinem 10. Gebot nur die Männer angesprochen: „Du sollst nicht begehren deines Nächsten Frau!“

Diese Diskrepanz in der geistigen Einstellung zwischen Mann und Frau zur Sexualität ist wohl auch die Ursache für das älteste Gewerbe der Welt: Männer bezahlen Frauen mit Geld für die Befriedigung ihrer sexuellen Bedürfnisse. Die Männer tun das, wenn sie die sexuelle Befriedigung nicht bekommen; dies entweder im Guten durch ehrliche zärtliche Liebe, oder leider andere: im Bösen durch Gewalt. Frauen widmen sich der Prostitution (wenn sie nichts anderes gelernt haben), um sich ihren Lebensunterhalt zu verdienen, oft aus einer Notlage heraus; oder auch, weil ihnen der gute Verdienst aus diesem Gewerbe wichtiger erscheint, als der Wunsch Mutter und ehrlich Geliebte zu werden. Viele besonders tüchtige Damen des Gewerbes bringen es sogar zu einem beachtenswerten Wohlstand.

Eine moderne und besonders raffinierte Art die sexuellen Vorstellungen (hauptsächlich von Männern) zu befriedigen, ist die Pornographie. Leute, die sich daran ergötzen, zahlen gutes Geld, um pornographische Filme zu sehen oder gar zu bekommen. Dabei ist der Genuss der Vorführung für sie nichts anderes als eine Droge. Es ist nur ein Rausch, der recht bald vorbei ist und mit den Realitäten des Lebens nichts zu tun hat. Dagegen bringt die Herstellung und wohl auch der Vertrieb pornographischer Filme Unsummen ein. Man spricht von gewaltigen Umsätzen. (Ich meine mit diesen Worten nicht einmal die Kinder-Pornographie. Etwas Widerwärtigeres gibt es ja wohl kaum. Solche Aktivitäten sind ja ohnedies gesetzlich streng verboten und werden schwer bestraft.)

Eigentlich habe ich bisher nicht viel Positives über die sexuelle Liebe geschrieben. Das kommt wohl daher, dass ich mich bei den vorangegangenen Ausführungen mehr mit der Sexualität als mit der Liebe befasst habe. Aber tun das heutzutage nicht auch sehr viele Menschen in der Praxis ihres Lebens, vor allem in der sogenannten westlichen Welt? Erst wenn die sexuelle Liebe sich mit ehrlicher, verantwortungsbewusster (also mit wahrer) Liebe vereint, wird sie zu einem beglückenden Erlebnis!

Wie lange dauert dieser Glückszustand an? Früher, als die sexuelle Aufklärung noch nicht die Volksmassen ergriffen hatte, sprach man vom „verflixten 7. Jahr", in dem viele Ehen zerbrachen, weil die Partner angeblich „nicht mehr zueinander passten". In Wirklichkeit jedoch kam es zur Trennung, weil das sexuelle Erlebnis zur Gewohnheit wurde und die Eheleute und angeblichen Liebespartner (oder zumindest einer von ihnen) zu einer ehrlichen Liebe nicht fähig waren, oder anders gesagt, weil die sexuelle Liebe mit der wahren Liebe verwechselt wurde.

Wenn einer der beiden Partner ehrlich liebt und der andere nicht, ist der ehrlich Liebende meistens der „Dumme", nämlich derjenige, der seelisch leidet und oft sogar seelische Verletzungen davonträgt. In früheren Zeiten waren das meistens die Frauen. Heutzutage sind das dank der sogenannten „weiblichen Emanzipation" oft auch die Männer. Heute dauert dieser Vorgang nicht mehr sieben Jahre sondern durchschnittlich zwei bis drei Jahre, in besonderen Fällen nur wenige Monate oder gar wenige Wochen.

Die Filmschauspieler und andere Persönlichkeiten der sogenannten „Scene" spielen uns normalen Erdenbürgern das ja dauernd vor. Und die Medien, vor allem die Wochenzeitschriften, leben sehr gut von der Publikation solcher Geschichterln. (Ich muss allerdings lobend erwähnen, dass mitunter auch positive Geschichten gebracht werden, etwa wenn die Ehe eines Königs oder Filmpaares ein Leben lang anhält ohne durch Skandal-Histörchen unterbrochen zu werden. Solche Berichte gibt es aber seltener.) Das alles freut besonders die Redakteure und Herausgeber der Journale. Sie können mit solchen Berichten nicht nur die Seiten ihrer Zeitschriften, sondern auch ihre Kassen füllen.

Manch einer von Euch, liebe Leser, wird sich vielleicht jetzt denken: „Der Autor kann mit seinen 92 Jahren diese Problematik sehr leicht so lässig und negativ darstellen. In seinem Alter ist ja das sexuelle Verlangen wohl nicht mehr so groß." Das mag schon stimmen. Aber dadurch erkennt man im höheren Alter eben die tieferen Zusammenhänge des zwischenmenschlichen Geschehens wahrscheinlich auch klarer.

4.2 Die faszinierende Liebe

Wie schon zu Beginn des Teiles 4 erwähnt, hat Frau Pierrakos in ihrem Buch „Bereit sein für die Liebe“[21] die These aufgestellt, dass es neben der sexuellen und der wahren (geistigen) Liebe auch noch eine dritte Art der Liebe gibt, den „Eros“ wie sie das nennt. Die Autorin sagt, dass die wahre Liebe ein dauerhafter Zustand der Seele der Menschen sei, der Eros jedoch nicht. Sie sagt auch, dass es ein männliches und ein weibliches Prinzip des seelischen Zustandes in jedem Menschen gäbe. Die Seele jedes Menschen müsse eine Läuterung durchmachen. Wenn die Läuterung bei der Beziehung zwischen einem Mann und einer Frau erreicht sei, könnten die beiden mit Hilfe des Eros seelisch zusammenfinden. Obwohl der Eros jedes Menschen ständig auf der Suche nach dem richtigen Partner ist, sei es ihr sehr schwer, diesen zu finden. Die Autorin stellt auch die These auf, dass die Ehe den Menschen von Gott bestimmt sei: Der göttliche Sinn der Ehe bestehe nicht allein in der Fortpflanzung, sondern sie habe auch ein spirituelles Konzept, nämlich dass sie die beiden Ehepartner in die Nähe einer tiefen seelischen Vereinigung führe, der wahren Liebe.

So interessant und vielfach auch so aussagekräftig die Thesen der Autorin sind, glaube ich doch, dass sie für einfache Leute zu komplex sind, um in deren logischer Gedankenwelt Widerhall zu finden. Die Autorin ist Psychologin, stellt aber ihre Theorien als spirituelle Übermittlungen dar, die sie von einem höheren Wesen (durch das sogenannte Channelingverfahren) erhalten habe.

In der vorliegenden Studie hingegen gehe ich von unserer logischen Gedankenwelt und unserer Gefühlswelt aus, die uns bei gutem Denken und Tun Zufriedenheit, Lebensfreude und Gesundheit, bei ungutem Denken und Taten Ärger, Kummer und seelische, mitunter auch körperliche Schmerzen bringt. Ferner glaube ich, dass – wie erwähnt – die faszinierende Liebe nicht nur bei der Beziehung zwischen Mann und Frau vorkommt, sondern auch bei allen anderen Objekten der Liebe.

Damit komme ich in die logische Gedankenwelt von Eric Fromm mit seinem Buch „Die Kunst des Liebens“[10]. Fromm konnte ja die Thesen von Frau Pierrakos nicht kennen lernen, da sie ihr Buch 1997 veröffentlichte, er aber schon 1980 starb.

In diesem Buch sagt Fromm, dass man für das Lieben (ähnlich wie für das Komponieren, das Malen oder jede andere Art der Kunst) sehr viel Mühe und Erfahrung brauche, damit man es zu einer wahren Meisterschaft bringe. Fromm verwendet in seinem Buch den Begriff „erotisch" in einem völlig anderen Sinn als Frau Pierrakos; ein Grund mehr für mich, diesem Begriff aus dem Weg zu gehen und diese dritte Art „faszinierende Liebe" zu nennen. (In ihrem gedanklichen Inhalt kommen sich die Ansichten von Frau Pierrakos und von Erich Fromm aber sehr nahe.) Fromm behandelt das Thema sehr wissenschaftlich, Frau Pierrakos wie erwähnt als Channeling von einer spirituellen Quelle.

Fromm bezieht bei den Ausführungen in seinem Buch nicht nur die logische Gedankenwelt, sondern auch die Gefühlswelt der einzelnen Menschen mit ein. Er tut das unter Hinweis auf östliche Religionen und Ideologien. Die Erwähnung der Gefühlswelt bestärkt mich in meiner Überzeugung, dass ich in meiner Studie sehr weitgehend auf den Überlegungen von Erich Fromm aufbauen kann.

Nun aber zurück zum Thema dieses Kapitels, der faszinierenden Liebe: Seltsamerweise ist mir der Unterschied zwischen wahrer Liebe und faszinierender Liebe bei der Andacht aufgefallen, die unsér liebenswürdiger Kardinal Erzbischof Christoph Schönborn in der Silvesternacht 2005 im Wiener Stephansdom zelebrierte.

Der Dom war bis auf die letzten Sitz- und Stehplätze gesteckt voller gläubiger Katholiken und wohl auch einiger sogenannter „Suchender". Ich meine damit Menschen, die sich auf der Suche nach den tiefen und letzten Wahrheiten unseres Lebens befinden und sich von einer solchen Andacht neue Erkenntnisse erhoffen. (Ich zähle mich zu diesen Menschen.)

Um 23 Uhr zog der Herr Kardinal in die Kirche ein und begab sich im Mittelschiff des Domes mit seinem Gefolge von Weih- und Gastbischöfen sowie anderen Priestern feierlich zum Hochalter. Ehrfürchtig bekreuzigten sich die gläubigen Katholiken, als ihr Kardinal an ihnen vorbei schritt. Die „Suchenden" und wohl auch einige sogenannte „Taufschein-Katholiken", die nur an hohen Festtagen die Kirche besuchen, verbeugten sich.

Als der Kardinal und sein Gefolge rund um den neuen Hochaltar ihre Plätze bezogen hatten, setzte eine wunderbar ergreifende Musik ein. Sie erfüllte die hohen gotischen Gewölbe des Domes und erfasste die Sinne der Anwesenden. Man konnte die tiefe Gläubigkeit des Komponisten, der Musiker und der Sänger des Chores, aber auch des Baumeisters und seiner Handwerker, die den Dom erbaut hatten, deutlich (fast physisch) spüren.

An einigen Stellen der Kirche waren Bildschirme angebracht, auf denen man auch von ungünstigen Plätzen das Zeremoniell des Hochamtes, die Liturgie und die Predigt des Herrn Kardinals verfolgen konnte. Selbstverständlich gab es auch Lautsprecher, so dass man alles verstand. Das Ritual des Hochamtes, ebenso wie das violette Gewand des Herrn Kardinals, die goldenen und bunten Gewänder der Bischöfe und die schwarze Kleidung der einfachen Priester trugen zur feierlichen Stimmung bei.

Dann kam die Predigt des Herrn Kardinals. Sie begann mit dem Gedanken „Alles in unserem menschlichen Leben entspringt dem Gegensatz zwischen Liebe und Hass“. Im eigentlichen Inhalt seiner Predigt widmete er sich dem Problem, dass die meisten Menschen unserer Wohlstandsgesellschaft nichts oder zu wenig für die Notleidenden, die Ärmsten, die schwer Kranken und die alten Menschen tun. Ich wartete vergebens auf die anfangs angedeutete Thematik, dass alles im Leben der Menschen dem Gegensatz zwischen Liebe und Hass entspringt.

Entschuldigen Sie bitte, hochgeschätzter Herr Kardinal, meine folgenden ketzerischen Gedanken, aber ich kann nichts anderes schreiben, als ich mir damals gedacht habe: Sie stimmmten das sicher notwendige Lied der Nächstenliebe an. Aber das tun doch heutzutage auch unzählige Vereinigungen wie die Caritas, die Johanniter, die Samariter, das Rote, Schwarze, Weiße Kreuz, die Gemeinschaft der Kinderdörfer, CARE und zahlreiche neue Gesellschaften, die fast wie die Schwammerln aus dem Boden wachsen.

So kommt es, dass wir, die etwas Wohlhabenderen, fast jeden Tag einen oder mehrere Bettelbriefe dieser Organisationen im Postkasten finden. Wir suchen uns einige dieser Gesellschaften aus und schicken ihnen allmonatlich einige Spenden, um unser soziales Gewissen zu beruhigen. Wenn Sie, verehrter Herr Kardinal, bei Ihrer Predigt das gleiche Thema aufgreifen, wiegt das selbstverständlich schwerer. (Viele Ihrer Zuhörer werden wahrscheinlich ihre Spendensätze erhöht haben.)

Aber wie hängt das mit dem Motto Ihrer Andacht „Liebe und Hass" zusammen? Mit dem ersten Teil, der Liebe, ja einigermaßen. Aber zum Thema „Hass" fand ich keinerlei Aussage in Ihrer Predigt. Die meisten Wohlstandsbürger setzen sich ja nicht deswegen zu wenig für die Notleidenden ein, weil sie diese hassen, sondern weil sie zu egoistisch sind und ihnen diese Ärmsten zu gleichgültig sind.

Der Hass kommt mitunter erst indirekt ins Spiel, nämlich wenn sich angeblich tüchtige „Führer" der Notleidenden annehmen, Hass predigen und mit Terror nicht nur gegen die Wohlstands-Gesellschaft, sondern auch gegen die eigenen Landsleute vorgehen. Aber dieses Thema wollten Sie doch wohl nicht aufgreifen, lieber Herr Kardinal! Denn Sie wollten doch in Ihrer Silvesterbotschaft sicherlich Liebe, Hoffnung und Glauben vermitteln.

Ich erinnerte mich an eine Sonntagsmesse, an der ich vor etwa zehn Jahren auf Einladung einer Sänger-Gemeinschaft in der Ottakringer Pfarrkirche teilgenommen habe: Die Stimmung war nicht ganz so großartig wie heute im Stephansdom aber doch sehr erhaben. Der Pfarrer, ein alter Herr, der augenscheinlich nach einer schweren Erkrankung erstmals wieder eine Messe abhielt, beendete seine Predigt mit einem einmalig beeindruckenden Segen. Er sagte: „Geht hin in die Welt, in den Alltag, und bewahrt und behütet sorgsam und treu euer heiliges Leben!" (Ich wiederhole das Gedicht im Kapitel 11.4.)

Eine in ihrer Bedeutung ähnlich starke Aussage hatte ich mir von Ihrer Silvesterandacht erhofft, lieber Herr Kardinal! Bitte, seien sie mir nicht böse wegen diesem Vergleich. Aber ich war wirklich enttäuscht, weil Sie für uns Suchende nicht mehr gebracht haben. Gewiss, das Ambiente war großartig, so wie ich das oben zu schildern versuchte. Aber das, was wir hier erlebten war doch die Faszination (die faszinierende Gottesliebe) des katholischen Glaubens und nicht die Nächstenliebe, über die der Herr Kardinal sprach.

Bei meinen Überlegungen darüber habe ich noch etwas sehr Interessantes entdeckt: **Das Gegenteil der faszinierenden Liebe ist die**

Gleichgültigkeit, und zwar bei jedem Objekt dieser Art der Liebe. (Dazu später noch ein anderes Beispiel.)

Nach der Andacht ging ich mit den beiden Damen, die mich zur Silvesterandacht mitgenommen hatten (mit meiner lieben Frau und einer guten Freundin, die wir beide sehr schätzen), zu Fuß nach Hause. Ich war immer noch mit dem Gedanken beschäftigt, dass der Herr Kardinal seiner Predigt ein falsches Motto gegeben hat und sagte das meinen Begleiterinnen.

Beide waren von der Andacht tief beeindruckt und hatten auch an der Predigt nichts auszusetzen, wie übrigens anscheinend alle anderen Teilnehmer, die ergriffen und schweigend die Kirche verließen. Nur ich war anscheinend der einzige „Ketzer".

Als ich den Damen meine Unzufriedenheit mitteilte, meinte meine liebe Frau, die bei solchen Äußerungen von mir gerne den Kontrastandpunkt einnimmt um der Diskussion mehr Würze zu verleihen: „Aber das stimmt doch, was der Herr Kardinal gesagt hat! Du gehst jetzt auch so weit hinter mir, weil Du mich nicht liebst!" – Ich: „So ein Unsinn! Ich gehe so weit hinter Euch, weil die Gehsteige auf der Wollzeile so schmal sind und weil so viele Leute heute um Mitternacht noch entgegenkommen, so dass ich immer wieder ausweichen muss. Außerdem geht Ihr für mich alten Mann zu rasch!"

Diesen Sach-Argumenten musste sich meine Frau wohl beugen. (Bei gegensätzlichen Standpunkten, die unseren Ehealltag betreffen, ziehe ich meistens den Kürzeren!)

Ein Jahr später, lieber Herr Kardinal, haben wir drei auch an Ihrer Silvesterandacht 2006 wieder teilgenommen. Dabei haben Sie mich mit Ihrem Thema, das diesmal der Bedeutung der Familie gewidmet war, doch wieder zufrieden gemacht: Sie stellten die gegenseitige Liebe und Hilfe in der Familie als wichtigste Basis des menschlichen Zusammenlebens dar. So soll (auch nach Ihrer Meinung) das Zusammenleben innerhalb größerer Gemeinschaften sein, etwa im Beruf oder im Staat und zwischen den Staaten und wohl auch zwischen anderen Organisationen. In der Familie sollen wir das liebevolle und verständnisvolle Zusammenleben und das gute Miteinander und Füreinander lernen und üben, das wir Menschen in allen Situationen unseres Lebens brauchen, trotz aller Schwierigkeiten und trotz vieler irriger Ansichten, die der Zeitgeist mit sich bringt.

Genauso wie das, was Sie über das gute Zusammenleben in der Familie sagten, sollten wir alle über das Miteinander in anderen Gemeinschaften (und zwischen diesen) denken und demgemäß handeln. Ein ganz hervorragendes Beispiel dafür gaben Sie uns im Frühjahr 2007: Sie haben beim Papst Benedikt durchgesetzt, dass ein verheirateter evangelischer Pfarrer zur katholischen Kirche übertreten und in dieser sein Amt weiter ausüben darf! Das war eine einzigartige ökumenische Tat!

Ganz beonders zustimmen kann man Ihnen zu Ihren Gedanken im Buch „Wer braucht Gott?“[33)], in dem Ihre Diskussionen mit Frau Barbara Stöckl zu diesem Thema beschrieben sind. Sie sind ja selbst ein Suchender, der wohl (durch seine Herkunft aus einer streng katholischen Familie) fest an Gott glaubt, aber versucht, das „Göttliche“, das wir in einem guten Glauben finden, mit dem „schrecklich Menschlichen“ der irdischen Welt in Einklang zu bringen. Das ist ein wahrhaft gigantisches Vorhaben und eine ungeheure Verantwortung, die Sie da auf sich nehmen! Sie zeigen in Ihren Worten sehr klare Einsichten in das Verhalten der einzelnen Menschen im Leben und gleichzeitig ein sehr weites Spektrum an politischen und wissenschaftlichen Kenntnissen, und üben sich noch dazu in bescheidener Selbstkritik! Das soll Ihnen jemand anderer nachmachen!

Ich glaube, dass die Überlegungen dieser Studie sehr gut mit Ihren Gedanken harmonieren, auch wenn darin manche Probleme aus einem anderen Blickwinkel dargestellt werden. Auch hinsichtlich des Glaubens und der Frage, was uns nach unserem irdischen Tod erwartet, teile ich Ihre Meinung: Welch ein tröstlicher Gedanke, mit einem guten Gewissen ins Jenseits hinübergehen zu dürfen!

Lieber Herr Kardinal, wenn ich Sie durch meine Ausführungen verletzt haben sollte – etwa weil ich die Segensworte eines alten Priesters höher eingeschätzt habe als Ihren Neujahrssegen – bitte ich vielmals um Entschuldigung.

Jetzt aber wieder zurück zur faszinierenden Liebe: Ich möchte dazu ein einfaches Beispiel bringen, die Faszination der pubertierenden Jugend von heute durch moderne Musik: Wenn einer ihrer Idole zu einem

Rock-Festival oder einer neueren anderen Art „heißer“ Musik-Inszenierungen einlädt, geraten vor allem die Mädchen durch die Rhythmen seines Körpers und die wilden Klänge der Musik seiner Band in Ekstase und Verzückung. Bei den meisten Männern, die die Faszination hervorgerufen haben, ist die Ekstase nach der Vorstellung zu Ende. Sie haben genug Geld verdient, falls die Show überzeugend war. Bei den unreifen halben Kindern hält die Verzückung noch lange an, so sehr haben sie sich in ihr Idol verliebt. Und sie hoffen noch lange auf Gegenliebe, bis sie eines Tages eines Besseren belehrt werden. Damit möchte ich nicht nur sagen, dass diese Faszination dem Liebesspiel der Tiere sehr ähnlich ist, sondern dass sie bei den Menschen ein Teil des geistigen Reifungsprozesses ist.

Mit diesen Überlegungen möchte ich aber nicht die „Open-Air“-Konzerte und ähnliche Großveranstaltungen grundsätzlich negativ beurteilen. Soferne es die „Idole“ dieser Inszenierungen ehrlich meinen und Lebensfreude, friedliche Gedanken und Gefühle an die Jugend weitergeben, und soferne es dabei halbwegs gesittet zugeht, ist nichts dagegen einzuwenden. Im Gegenteil, solche Erlebnisse tragen wohl etwas zu einem positiven Lebensgefühl der jüngeren Generationen bei!

Wie steht es nun bei den erwachsenen Menschen hinsichtlich der faszinierenden Liebe? Gibt es bei ihnen diese Erscheinung auch? Wenn sie einen Liebespartner, einen Beruf und womöglich schon Kinder haben, fühlen sich die meisten so reif und erhaben, dass sie gar nicht daran denken, die Faszination könnte in ihrem Liebesleben eine bedeutende Rolle spielen. Und doch ist es so. Warum gehen denn in unseren zivilisierten Wohlstandsgebieten mehr als 50 % der Ehen auseinander? Und warum wechseln manche meist berühmte Leute (besonders in der Filmbranche) fünfmal und öfters ihren angeblichen Lebenspartner? Viele Menschen von heute, vor allem aus der sogenannten „ersten Welt“, gieren nach der Faszination des Lebens und der Liebe. Ist es aber wirklich Liebe, die sie suchen?

Wenn Lebenspartner lange genug zusammen gelebt haben, geht allmählich der Reiz oder die Faszination der unbekannten Art des Partners verloren. Jeder der beiden kennt wohl die Qualitäten aber auch die Mängel des anderen, zumindest die Eigenschaften, die er für Mängel hält. Dass Ehepaare versprochen haben „Den anderen zu lieben, bis dass der Tod uns scheidet“ ist bei vielen komplett im Hintergrund des Unbewussten verloren gegangen. Denn eine neue Faszination hat einen oder auch beide Partner erfasst.

Wenn das bei beiden zutrifft und wenn sie keine gemeinsamen Kinder haben, gibt es meistens keine allzu großen Probleme, außer einer der beiden ist dem Alleinsein nicht gewachsen. Dann hilft meistens ein Psychologe! Wenn das klappt, schlendern dann beide am Sinn ihres irdischen Daseins vorbei. Solche Situationen gibt es sehr oft in Wohlstandsgebieten, in denen die weibliche Emanzipation voll gegriffen hat, und die Frauen hinsichtlich Berufstätigkeit und Freizügigkeit in der Liebe mit den Männern gleichgezogen haben.

Wenn Lebenspartner Kinder haben, werden die Probleme aber viel komplexer: Die Eltern können sich der Verantwortung für das geistige Wohl ihrer Kinder nicht entziehen! Denn wenn den Kindern das gute Beispiel eines liebevollen Zusammenlebens ihrer Eltern fehlt, schadet das wohl bei vielen Jugendlichen ihrer geistigen Entwicklung zu reifen und anständigen Menschen.

„Drum prüfe, wer sich ewig bindet, ob sich das Herz zum Herzen findet!“ hat Friedrich Schiller in seinem epischen Gedicht „Die Glocke“ seinen jugendlichen Mitbürgern vor mehr als zweihundert Jahren geraten. Sie haben – wie viele Menschen es auch heute noch tun – Sex mit Liebe verwechselt. Viele aufgeklärte Menschen von heute haben das erkannt. Drum binden sie sich nicht mehr „auf ewig“, heiraten nicht und leben nach dem abgewandelten Spruch: „Drum prüfe, wer sich ewig bindet, ob sich nicht doch was Bessres findet“. Sie laufen nicht mehr dem wankelmütigen Sex nach, dafür aber der oft noch unstabileren Faszination. Besonders gern machen das diejenigen Leute, die sich das finanziell leisten können.

Die meisten Menschen in den Wohlstandsgebieten leben in erster Linie nicht für die Liebe zu ihren Mitmenschen, sondern sie jagen dem Geld oder der Faszination oder beidem nach. Schon die Römer erkannten das. „Panem et circensem“ (Brot und Spiele) hieß es damals, „Geld und Spaß“ heißt es heute.

Welche Faszination suchen die Menschen heute? Das ist sehr unterschiedlich. Wir alle jagen dem Objekt unserer Gedanken und unseres

Gefühls nach, dem wir am meisten Bedeutung, Aufmerksamkeit und Liebe schenken: Die Kinder dem Spiel, die Jugendlichen dem Abenteuer, die jungen Leute dem Sex, solange sie glauben, das wäre das „A und O“ des Lebens. (Manche glauben es bis an ihr Lebensende.) Viele Berufstätige jagen dem Beruf nach, Politiker der Macht und dem Ruhm. Und religiöse Menschen widmen sich ihrem Gott, obwohl sie eigentlich nicht wissen, wer oder was „Gott“ wirklich ist, denn wir haben ja jetzt Religionsfreiheit und alle Menschen können sich Gott oder die Götter, an die sie glauben, selbst wählen oder erfinden.

Wenn ich auf mein bisheriges ziemlich langes Leben zurückblicke, muss ich bekennen, dass ich in dieser Hinsicht keine Ausnahme bin. Ich habe mich wohl in den ersten Jahrzehnten meines Lebens ganz intentiv und vorrangig meinem künftigen zivilen Beruf als Ingenieur gewidmet. Dann war ich längere Zeit zu sehr bemüht, eine möglichst hohe berufliche Position zu erreichen. Und in den späteren Jahren hat mich die Freude am Schreiben (zunächst am beruflichen, dann am Hobby-mäßigen Schreiben) zeitweise davon abgehalten, meinen nahen Angehörigen so viel Aufmerksamkeit und Liebe zu widmen, wie sie es vielleicht aus ihrer Sicht gebraucht hätten.

Zum Teil war es wohl auch die Faszination beruflicher und später schriftstellerischer Erfolge sowie mancher Reisen, die mit meinem Beruf, meinen Hobbies und meiner Reiselust zusammenhingen. Zu meiner Entschuldigung darf ich sagen, dass dies eben ein Lernprozess war, den ich endlich beenden möchte.

Soweit mein Bekenntnis. Zurück zur Faszination: Wenn Ihr, liebe Leser, die vorangegangenen Überlegungen lest, müssen dann nicht viele, vielleicht sogar die meisten von Euch, sich nicht sagen?: „Eigentlich geht es mir ähnlich. Ich widme mich zu sehr der Faszination des Lebens oder irgendeiner meiner Tätigkeiten und vergesse dabei oft die Zuwendung zu den Menschen, für die ich (aus meiner Lebenssituation heraus) Verantwortung trage.“

Ich möchte jetzt nicht ins Detail gehen. Jeder Mensch lebt in einer anderen Situation und hat andere Neigungen und Erfahrungen, aus denen heraus er sich sein Weltbild schafft. Hier möchte ich nur eine Faszination hervorheben, die nach meiner Ansicht, die meisten der Wohlstandsbürger erfasst hat: Die Faszination des Reisens. Ist es wirklich notwendig und richtig, dass die Massen der wohlhabenden Menschen aus allen Erdteilen sich der Faszination des Reisens in andere Gegenden (vor allem in unbekannte und naturbelassene Landschaften) hingeben und dabei die Luft verpesten und das Schutzschild des Lebens auf unserem Planeten Erde zerstören?? Können wir Wohlstandsbürger nicht mit mehr Bescheidenheit in unseren Vorstellungen und Aktivitäten auch in unserer Heimat fröhlich und zufrieden werden?

Ich weiß, dass ich mich mit diesen Worten gegen zwei wichtige Wirtschaftszweige wende, die Luftfahrtindustrie und den Fremdenverkehr. Ich verweise zu diesem auf das Kapitel 1.3 der Studie, in der ich auf die verheerenden Folgen dieser den Klimawandel fördernden Einstellung hingewisen habe.

Diese Überlegungen führen auch zur Idee, dass eigentlich die Naturwissenschaften sehr oft missbraucht werden: z.B. durch die sogenannten „Science fiction"-Filme mit den Kriegen gegen Außerirdische oder durch phantasievolle Mischung naturhistorischer Fakten mit abenteuerlichen aber unrealistischen Erlebnissen wie die Harry-Potter-Bücher, die von Kindern verschlungen werden, weil sie (wie einst Grimms Märchen) den Kleinen das Gruseln lehren. Während die Gruselmärchen doch einen gewissen erzieherischen Wert haben, muss man sich doch bei den heutigen Aktivitäten fragen: „Wozu das alles?" Sie vermischen doch historisch bewiesene Naturereignisse mit unrealen Zukunftsvisionen. Wozu dient das wirklich? Doch nur, um den Sensationshunger da der Erwachsenen und dort der Kinder zu wecken. In Wirklichkeit aber um die Kassen der Medien zu füllen, und so nebenbei auch die Kassa der derzeit schon reichsten Britin Mrs. Rowling.

Leider ist es eine bittere Wahrheit, dass sehr viele Leute, denen es zu gut geht, besonders sensationsgierig sind. Tragische Ereignisse: Katastrophen, Unfälle, Kriege, Morde und andere Verbrechen interessieren die meisten Menschen mehr als positive Erlebnisse, die ein gutes Leben schreibt. Von dieser Situation profitieren vor allem die Medien und die Verlage, die Kriminalromane und Kriegs-Geschichten herausbringen. Aber die Menschheit wird dadurch nicht friedlicher, anständiger und liebenswürdiger. Eher das Gegenteil trifft zu.

Bevor ich mich der geistigen oder wahren Liebe widme, die ja als einzig allein die Bezeichnung „Liebe“ verdient, möchte ich noch eine Tatsache verdeutlichen, die ich schon zu Beginn des Teiles 4 kurz erwähnte: Die oder besser gesagt fast alle Menschen glauben ja, dass es nur zwei Arten der Liebe gibt: Die sexuelle und die wahre Liebe. Sie rechnen den „Eros“, das Vorspiel des sexuellen Geschehens, selbstverständlich der sexuellen Liebe zu. Jeder Mann und jede Frau macht das: (Mir ging's seinerzeit genau so. Das könnt Ihr, liebe Leser, leicht aus den Schilderungen einiger Kapitel der Studie erkennen.)

Und bei den Menschen ist es ebenso wie bei den Tieren: Das Liebesspiel (des „Eros“) dient auch beim Menschen der Auslese und der Anpassung an die Lebensbedingungen der eigenen Art, d.h. der jeweiligen Gemeinschaft: der Familie, des Volkes oder der Religionsgemeinschaft. Der Mann sucht die gebärfähige (und schöne) Frau, die Frau sucht den starken, tüchtigen Mann, der ihr und den Kindern, die sie ihm gebären will, Schutz und Sicherheit bietet.

Bei den Hebräern war es Moses, der mit einigen seiner Zehn Gebote dafür sorgte, dass bestimmte Spielregeln eingehalten wurden, damit nicht nur die Familien sondern auch des hebräische Volk die Wirren seiner Existenz überleben sollte und konnte.

Und bei den so überaus gescheiten „Alten Griechen“ gab es einen Philosophen (nämlich Platon), der schon vor 2400 Jahren erkannte, dass es diese dritte Art der Liebe gibt, die er den „Eros“ nannte.

Wusste das die werte Frau Pierrakos? Warum schreibt sie von einem „Channeling“? Ich glaube, sie wusste es oder sie hat es in ihrem Unterbewusstsein gespeichert. Das glaube ich bei ihrer Intelligenz eher nicht. Warum dann der Umweg über die Ansage durch einen Geist aus dem Jenseits? Wahrscheinlich tat sie das als eine Verbeugung vor der literarischen Mode der Zeit, als sie ihr Buch schrieb. – Auch die meisten sogenannten „Gurus“, die sagen, dass sie ihre Weisheiten direkt von Gott beziehen (oder sich sogar selbst als Nachfolger Gottes bezeichnen), wissen ja – nach meiner Meinung – dass sie nicht Gott sind. (Zumindest merken sie das früher oder später.)

Zurück zu Platon. Wir sprechen noch heute von „platonischer Liebe“ und meinen dabei eine geistige Beziehung zwischen zwei Menschen unterschiedlichen Geschlechts, bei der sexuelle Wünsche und Bindungen ausgeschlossen sind und keine Rolle spielen. Normale Menschen erleben so etwas erst im höheren Alter. Ich weiß das aus Erfahrung. Solche Beziehungen sind meistens sehr angenehm und erfreulich. Ich bezeichne eine solche Dame als „Seelenfreundin“. Und das Beste dabei ist, dass man gleichzeitig mehrere Seelenfreundinnen haben kann, wenn man korrekt mit ihnen umgeht. (Aber genug des Selbstlobs! So etwas ist eben ein Vorteil des höheren Alters.)

Dagegen sind ja Vorteile jener Altersstufen, in denen Sex und Faszination des anderen Geschlechts eine wichtigere Rolle spielen, allen erwachsenen, normal fühlenden Menschen bekannt: Es sind das Liebesspiel und der Liebesrausch, die viele Menschen all die Mühen, Schwierigkeiten, Wirrnisse, Ängste, Nöte und Leiden unseres irdischen Daseins vergessen lassen.

4.3 Die wahre oder geistige Liebe, oder einfach „Die Liebe“

In den zwei vorangegangenen Kapiteln habe ich – wie ich hoffe – ziemlich deutlich aufgezeigt, was keine wahre (oder geistige) Liebe ist, obwohl viele, vielleicht sogar die meisten Menschen glauben, dass ihre sexuellen und erotischen Erlebnisse „Liebe“ seien, auch wenn dabei die ehrliche Zuwendung zu ihrem Partner fehlt. Im Kapitel über die faszinierende Liebe habe ich auch erwähnt, dass sowohl Erich Fromm wie auch Frau Pierrakos sagen, nur geistig reife Menschen wären zu einer wahren Liebe fähig. (Fromm spricht von einem Reifungsprozess, der die einzelnen Menschen zur „Kunst des Liebens“ führt, Frau Pierrakos spricht von einem Läuterungs-Prozess.)

Allgemein betrachtet stimme ich diesen Theorien zu, aber mit einer sehr wichtigen Einschränkung: Beide Thesen sagen doch indirekt aus, dass junge Menschen, auch Kinder, nicht in der Lage wären, richtig zu lieben. Ich glaube, das Gegenteil trifft zu: Kinder lieben, aus ihrer unverfälschten Natur heraus, das Leben und auch ihre Eltern, ihre Geschwister und Freunde, sofern diese gute, anständige und verantwortungsbewusste Menschen sind. Kinder lieben allerdings unbewusst, nur mit dem Gefühl, nicht mit dem Verstand. Ihr Verstand und ihre Gefühle werden erst später verdorben: In der Jugendzeit durch falsche Erziehung und schlechte Beispiele, und nachher, wenn sie erwachsen sind, vielfach noch mehr durch böse Erlebnisse und durch die allgemeine Gier nach Geld, nach Sensationen und sozialem Status oder gar nach Macht und Ruhm. Die Sehnsucht nach einer wahren und tiefen Liebe geht dabei oft verloren. Das heißt, sie geht eigentlich nicht verloren, sondern sie wird verfälscht. Jeder glaubt, er müsse die wahre Liebe von anderen Menschen bekommen. Aber das stimmt nicht.

Ich folge in dieser Hinsicht ganz den Gedanken von Erich Fromm. Er sagt in seines Buch „Die Kunst des Liebens“: Die meisten Menschen glauben, das Problem der Liebe sei in erster Linie, geliebt zu werden, statt selbst zu lieben. Erst wenn wir einen anderen Menschen ehrlich lieben, wenn wir ihn so nehmen, wie er ist, und nicht so wie wir ihn uns wünschen, fühlen wir uns eins mit ihm. (Fromm formuliert diese Aussage sogar noch krasser. Er schreibt: Erst wenn ich den anderen so liebe wie er wirklich ist, fühle ich mich eins mit ihm und nicht wenn ich ihn so liebe, wie ich ihn als Objekt zu meinem Gebrauch benötige. [12, S. 51)]

Selbstverständlich macht es uns glücklich, wenn wir fühlen, geliebt zu werden, besonders dann, wenn dies mit einem sexuellen oder einem erotischen Erlebnis verbunden ist. Aber das Größte und Wichtigste ist die Liebe, die wir dem anderen Menschen schenken. Wie schrieb Goethe: „Oh welch ein Glück, geliebt zu werden! Und l i e b e n, Götter, w e l c h e i n G l ü c k !“ – Es ist auch eine alte Volksweisheit: Geben ist schöner als Nehmen.

Wir Menschen im geistigen Wirrwar des 20. und des beginnenden 21. Jahrhunderts haben diese klaren und eindeutigen Aussagen nur verdrängt. Wir sollten sie zu unserem eigenen und zum Wohl der Menschen mit denen wir zusammenleben, wieder beachten!

Damit möchte ich sagen, dass ich die allgemeine Situation der zwischenmenschlichen Beziehungen nicht ganz so düster sehe, wie es im Trubel der heutigen Zeit erscheint, die durch Egoismus, Kapitalismus, Terror und kriegerische Auseinandersetzungen beherrscht ist. Wir Menschen brauchen mehr Liebe, die wir an unsere Mitmenschen verschenken sollen. Daran fehlt es sowohl in unserem persönlichen Lebensbereich, wie auch in den größeren Gemeinschaften, im Beruf, in der Wirtschaft, in den Religionen und Ideologien und besonders in der Politik.

Diese Liebe soll nicht nur gegenseitiges Verständnis und Achtung für das Leben und die Eigenheiten und Gefühle der Anderen enthalten. Sie soll genau so durch Eigen- und Mitverantwortung, durch Menschlichkeit, Friedlichkeit, menschlichen Anstand, redliche Arbeit und durch Lebensmut und Lebensfreude geprägt sein. Wie wir das erreichen können, erläutere ich später noch mehr im Detail. Es sollte nicht so schwer sein, wie es vielleicht im ersten Moment erscheint. Denn in fast allen Menschen steckt ja die Sehnsucht nach mehr Liebe, einem friedlichen Zusammenleben mit den Mitmenschen, nach Zufriedenheit und Lebensglück.

Ich glaube, dass wir (fast alle Menschen, ich schließe mich nicht aus) diesen großen Fehler machen: Wir warten immer wieder darauf, Liebe zu empfangen, statt Liebe, Zuwendung und Verständnis zu schenken.

Und wir vergessen immer wieder, dass das Schenken das größere und befreiendere Erlebnis ist. Ich habe das ausprobiert, es ist wirklich so. Und ich danke den Herren Fromm, Goethe, Antoine de Saint-Exup'ery und vielen anderen Weisen, dass sie mich an diese Tatsache erinnert haben.

Probiert es doch auch aus, liebe Leser! Aber sucht Euch bitte würdige Objekte Euerer Liebe aus und achtet auch darauf, dass diejenigen, die Euere Liebe, Zuwendung, Sorge und Mühe bekommen, dies in ihrem Egoismus nicht als Selbstverständlichkeit betrachten, so dass Ihr dann sagen müsstet: „Es war vergebliche Liebesmühe!" Denn der Mensch ist ein Gewohnheitstier und vergesslich. Und er gewöhnt sich so leicht an das Angenehme und Gute, dass sehr viele Leute auf die Gegenleistung und womöglich gar auf die Anerkennung für die empfangenen Leistungen vergessen. Die wenigsten Menschen sind sich dessen bewusst, dass sie ihr schönes angenehmes Leben zu einem sehr großen Teil anderen anständigen, tüchtigen und arbeitssamen Menschen und einem gütigen Geschick verdanken.

4.4 Ins Glück stolpern?

Der amerikanische Professor für Sozialwissenschaften an der Harvard-Universität Daniel Gilbert erhielt im Jahr 2007 den Preis für das beste populär-wissenschaftliche Buch der USA. Es heißt im Original „Stumbling on Happiness“ und in der 2007 erschienenen deutschen Übersetzung „Ins Glück stolpern“[15]. Das Buch wurde in zahlreiche Sprachen übersetzt und kam in den USA in kurzer Zeit in die Bestsellerlisten. (In Europa ist es anscheinend nicht so gut aufgenommen worden.)

Gilbert weist in seinem Buch auf die (eigentlich bekannte Tatsache) hin, dass es nicht unbedingt äußere Umstände sind, die uns Menschen glücklich machen, z.B. viel Geld oder Güter zu besitzen. Auch das „emotionale Glück“, wie er es nennt (z.B. Kinder oder Enkelkinder zu haben, die wir liebevoll betreuen), ist nicht unbedingt ein dauerhafter Glückszustand. Wir wünschen uns das nur. Aber wir machen bei der Vorausschau in die Zukunft ebenso viele Fehler wie bei der Rückschau in die Vergangenheit. Die Realität ist sehr oft ganz anders. Wir stolpern ins Glück. Und wir straucheln dabei recht oft, wie die deutsche Übersetzung des Wortes „stumble“ auch aussagt. Zum Glück haben wir für solche Fälle laut Gilbert ein sogenanntes „psychisches Immunsystem“. Das heißt: Wir reden uns einfach die Dinge schön, die wir nicht ändern können, und das so lange, bis wir selbst daran glauben.

Gilbert weist auch auf die (mehr im Fernen Osten beheimatete) geistige Einstellung hin, dass wir am ehesten glücklich sind, wenn wir mit unseren Gedanken und Gefühlen vorwiegend im „Jetzt“ leben. Das ist auch medizinisch nachweisbar. Unser Gehirn schüttet das Glückhormon (Dopamin) aus, sowohl wenn wir etwas Gutes essen, uns über unser liebenswertes Enkelkind freuen oder wenn wir einen Orgasmus haben. (Das klingt zwar prosaisch. Aber so ist unsere Natur.)

Im übrigen beschreibt Gilbert mit vielen Beispielen unsere zahlreichen guten und weniger guten menschlichen Eigenschaften, wie sie vor allem Shakespeare in seinen Dramen und Komödien aufgezeigt hat. Dadurch wird das Buch (nach meiner Ansicht) ein bisschen langatmig. Und man gewinnt den Eindruck, der Autor wäre nicht nur (durchaus zurecht) auf seine wissenschaftlichen Erkenntnisse, sondern auch darauf stolz, wie gut er seinen Shakespeare kennt.

Schließlich vermisse ich in Gilberts Buch eigentlich eine klare Aussage, wie man sich verhalten soll, um ein möglichst dauerhaftes Glück oder zumindest eine dauerhafte Zufriedenheit zu erreichen. Die Glückshormone allein und das psychologische Immunsystem sind doch ein bisschen wenig. Da halte ich mich lieber an andere Philosophen und Psychologen wie Karl Popper, Viktor Frankl, Erich Fromm und Eric Kandl. (Doch darüber mehr in den späteren Kapiteln.)

Hier möchte ich mich vielmehr der Problematik widmen, wie das „Glücklichsein“ mit der sexuellen, der faszinierenden und der geistigen (oder wahren) Liebe zusammenhängt.

Im Kapitel 4.1 habe ich schon ausführlich erläutert, dass die sexuelle Liebe nicht zu einem dauernden Glückszustand führen kann. Sie dient ja (von der Natur her) der Arterhaltung. Und sie führt uns Menschen in einen erfreulichen Rauschzustand, den wir als Glück empfinden. Dabei ist dieser Rausch bei Männern und Frauen (ebenfalls von der Natur her) sehr unterschiedlich: Bei den Männern klingt er nach dem Geschlechtsakt sehr rasch ab; bei den Frauen dauert er sehr viel länger an.

Die Faszination, die ein Partner des anderen Geschlechts auf uns ausübt, habe ich im Kapitel 4.2. erläutert. Das Erlebnis der faszinierenden Liebe ist vielleicht noch flüchtiger als jenes der sexuellen Liebe. Ich habe das vor einiger Zeit bei einem Theaterbesuch erkannt, bei dem ich so etwas wie ein „Schlüsselerlebnis“ hatte, das nur indirekt mit dem Theaterstück zusammenhing:

Meine Frau und ich saßen im ersten Rang in der zweiten Sitzreihe. Vor uns ein sehr sympatisches junges Liebespaar. Beide sehr adrett und gepflegt, sie etwas dezenter, er sehr natürlich und noch etwas sympatischer als sie, aber beide noch tief im Liebesrausch. Sie sahen sich dauernd liebevoll an, küssten sich mindestens einmal pro Minute, redeten intensiv miteinander und beugten sich immer wieder weit über die Brüstung. Das hielt auch so an, als das Theaterstück begann. Nur die Gespräche stellten sie ein. Aber das Vorbeugen und die Küsserei hörten nicht auf. Das störte uns in der zweiten Reihe selbstverständlich gewaltig in unserer Sicht. Ich machte sie höflich, aber deutlich aufmerksam, dass wir durch ihr Verhalten gestört waren.

Der junge Mann war ganz erschrocken, sie wohl etwas weniger, oder sie zeigte es nicht. Von da an verhielten sich beide ganz vorbildlich. Das (für uns) Erheiternde aber war der Inhalt des Theaterstücks: Man spielte „Wie es so läuft!". Eine sehr böse Dreiecksgeschichte des amerikanischen Starautors Neil LaBute über den ganz alltäglichen Horror des Ehelebens. Beide jungen Leute verließen nach Ende der Aufführung sehr gedankenvoll das Theater. Die gegenseitige Anhimmelei war während dieser Zeit weitgehend abgeklungen.

Bei der nächsten Aufführung unseres Theaterabonnements einige Wochen später saß ein älteres Ehepaar auf den Plätzen vor uns. Ich dachte mir: „Vielleicht haben da recht kluge Eltern ihre Jugend vor voreiligen Schritten gewarnt!"

Zurück zur Frage, ob wir ins Glück stolpern sollen, oder ob wir nicht doch unser Leben besser und gescheiter gestalten sollten und können. Wie ich schon in den vorangegangenen Kapiteln beschrieben habe, ist (meiner Meinung nach) sowohl das sexuelle wie auch das erotische Glück im Zusammenleben der Menschen in unserer aufgeklärten Zeit fast nirgendwo ein dauerhafter Zustand. (Ausnahmen bestätigen die Regel.)

Die faszinierende Liebe zu einem guten geistigen Ideal mag da (wohl nur für Junggesellen!) eine gute positive Ausnahme sein: Künstler, Wissenschaftler, Religionsführer, Philosophen können, wenn sie sich ganz ihrer Aufgabe widmen, großartige kulturelle Leistungen vollbringen und anderen viel Freude und gute Erkenntnisse vermitteln. Aber wohl nur wenige von ihnen werden einen Lebenspartner finden, dem sie neben ihrer Arbeit genügend Liebe und Aufmerksamkeit schenken können. Denn in einer guten Partnerschaft sollte doch ein gutes geistiges Gleichgewicht zwischen dem Geben und dem Nehmen bestehen. Deshalb ist die geistige oder die wahre Liebe so wichtig.

Lasst mich zum vorangegangenen Kapitel zurückblenden, liebe Leser! Dort heißt es: Nur der geistigen oder wahren Liebe gebührt das Wort „Liebe". Denn nur sie kann in den zwischenmenschlichen Beziehungen Frieden, Zufriedenheit und seelisches Gleichgewicht stiften. Und halbwegs dauerhaft gelingt uns das nur, wenn die Liebe zwischen einzelnen Menschen (und ebenso zwischen Menschengruppen) auf gegenseitiger Zuwendung, Verantwortung und Menschlichkeit beruht.

Deshalb sollten wir nicht „ins Glück stolpern", sondern vielmehr jederzeit die erwähnten guten ethischen Werte beachten!

5. Das gute geistige Gleichgewicht

In diesem Teil komme ich zum Kern der Studie. In sieben Kapiteln zeige ich auf, welche geistigen Werte wir besonders beachten sollen, um das gute Gleichgewicht zwischen unseren Gedanken und Gefühlen zu erreichen, zu bewahren und wieder zu erlangen, wenn wir es verlieren.

Ihr habt sicherlich bei der Lektüre der Teile 1 und 2 der Studie gemerkt, liebe Leser, dass ich sogar noch im neunten Lebensjahrzehnt dazu gelernt habe und im zehnten weiter dazulerne. Dieses Lernen besteht einerseits aus neuen Erfahrungen und andererseits aus Erkenntnissen, die ich durch die Teilnahme an Seminaren und die Lektüre guter Bücher gewann.

Aber auch die Arbeit an dieser meiner Studie brachte mir neue Erkenntnisse. Als ich das Kapitel über die ehrliche Arbeit schrieb, kam ich zu einer wichtigen Erkenntnis. Wie diese entstand, möchte ich näher erklären: Ich wollte ursprünglich die Themen „Friedensliebe" und „Ehrliche Arbeit" in einem gemeinsamen Kapitel zusammenfassen. Aber dann erkannte ich (auch aus meinen persönlichen Erfahrungen), dass die ehrliche Arbeit das entscheidende Element und somit die Basis des guten Zusammenlebens der einzelnen Menschen und ebenso auch der Völker ist.

Deshalb behandle ich die Thematik „Friede, Friedensliebe und Zufriedenheit" im vierten Kapitel, das Thema „Menschlicher Anstand" im fünften Kapitel und die Thematik der „Ehrlichen Arbeit" gesondert im sechsten und vorletzten Kapitel besonders ausführlich.

Als letzte und ebenso wichtige Begriffe des guten geistigen Gleichgewichts diskutiere ich im siebenten Kapitel die Themen „Menschlichkeit" und „Lebensfreude". Die Menschlichkeit sollte für anständige Menschen das Maß aller Dinge sein und nicht das Geld oder die Macht, die soziale Position oder der Ruhm, wie das viele Leute glauben und ihr Leben danach ausrichten. Zur Menschlichkeit fügt sich dann (im guten geistigen Gleichgewicht) fast selbstverständlich die Lebensfreude, die Zufriedenheit und der Humor dazu.

5.1 Eigenliebe und Nächstenliebe

Ein sehr wichtiges Ordnungsprinzip unseres Lebens – wahrscheinlich das wichtigste – ist das Gebot der Nächstenliebe. Soviel ich weiß, hat erstmals Jesus Christus dieses Gebot in klaren und einfachen Worten ausgesprochen: „Liebe deinen Nächsten wie euch selbst!“

Jesus hat bei seinen Predigten meistens zu einer größeren Menschenmenge gesprochen, und er hat dabei nicht nur die Juden gemeint, von denen ihn viele als Messias sahen, sondern wohl alle Menschen aller Religionen.

Was bedeutet das Gebot der Nächstenliebe heute im (beginnenden) Zeitalter der Menschenrechte und in unserer Welt der so vielfältigen wechselseitigen Beziehungen, die ja weit über die Verbreitung des Christentums hinausreichen?

Die zweite Hälfte des Gebotes sagt doch aus, dass jeder Mensch sich selbst nicht nur lieben darf, sondern dass Jesus dies für selbstverständlich hielt. Mit anderen Worten darf man heutzutage das Gebot so deuten, dass jeder Mensch das Recht hat, sein Leben je nach seinen Fähigkeiten und der Situation, in der er sich befindet, so zu gestalten wie er es für richtig hält, um glücklich und zufrieden zu sein.

Aber die Voraussetzung dafür, dass sein Leben auch gut und ausgewogen ist, wird in der ersten Hälfte des Gebotes ausgesprochen: Hier heißt es, dass der Mensch seine Nächsten genau so lieben soll wie sich selbst. Das bedeutet doch: Jeder Mensch soll im Rahmen seines Wirkungsbereiches und seiner Möglichkeiten auch anderen Menschen Liebe schenken, um ihr Leben damit besser und schöner zu gestalten.

Nirgendwo wird wohl das für jedermann notwendige geistige Gleichgewicht zwischen dem „Ich“ und den Mitmenschen klarer und schöner aufgezeigt als im Gebot der Nächstenliebe!

Welche Menschen meinte Jesus, als er von den „Nächsten“ sprach? Viele Christen glauben, dass er damit nur die Ärmsten gemeint hat und jene, die am meisten Not leiden, sei es durch Hunger, Krankheiten, Katastrophen oder brutale Gewalt anderer Menschen. Daran dachte er wohl auch vor allem anderen. Aber die Nächstenliebe gegenüber den Ärmsten und den Notleidenden genügt doch nicht, um Missgunst, Neid,

Hass, Überheblichkeit und Verachtung zwischen einzelnen Menschen ebenso wie Kriege, Terror und gegenseitige Vernichtung zwischen Völkern, Religions- und Gesinnungsgemeinschaften zu vermeiden!

Jesus sprach doch immer in einfachen Worten, so dass auch Menschen mit geringer Bildung ihn verstanden. **Ich denke daher, dass Chistus mit den „Nächsten" auch jene Menschen meinte, die uns am nächsten stehen: unsere Lebenspartner, unsere Kinder, Eltern, Geschwister, unsere Nachbarn und unsere Kollegen und Mitarbeiter im Beruf, unsere Freunde und die Kameraden in den Gemeinschaften, denen wir angehören. Sie alle sollen wir lieben, ebenso wie die Notleidenden und die Armen, denen wir auf unserem Lebensweg begegnen.**

Dass jeder gute und anständige Mensch auch sein inneres Gleichgewicht zwischen Gefühl und Verstand nur dann erreicht, wenn er diesem Gebot folgt, hat Jesus nicht erwähnt. Denn damals wurde das Leben in den verschiedenen Gemeinschaften ja noch nicht von psychologischen Überlegungen diktiert. Die Lebensumstände waren meistens noch viel kriegerischer und gewalttätiger als sie es heute sind. Damals wurde von den Mächtigen bestimmt, was jedermann zu denken, zu tun und zu glauben hat. Die Christen, die es wagten, einen anderen (friedlicheren) Glauben zu predigen, wurden verfolgt und getötet. Das blieb auch vielfach ähnlich als die Herrschenden selbst den christlichen Glauben annahmen. Bis in die Neuzeit, bis zum 18. Jahrhundert bestimmten in vielen christlichen Ländern die Fürsten den Glauben ihrer Untertanen!

Mit den vorangegangenen Überlegungen habe ich die Worte von Jesus Christus wohl etwas unkonventionell gedeutet. Aber diese Deutung widerspricht doch nicht den Lehren der christlichen Religionsgemeinschaften. Ich glaube, sie ist umfassender als die „Caritas" (die Liebe zu den Armen und Notleidenden). Ich glaube, dass meine Überlegungen auch für andere Religions- und Gesinnungs-Gemeinschaften passen, die dem irdischen menschlichen Leben gegenüber positiv gesinnt sind.

Ich habe schon erwähnt, dass heute jeder Mensch in den Staaten, die die UN-Deklaration der Menschenrechte anerkennen, das Recht hat, sein Leben nach seinen eigenen Vorstellungen entsprechend seinen

Fähigkeiten und seinen Möglichkeiten zu gestalten, um zufrieden und glücklich zu sein. (Dabei sind die Vorstellungen der einzelnen Menschen, was „Glück“ ist, sehr unterschiedlich.) Aber wie erreichen wir dieses Glück in unseren vielfältigen Beziehungen, wenn wir neben den Gesetzen unseres Staates und den Geboten unserer Religion auch noch die Vorschriften der Vorgesetzten im Beruf und womöglich sogar die Befehle unserer militärischen Chefs erfüllen sollen? „Allen Menschen recht getan, ist eine Kunst, die niemand kann!“ heißt ein Sprichwort.

Bei dieser Frage sollten wir uns an das notwendige Gleichgewicht zwischen unserem Gefühl und unserem Intellekt erinnern. Oft hilft uns das Gefühl, eine gute Entscheidung zu finden. Aber manchmal werden wir zwischen Gefühlen und Gedanken, die einander widersprechen, seelisch hin und her gerissen. Dann hilft nur noch, uns an die wichtigsten guten Grundsätze des menschlichen Zusammenlebens zu erinnern und uns dementsprechend zu entscheiden, was wir tun werden. Diese Grundsätze aufzuzeigen und möglichst klar zu formulieren, ist das eigentliche Ziel dieser Studie.

Das Gebot der Nächstenliebe ist aber keine Eigenart des Christentums. Es ist vielmehr zu einer universell geltenden Doktrin geworden, der sich immer mehr Ideologien und religiöse Überzeugungen angeschlossen haben und anschließen. Und mit der UN-Deklaration der Menschenrechte und ihrer Anerkennung durch alle zivilisierten Staaten der Erde hat das Gebot der Nächstenliebe für alle Menschen und Menschengruppen unabhängig von ihrer religiösen Gesinnung, Nationalität oder sozialen Stellung eine umfassende Bedeutung für alle Menschen der Welt bekommen.

5.2 Eigenverantwortung und Mitverantwortung

Durch das Gebot der Nächstenliebe wird jedem einzelnen Menschen eine zweifache Verantwortung übertragen: Erstens die Eigenverantwortung, die bedeutet, dass er sein irdisches Leben, das ihm Gott oder die Natur geschenkt hat, so gut erhalten und gestalten soll, wie er kann; und zweitens die Mit-Verantwortung die bedeutet, dass er das Leben der Menschen, die in irgendeiner Weise von ihm abhängen, so beeinflussen soll, dass diese es als gut, schön und gerecht empfinden können.

Sowohl die Nächstenliebe wie die aus ihr resultierende Verantwortung sollten – meiner Meinung nach – nicht nur für einzelne Personen sondern auch für Personengemeinschaften gelten, die in ihrem Wirkungsbereich Entscheidungen für ihre eigene Gemeinschaft und indirekt auch für Nachbargemeinschaften treffen. Diese Überlegung betrifft vor allem Staaten und ihre Regierungen, die ja durch ihre Entscheidungen sehr oft nicht nur das Los ihrer eigenen Bürger, sondern auch das Schicksal der Bürger anderer Staaten beeinflussen. Dies gilt besonders dann, wenn eine Gruppe von Menschen oder ein Staat mit Gewalt agieren und wenn sie nur auf das Wohl der Menschen ihrer eigenen Gemeinschaften achten und nicht auf eine mögliche Notlage der Menschen, die durch Ausübung ihrer Gewalt mitbetroffen sind.

Selbstverständlich kann man nicht erwarten, dass die Regierungen und die einzelnen Bürger von Ländern, die einander jahrzehnte- oder gar jahrhundertelang blutig bekämpft haben, sich plötzlich voller Liebe um den Hals fallen. Aber es sollte doch gelingen, durch gegenseitiges Kennen- und Verstehenlernen zu einem der Nächstenliebe analogen Konsens zu kommen: „Achtet Eure Nächsten und ihre Eigenheiten, Interessen und auch Gefühle ebenso wie Ihr es Euch von ihnen wünscht!“ Ein solcher Konsens muss doch zwischen zivilisierten Staaten und Gesinnungsgemeinschaften möglich sein!

Die politische Entwicklung der gegenseitigen Beziehungen der europäischen Staaten in den letzten Jahrzehnten hat gezeigt, dass so etwas wirklich realisierbar ist, trotz aller Rückschläge, die es auf diesem Weg gibt oder vielleicht geben muss. Denn dabei ist (historisch gesehen) etwas völlig Neues geschehen: Nachbarstaaten, die einander jahrhundertelang immer wieder kriegerisch bekämpften (wie Deutschland und Frankreich) ziehen jetzt politisch an einem Strang, und die Menschen dieser Länder kommen sich auch in ihrem Lebensstil und in ihrer Gefühlswelt immer näher. Andere Staaten, die früher immer wieder gegeneinander Kriege führten (wie etwa Polen und Deutschland), raufen sich jetzt allmählich zusammen. Und kleinere, weniger mächtige Staaten lassen sich nicht mehr so von den Großen und Mächtigen zentralistisch dirigieren wie einst, sondern sie behaupten ihre Individualität und ihre Eigenarten immer besser im Konzert der Gemeinschaften. Das alles geschieht mit friedlichen Mitteln, selbstverständlich sehr mühsam und mit Rückschlägen verbunden. Aber es ist möglich, wenn man dem Konzept der Eigen- und Mitverantwortung folgt. Und es sollte sogar trotz der „galoppierenden Globalisierung“ auch bei anderen Staaten möglich sein, wenn die in der Politik und der Wirtschaft Herrschenden die Mitverantwortung beachten!

Denn es dreht sich ja immer nur um das Verstehen-, Akzeptieren- und Beachtenlernen der Eigenheiten, Leistungen und Gefühle der anderen Menschen und Menschengruppen!

Diese Überlegungen gelten für alle Bereiche des Lebens, vom „Ich“ zum „Du“, in der Familie zwischen Eltern und Kindern, zwischen den Geschwistern und zwischen Generationen, zwischen Freunden und räumlichen Nachbarn über die Berufs- und Religions- und Gesinnungsgemeinschaften bis hin zu den Staaten und Staatenbünden.

5.3 Die Menschenrechte und die Pflichten der Menschen

Ich glaube, dass die Deklaration der Menschenrechte durch die Vereinten Nationen (am 10.12.1948) und die ihr folgende Anerkennung durch alle zivilisierten Staaten der Welt die wichtigsten Meilensteine in der Geschichte der Menschheit sind. Beides zusammen ist wahrscheinlich sogar der wichtigste Schritt in der bisherigen Kulturgeschichte der Menschen.

Denn durch diese Deklaration und ihre immer stärkere Beachtung kann und sollte ein Sehnsuchtstraum aller den Frieden liebenden und gutmütigen Menschen wahr werden: Die Weltgeschichte wird nicht mehr vorwiegend durch das Motto geprägt „Der Krieg ist der Vater aller Dinge!“ sondern durch die (mühsame und oft qualvolle) Geburt eines friedlichen, menschlichen Zusammenlebens der Völker, Rassen, Religions- und Gesinnungsgemeinschaften.

Dadurch hat der einzelne Mensch nach tausenden Jahren heute das Recht, sein Leben entsprechend seinen Fähigkeiten und seinen Möglichkeiten in die er hineingeboren wurde, selbst zu gestalten. Er muss nicht mehr (oft gegen seinen eigenen Willen) in den Krieg ziehen und mit der Waffe gegen „Feinde“ kämpfen, denen er womöglich gar nicht feindlich gesinnt ist. Er wird heute nicht mehr gezwungen, wenn er zum Militär „eingezogen“ wird zu schwören, dass er bereit ist, sein Leben für sein Vaterland, den Kaiser, einen Diktator oder „Führer“ oder auch für Gott hinzugeben, obwohl er eigentlich Angst hat, das zu tun. Er kann so etwas aus freiem Willen tun, wenn es seiner Überzeugung entspricht, aber er kann dazu nicht gezwungen werden! Er kann sein Leben einer Arbeit, seinen Mitmenschen, einem Ideal, einem Hobby oder sogar nur seinem eigenen Wohlbefinden widmen. Das ist alles erlaubt, darin besteht seine Freiheit und seine Rechte.

Diese Menschenrechte werden heute auch durch die Grundrechte aller zivilisierten Staaten oder Staatengemeinschaften gewährleistet. Darauf können wir uns weitgehend verlassen.

Aber wie steht es mit den Pflichten der Menschen, mit der Verantwortung für die Mitmenschen, deren Leben wir beeinflussen, und mit der Verpflichtung zu den anderen Werten, von denen heute so viel gesprochen wird, wie Menschlichkeit, Anstand, Mitgefühl oder gar der Nächstenliebe? Solche Werte können wir aus freiem Willen pflegen, aber wir müssen es nicht tun. Auch die Menschenrechte zwingen uns nicht dazu. Nur böse Untaten werden durch Strafgesetze bestraft.

Früher, als Kriegsvater Mars das Leben der einzelnen Menschen regierte, hatten die Herrschenden immer eine passende Religion (oder Ideologie) zur Seite, die den einzelnen Menschen vorschrieb, wie sie sich brav und korrekt zu verhalten hätten, damit die Herrschenden selbst (und wenn diese halbwegs anständig waren, auch die Untertanen) gut durch die Kriege kamen und in Friedenszeiten ruhig leben konnten.

Das Zeitalter der (beginnenden) Menschenrechte hat auch seine Schattenseite: Mit dem stärkeren Einfluss der Menschenrechte auf das Leben der einzelnen Menschen in den meisten zivilisierten Staaten und mit dem damit verbundenen höheren Wohlstand hat auch der Einfluss der Religionen und der von ihnen gepredigten Pflichten stark abgenommen. Die meisten Menschen, die diese Rechte genießen, brauchen die Religionen scheinbar nicht mehr. Es genügt ihnen, dass sie für ihre Interessen und für ihr Wohlbefinden leben.

Mit anderen Worten: Der Egoismus nimmt überhand, und materialistische Ideologien wie Kapitalismus und Neoliberalismus bestimmen vielfach das Zusammenleben der Menschen, obwohl diese Ideologien in Widerspruch zu einzelnen Artikeln der Deklaration der Menschenrechte stehen, z.B. zum Artikel 18 „Jeder Mensch hat das Recht auf Arbeit und befriedigende Entlohnung! ... etc.“. Oder der Artikel 25: „Das Recht auf einen angemessenen Lebensstandard!“ Siehe[11, S. 210, 211)] Wie weit sind wir doch (selbst in den sogenannten „Wohlfahrtsstaaten“ heute noch) angesichts der „galoppierenden“ Globalisierung von diesen Zielen der Menschenrechte entfernt! Wenn man die Länder der Dritten Welt betrachtet, wird die Entfernung noch viel ärger: Dort sind nicht einmal die Grundrechte der Menschen auf ihr Leben und auf die Freiheit vor Furcht und Not gewährleistet!

Sollen wir angesichts dieser Fakten resignieren? Ich glaube: „Nein!“ **Die aus den Menschenrechten resultierenden Pflichten sollten nur besser definiert und möglichst allen Menschen intensiv einprägt**

werden, zumindest so vielen, dass in den Demokratien die anständigen und friedlichen Bürger eindeutig die Mehrheit bilden, und dass Gewaltmenschen, einseitige Egoisten und korrumpierbare Menschen in der Minderheit bleiben.

Ich glaube auch: **Eine allen Religionen und Gesinnungsgemeinschaften übergeordnete Ethik der Menschlichkeit, des Verantwortungsbewusstseins, der Friedfertigkeit und des Mitgefühls für andere, schwächere und ärmere Menschen ist notwendig!**

Statt (oder zusätzlich zu) der Globalisierung der Wirtschaft brauchen wir noch viel dringender eine Globalisierung der Ethik und ihrer Grundwerte! Die daraus resultierenden Pflichten wären dann vor allem unseren Politikern und Wirtschaftsführern, aber auch den Führern der Religionen und nichtreligiöser geistiger Gesinnungsgemeinschaften, sowie den einflussreichen Vertretern der Medien möglichst intensiv einzuprägen! Nur so kann die Wende von einer kriegerischen zu einer friedlichen Menschheitsgeschichte Wirklichkeit werden und nicht Utopie bleiben.

Ihr fragt Euch vielleicht, liebe Leser, ob und wieso ich so weit in die politische Problematik gekommen bin. Ich glaube, das scheint nur so zu sein.

Ich bin nämlich fest davon überzeugt, dass wir, die einzelnen einfachen Menschen (ebenso wie die Mächtigen der Erde und die Führer jeder Geistesrichtung) nur dann richtig zufrieden und in unserer Gefühlswelt wie in unserem Gewissen ruhig sein können, wenn die Rechte, die uns die anderen Menschen gaben und geben, mit den Pflichten, die wir der Mitwelt gegenüber erfüllen, in einem guten Gleichgewicht sind. Und nur dann, wenn wir dieses Gleichgewicht beachten, können wir zu einer nachhaltigen Lebensfreude kommen.

Diese unsere Situation müssen wir immer wieder überprüfen und notfalls korrigieren! Denn die Zeiten ändern sich, und wir ändern uns in ihnen. (Das wussten schon die Menschen und sogar einzelne Herrscher im Mittelalter, z.B. der deutsche Kaiser Lothar I.[2, S. 445]. Daran hat sich nichts geändert!)

5.4 Friede, Friedensliebe und Zufriedenheit

Fast alle Menschen der Welt sehnen sich nach Frieden und viele wünschen einander, wenn sie sich begegnen: „Der Friede sei mit Dir" oder „Schalom" oder „Salem" oder „Friede" in einer anderen Sprache.

Und dennoch ist die Geschichte der Menschheit durch Kriege, Streit, Hader und Neid um Ländereien, Bodenschätze und Macht geprägt. „Der Krieg ist der Vater aller Dinge!" wurde jahrtausendelang von Herrschern, Politikern und sogar von Historikern behauptet. Der Friede wurde nur als Ruhe- und Erholungspause zwischen den Kriegen betrachtet. Und: Je mehr Feinde einer besiegt oder erschlagen hatte, umso höher wurde er als Held gepriesen.

Erst das zwanzigste Jahrhundert mit seinen zwei Weltkriegen, vor allem der Zweite Weltkrieg mit seinen sechzig Millionen Kriegs- und Terrortoten, brachte hinterher ein Umdenken bei einem großen Teil der Politiker.

Das Denken in Kriegen und das gewalttätige Heldentum wurden – zumindest in weiten Teilen Europas – durch den Zweiten Weltkrieg ad absurdum geführt. Friedensliebe und Friedferigkeit, Menschenrechte und Menschenwürde wurden endlich international als die wichtigsten dauerhaften Wertvorstellungen anerkannt, und damit auch die Individualität jedes Menschen und der verschiedenen Völker.

Wir und unsere Nachkommen (in einigen Teilen Europas) könnten, wenn wir diesen Wertvorstellungen Folge leisten, nicht nur hoffen, sondern doch auch erwarten, dass wir ein Leben in Frieden verbringen können. Das wäre ein gewaltiger umwälzender Fortschritt in der Geschichte der Menschheit. Niemand kann das besser verstehen als wir alten Leute. Denn wir Alten haben ja in den ersten Jahrzehnten unseres Lebens immer wieder fürchten müssen, dass wir unser Leben nicht selbst frei führen und gestalten können, sondern dass es uns durch den Krieg oder Terror genommen wird.

Nach dem 2. Weltkrieg waren wir einige Jahrzehnte lang ebenso wie die meisten Menschen der jüngeren Generationen halbwegs frei von dieser Angst. Aber in den anderen Kontinenten, vor allem in Asien, Afrika und Teilen Amerikas, war es auch in der zweiten Hälfte des

20. Jahrhunderts nicht so. Dort bestimmten nach wie vor Kriege und Gewalt das Schicksal vieler Länder und ihrer Menschen. Im letzten Jahrzehnt schwappte die Gewalt wieder auf einige Balkanstaaten und zu Beginn des 21. Jahrhunderts sogar als Terror auf die USA und einige hoch zivilisierte Staaten Europas über.

Fallen wir wieder ins Zeitalter des Kriegsgottes Mars zurück und bleibt uns elenden Erdenbürgern das Motto „Der Krieg ist der Vater aller Dinge!“ als oberster Maßstab des historischen Geschehens weiter bestehen? Oder dämmert nicht doch ein Zeitalter heran, in der Venus regiert und in dem es folgerichtig heißt: „Friedensliebe ist die Mutter aller Dinge!“? Manche politische und kulturelle Entwicklungen sprechen dafür. Aber der Übergang in dieses „mütterliche“ Zeitalter scheint sehr schwer zu sein. (Die meisten Mütter hatten es im Leben ja schon immer schwerer als die Väter, und vielfach gilt das auch heute noch.)

Zu diesem Thema gibt uns wieder einmal Jesus den richtigen Fingerzeig mit seinem Gebot: „Ihr sollt auch eure Feinde lieben!“ Dieser Gedanke ist zwar recht widersprüchlich und äußerst schwierig zu realisieren. Aber er hat einen tiefen Wahrheitsgehalt. Denn warum gibt es Feinde und warum streiten sie und kämpfen gegeneinander? Weil es jedem der Feinde um Macht und materielle Vorteile geht und weil sie in völlig anderen, oft gegensätzlichen Gedanken- und Verhaltensmustern aufgewachsen sind und leben. Aber sie alle sind doch Menschen und die allermeisten von uns wünschen nichts sehnlicher, als auch mit ihren sogenannten Feinden in Frieden zu leben. Daher sollen und müssen sie den Weg des Verstehenlernens, Verzeihenlernens und Versöhnenlernens gehen, wenn sie es mit dem Wunsch nach Frieden ehrlich meinen. Dieser Weg ist schwierig, mühsam und langwierig. Aber er ist bei gutem Willen der Beteiligten gangbar, wenn einige wichtige Grundregeln des menschlichen Zusammenlebens eingehalten werden.

Somit ist das Wort von Jesus Christus über die Feindesliebe der beste (selbstverständlich irdische) Erlösungsgedanke, der vom historischen Kriegsdenken in ein Friedens-Denken und somit zu einem besseren friedlicheren Zusammenleben der Menschen auf der Erde führen kann.

Wenn alle Menschen heute im Bewusstsein einer friedlichen Politik leben könnten, dürfte jeder einzelne Mensch sein Leben nach seinen Möglichkeiten und seinen Fähigkeiten selbst gestalten. Das wäre das großartig Neue im Leben der Menschheit! Und jedermann dürfte hoffen und erwarten, dass es ihm gelingt, ein gutes befriedigendes Leben zu führen.

Auch der berühmte brasilianische Schriftsteller Paolo Coelho, der in vielen seiner Bücher für mehr Mütterlichkeit im Zusammenleben der Menschheit eintritt, schreibt in seinem „Handbuch der Krieger des Lichts“[5)]: „Der Krieger des Lichts weiß, dass die Intuition das Alphabet Gottes ist. Wenn der Konflikt sich so zugespitzt hat, dass ein Kampf unausweichlich scheint, redet der Krieger mit seinem Gegner. Beherzt versucht er herauszufinden, **warum** der andere den Kampf will. Ohne sein Schwert zu ziehen, überzeugt der Krieger seinen Gegner davon, dass der Kampf nicht sein Kampf ist.“ Zu dieser Aussage ist nicht viel zu ergänzen. Paolo Coelho sagt uns, dass jeder mutige Mensch einen Kampf oder Streit durch eine offene und ehrliche Aussprache vermeiden kann.

Ich glaube aber, es müsste gar nicht zu Kriegshandlungen kommen, wenn zumindest eine der beiden Streitparteien die Frage nach dem „Warum“ des Streites stellt, sobald man merkt, dass Interessen, Lebensprinzipien oder Gefühle des anderen (oder auch die eigenen) verletzt wurden. Und wenn die beiden Streitenden einander gegenseitig die Frage „Warum“ stellen, die Antwort des anderen beachten und in der Folge berücksichtigen, kann es gar nicht zu Reibereien oder Kriegshandlungen kommen! Diese Überlegung gilt besonders dann, wenn sie das immer wieder tun, falls sie den Anderen nicht verstehen! Sie können in Frieden miteinander oder zumindest nebeneinander leben und zufrieden sein, wenn jede „Partei“ einer guten Arbeit nachgeht.

Hier lehrt uns unsere gute deutsche Sprache wieder einmal etwas über die geistigen Zusammenhänge: Friede (und gute, ehrliche Arbeit) führen zu einer recht dauerhaften Zufriedenheit, wohl aber nicht unbedingt zum Glücklichsein, das viele Menschen immer wieder suchen.

5.5 Der menschliche Anstand und die Andersgesinnten

Können wir allen Menschen, die uns aus unserer Lebenssituation nahestehen, mit echter geistiger Liebe begegnen? Ist das nicht zu viel verlangt?

Jeder Mensch hat doch seine Eigenheiten, seine eigenen Ansichten und seine eigene Art sein Leben zu gestalten und mit den Menschen umzugehen, mit denen er in Kontakt kommt. Dabei ergeben sich oft sehr viele Reibungsflächen zwischen der Gesinnung der einen und der Gesinnung der anderen, so dass es vielen Menschen mitunter unmöglich erscheint, allen anderen mit Liebe zu begegnen, mit denen sie in der Verwandtschaft, im Beruf oder sonstwie in Beziehung stehen. Manche Menschen können „sich nicht riechen", sie sind einander unsympathisch, weil sie in ihrer Lebensart und oft auch in ihren Ansichten zu gegensätzlich sind. Sie werden zu Rivalen oder Rivalinnen im Denken und im Fühlen. Man spricht dann von „gestörten Beziehungen", die bis zum Lebensende eines der beiden andauern können. Das auch dort, wo es allen Beteiligten nur Ungemach bringt. Muss das bei vernünftigen, verantwortungsbewussten Leuten so sein?

Solche gestörte Beziehungen gibt es in allen menschlichen Bereichen, fast selbstverständlich zwischen Verwandten, manchmal sogar zwischen Eltern und Kindern, zwischen Geschwistern und vielfach zwischen Nicht-Blutsverwandten, zwischen Schwägern, zwischen Zieheltern und Ziehkindern. Das gibt es aber auch zwischen Nachbarn, zwischen Konkurrenten oder Untergebenen und Vorgesetzten im Beruf und zwischen Vertretern unterschiedlicher Ideologien oder Lebensart, auch im gesellschaftlichen Leben und in der großen Politik.

Was kennzeichnet diese gestörten Beziehungen?

Die einen halten äußere Formen im Umgang mit Fremden für besonders wichtig, die anderen nicht.

Die einen sind für geduldige und friedliche Diskussionen im Umgang mit den Andersgesinnten und weichen einem Streit aus, indem sie auf Distanz zu den anderen gehen. Die Anderen aber sind eher für offene Worte und fürs „Zusammenstreiten".

Der eine glaubt an den lieben oder an einen rächenden Gott, der andere nur an die Materie. Der andere ist für den einen ein „ungläubiger Heide"; der eine für den Anderen ein abergläubiges Dummerchen.

Der Eine ist ein maßvoller Nationalist. Er glaubt an die Einzigartigkeit und die geistige Sendung seiner Nation. Der Andere ist ein weltoffener Kosmopolit und internationalen Ideen aufgeschlossen. Aber er hat den gewalttätigen Nationalismus kennengelernt, hält jeden Nationalisten für gewalttätig und fürchtet sich vor neuerlichen Greueln und Ungerechtigkeiten (die manchesmal sogar unter den Augen internationaler Organisationen verübt und von diesen erduldet wurden). Er betrachtet und behandelt daher alle anderen mit Argwohn.

Es gibt noch viele andere Beispiele gegensätzlicher Gesinnung, die alle überwunden werden sollten und meistens auch überwunden werden könnten. Wie soll das geschehen?

Dass die einen und die anderen einander lieben oder lieben lernen, ist eher die Ausnahme, wenn sie gegensätzlicher Gesinnung sind oder von starken egoistischen oder egozentrischen Gefühlen geleitet werden. Aber sie können einander verstehen lernen und hinterher auch akzeptieren, wenn sie einander mit menschlichem Anstand und Geduld behandeln und dann feststellen, dass die Anderen auch eine anständige Gesinnung besitzen und friedliche Menschen sind, und dass sie eben nur andere Ideale oder Vorstellungen vom Zusammenleben haben oder in einer anderen Gefühlswelt eingebunden sind, aus der sie sich nicht lösen können oder nicht lösen wollen.

Wie aber soll man sich verhalten, falls die anderen gewalttätig und von Grund auf böse sind? Gewalt mit Gewalt bekämpfen und abwarten, wer die stärkere Macht besitzt? Dann begibt man sich doch auf die Seite des Bösen, wie das schon oft die Geschichte gezeigt hat und immer wieder zeigt. Wie sagt Viktor Frankl in seinem Buch „Trotzdem Ja zum Leben sagen!“[9]: Es gibt nur zwei Rassen: Die Rasse der Anständigen und die Rasse derjenigen, die nicht anständig sind.“

Ich glaube, in solchen Situationen gibt es nichts anderes, als sich weiter in Geduld, Friedfertigkeit, Menschlichkeit, Nächstenliebe und Verantwortungsbewusstsein zu üben und zu warten, bis die Gewalttätigen einander selbst ausrotten oder dass sie zur Überzeugung kommen, dass jedwede Gewalt (sei es körperliche oder seelische) ein Übel ist, so dass sie am Ende in sich zusammenbricht.

5.6 Die gute, ehrliche Arbeit und zweierlei Arbeitslosengelder

Das Ende des Zweiten Weltkriegs erlebte ich in Oberösterreich. Ich wurde von der US-Army einige Wochen in ein Gefangenenlager gesteckt und anschließend ins Zivilleben entlassen. Mein Ingenieurdiplom hatte ich in der Tasche. Aber als Ingenieur fand ich hier keine richtige Anstellung. Ich machte aus der Not eine Tugend und versuchte mich auf meinen Beruf als Ingenieur vorzubereiten: Als Praktikant in einer Radiowerkstätte, als Einkaufs-Techniker einer neu gegründeten Nachkriegsfirma (sie ging später in Konkurs). Nachher arbeitete ich als Praktikant (und zeitweise als Volontär) in einer Werkstatt für elektrische Messgeräte. Einige Wochen war ich arbeitslos, und habe kennen gelernt, was es heißt, die letzten Groschen zusammenzukratzen, um weiter existieren zu können.

Nach Hause, nach Wien zurückzukehren, traute ich mich während der ersten Zeit noch nicht. Denn die sowjetischen Besatzer nahmen öfters junge männliche Zivilisten fest und verleibten sie ihren Gefangenentransporten Richtung Russland ein, wenn ihnen Gefangene entwischt waren, was öfters passierte.

Später blieb ich dann aus anderen Gründen weiter in Oberösterreich: In Wien war es in den ersten Nachkriegsjahren noch schwieriger eine Arbeit zu finden als in den westlichen Bundesländern. Und die Lebensmittel-Knappheit war in Wien noch mehrere Jahre ziemlich arg. In Oberösterreich konnte ich nicht nur mich besser versorgen, sondern auch meine Eltern. Ich schickte ihnen einmal pro Woche kleines Paket mit Mehl, Butter und Ähnliches. (Die Post zwischen der amerikanischen und der sowjetischen „Besatzungszone" funktionierte damals schon). Alle paar Monate fuhr ich mit einer größeren Menge Lebensmittel nach Wien und besorgte dort Elektrowaren so vorhanden, z.B. Glühlampen, Batterien und andere Dinge, die man im „Hamsterwaren"-Handel in Oberösterreich gegen Lebensmittel tauschen konnte.

Zum Kriegsende stand ich in meinem 28. Lebensjahr. In diesem Alter verliebt man sich, wenn man lebensfroh ist. Ich fand eine herzliche Gegenliebe und verlobte mich zu Weihnachten 1946. Aber im Frühjahr 1948 gab es eine sehr herbe Enttäuschung, an der ich noch lange Zeit seelisch litt: Zu Beginn des Jahres hatte ich endlich von einer seriösen Elektrofirma in Wien eine Zusage für eine Anstellung als Ingenieur bekommen. Die Wohnmöglichkeit für meine Braut und für mich war auch geklärt: In der Wiener Wohnung meiner Eltern mit 4 ½ Zimmern sollten wir beiden eineinhalb Zimmer bekommen und die Nebenräume neben meinem älteren Bruder, seiner Frau und Tochter mitbenützen. (Unsere Eltern hatten schon ihren Alterssitz in St.Andrä-Wördern bezogen.)

Alles war geklärt. Mitte März 1948 sollte meine Braut nach Wien kommen. Sie kam nicht. Statt dessen ein Telegramm, dass sie verhindert ist zu kommen. Und dann der Tiefschlag: Ihre Eltern hatten sie gezwungen, sich zwischen ihnen und mir zu entscheiden. Ich fuhr zu ihr nach Oberösterreich. Dort durfte ich sie nicht mehr sehen, nur ihren Vater. Er teilte mir vor der Eingangstüre ihres Hauses mit, dass sie sich für ihre Eltern entschieden hatte. Das wohl auch deshalb, weil ihre Mutter an der Parkinson'schen Krankheit mit Schüttellähmung litt.

Einer Diskussion mit mir, warum und wie ich in Wien mit ihrer Tochter leben will, waren ihre Eltern vorher immer ausgewichen. Aber sie hatten mir mehrfach nahegelegt, weiter in Linz zu bleiben und einen mir völlig berufsfremden Posten als Landesbeamter anzunehmen. Das aber wollte ich nicht.

Ich war noch lange Zeit sehr verstört. Heute aber bin ich froh, dass alles so kam, wohl auch deshalb, weil die Mutter meines Vaters jahrelang ebenfalls an Schüttelähmung litt.

Wahrscheinlich war es für meine Schwiegereltern in spe nicht anregend, zu sehen (oder durch die Erzählungen ihrer Tochter zu erfahren), wie ich mich als Praktikant, Volontär und zeitweise als Arbeitsloser durch mein Leben mühte. Und sie glaubten wohl nicht, dass ich hinterher ein tüchtiger Ingenieur werden kann, der ihrer Tochter eine gute Existenzmöglichkeit bietet. Heute machen das viele junge Leute ohne Zustimmung ihrer Eltern. Aber damals waren die Vorstellungen und die Gebräuche noch anders.

Damals hatte der junge Mann seiner Frau die Existenzgrundlage zu bieten, zumindestens in der Gedankenwelt bürgerlicher Menschen. Und insofern war die Haltung der Eltern meiner Braut nicht unverständlich. Dass sie es aber mit einer (psychologisch gesehen) so brutalen Methode meiner Braut und mir gegenüber taten, hatte sicher einen anderen Grund: Ich denke, sie waren mir (intellektuell gesehen) unterlegen. Wenn sie sich auf eine Diskussion mit mir eingelassen hätten, wäre es mir wahrscheinlich gelungen, sie von meinen redlichen Absichten zu überzeugen, und das wollten sie aus ihrer Einstellung und ihren Gefühlen heraus überhaupt nicht. Ob die Ehe geklappt hätte, wer weiß das? Eher nein. Aber was soll's! Es ist Vergangenheit.

Jedenfalls hatte sich meine Braut noch nicht ausreichend vom Elternhaus gelöst. Und ich hatte nicht die Kraft und Erfahrung, mich durchzusetzen. Wir haben das beide nicht bereut. Wir trafen uns hinterher noch einige Zeit lang wieder und lösten uns in Frieden und Freundschaft voneinander.

In den folgenden Jahren widmete ich mich voll meinem Beruf in der Wiener Firma. Wieder einmal zog ich ein gutes Los: Ich hatte einen einmaligen Chef. Er war nicht nur ein vorzüglicher und kreativer Ingenieur und menschlich ein feiner, gebildeter Herr, sondern er schätzte mich auch, ließ mir freie Hand bei meiner Arbeit und führte mich zum kreativen Denken. Dies ist ja eine Vorbedingung für einen guten Ingenieur.

Mein Tätigkeitsgebiet war Fernmess- und Fernsteuertechnik. 1948 war das noch ein kleines Aufgabengebiet. Unsere Geräte und Anlagen lieferten wir hauptsächlich für Elektrizitätsgesellschaften. Anfangs waren wir eine kleine Arbeitsgruppe von vier Ingenieuren und einigen wenigen Mechanikern. Wir Ingenieure mussten die Anlagen in Zusammenarbeit mit den Kunden planen, die Geräte vor der Lieferung in der Werkstatt kontrollieren und beim Kunden in Betrieb nehmen. Dabei habe ich die Geräte im kleinsten Detail kennen und auch meine Arbeit lieben gelernt. Sie war abwechslungsreich, interessant und verantwortungsvoll.

(Ich muss mich kurz fassen um Euch, liebe Leser, nicht durch meine Liebe und Begeisterung zum Ingenieurberuf zu überfordern. Aber er verdient das, denn er ist einer der schönsten Berufe für Menschen, die kreativ denken können oder lernen wollen. Er ist nur in der Vorbereitung und am Beginn des Berufslebens recht mühevoll und schwer. Daher eignet er sich nicht für Leute, deren Ziel es ist, möglichst rasch ohne Mühe reich zu werden.)

Meine Vorliebe für das Schreiben kam mir auch im Beruf zugute: Ich verfasste (um mir bei der Fehlersuche leichter zu tun) detaillierte Funktionsbeschreibungen der Fernsteuergeräte. Diese Beschreibungen wurden nach mehr als zwei Jahrzehnten noch von unseren Inbetriebsetzungstechnikern verwendet. Und ich schrieb etwa 20 Aufsätze in Fachzeitschriften über die Fernwirkanlagen, die von unserer Abteilung geplant und gebaut wurden. Schließlich schrieb ich noch ein Fachbuch „Die Planung von Fernwirkanlagen". Es galt lange Jahre als erstes Buch dieses Fachgebiets im deutschen Sprachraum und wurde auch in London ins Englische übersetzt und in erweiterter Fassung herausgegeben.

Ich gebe zu, dass ich ziemlich ehrgeizig war und weiterkommen wollte. Deshalb inskribierte ich (vorher) auch (als Freizeit-Tätigkeit) an der Hochschule für Welthandel. Als mein Abteilungleiter das erfuhr, meinte er: „Wozu tun Sie das? Wenn Sie schon Höheres anstreben, machen Sie doch das technische Doktorat!" (Er war selbst Dr. Ing.) Ich folgte seinem Rat. Meine Dissertation hieß: „Informationstheoretische Beurteilung der Fernübertragung von Messgrößen". Nachdem ich die Zweite Staatsprüfung abgelegt hatte, wurde ich im Dezember 1957 an der Technischen Universität Wien zum „Doktor der Technischen Wissenschaften" ernannt.

Auf Grund meiner Fachkenntnisse und da ich ziemlich fließend Englisch und Französisch spreche, wurde ich Ende der 60er-Jahre in einige nationale und internationale technische Fachausschüsse berufen. Die Arbeit in diesen Gremien war nicht nur beruflich sehr interessant. Ich fand dadurch Freundschaften mit netten Menschen anderer Völker und lernte viele interessante Gegenden in Europa und einige in Übersee kennen. Durch diese Tätigkeiten konnte ich alle meine Fähigkeiten (die technischen Kenntnisse, die Sprachen und das Schreiben) voll ausschöpfen.

Mein Beruf wurde für mich ein schönes Erfolgserlebnis. Was will man mehr? Als ich pensioniert wurde, konnte ich noch einige Jahre diese Arbeit (im Auftrag meiner Firma) fortsetzen, bis die rasante technische Entwicklung (der Nachrichtentechnik, die heute dem größeren Bereich der Informationstechnik angehört) meinen Fachkenntnissen davonlief.

Ihr fragt vielleicht, warum ich so viel über meine Arbeit schreibe. Ich mache das wirklich nicht aus Angeberei. Vielleicht hätte ich in der Firma, der ich angehörte, mehr erreicht, wenn ich mich mehr um meine Karriere bemüht hätte. Aber das lag mir nicht. Ich tat es deshalb, weil ich die gute, ehrliche Arbeit, die meinen Fähigkeiten und meinen Möglichkeiten voll entsprach, für wichtiger halte, als einen besonders hohen Posten, den man (womöglich durch unredliche Aktivitäten) erwerben muss.

Die gute, ehrliche Arbeit ist doch die Basis jeder friedlichen und anständigen Tätigkeit. Und sie bringt mehr Lebensfreude als die Jagd nach Geld, Macht, Ruhm und einer möglichst hohen sozialen Stellung.

Diesem Gedanken steht allerdings die Tatsache gegenüber, dass (heute noch mehr als früher) das Geld, oder besser gesagt, das Kapital die Welt regiert. Dies ist (zusammen mit dem Egoismus der Wohlhabenden und Reichen) nach wie vor die Ursache für Kriege, soziale Spannungen, Hungersnöte, Seuchen etc.

Deshalb kann in dieser unguten Situation nur eine Ethik des geistigen Gleichgewichts Abhilfe schaffen. Das heißt: Die einfachen Menschen sollen durch ehrliche Arbeit den Lebensunterhalt für sich und ihre Familien schaffen. Wenn ich von „ehrlich" spreche, bedeutet das: Jedermann soll dabei nicht nur für sich selbst (und für seine Familie) sorgen, sondern auch für andere Menschen, soweit seine Möglichkeiten reichen. Und er soll auch für den Staat nützlich sein und diesen nicht ausnützen!

Und die Reichen und Wohlhabenden, die ohne Arbeit nur vom Ertrag ihres Kapitals leben, sind aufgerufen soziale Leistungen zu erbringen!

Damit komme ich zum zweiten Thema dieses Kapitels. Zu den „Zweierlei Arbeitslosen-Geldern".

Die erste Art ist wohlbekannt. Es ist das Arbeitslosengeld, das Menschen, die ihre Arbeit verloren haben, zur Überbrückung von öffentlichen Stellen bekommen, bis sie wieder eine bezahlte Arbeit finden. In einer Zeit, in der durch technische Entwicklungen und durch den harten Konkurrenzkampf der Firmen immer wieder gute, ehrliche Arbeitskräfte ihren Job verlieren, ist es durchaus richtig, dass staatliche Stellen zum Arbeitslosengeld beitragen und dass dieses nicht nur von den Arbeitslosen selbst aus ihrer vorangegangenen Tätigkeit finanziert wird.

Allerdings beanspruchen auch manche Leute dieses Geld, die gar nicht arbeiten wollen und mit dem Ertrag aus „Pfusch-Arbeit“ und dem Arbeitslosengeld mehr verdienen als mit ehrlicher Arbeit. Das sollte nicht sein und es ist nicht redlich! So etwas wird wohl überwacht, aber geschickte „Pfuscher“ rutschen durch die Schlingen der Gesetze.

Ebenso unredlich ist es, wenn junge Paare, die in einer guten Lebensgemeinschaft zusammenleben, vortäuschen, dass sie getrennt leben, damit einer von ihnen als „Alleinverdiener“ staatliche Zuschüsse oder ein höheres „Kindergeld“ bekommt.

Übrigens habe ich festgestellt, dass die Worte „redlich“ und „Redlichkeit“ fast völlig aus dem heutigen allgemeinen Sprachgebrauch verschwunden sind! Das ist doch bezeichnend für die jetzige Zeit. Vor vielen Jahrzehnten gab es ein schönes Lied; „Üb’ immer Treu und Redlichkeit, bis an dein kühles Grab! Und weiche keinen Finger breit von Gottes Wegen ab!“ Aber eine solche geistige Einstellung scheint es kaum mehr zu geben.

Ich möchte mich jetzt aber mit dem anderen „Arbeitslosengeld“ befassen, nämlich mit dem Geld, das manche Menschen aus den Erträgen des Kapitals bekommen, ohne dass sie dafür eine Arbeit als Gegenleistung erbringen. Sie glauben, dass sie ein gutes Recht darauf hätten, von den Zinsen ihres Kapitals zu leben, auch wenn sie das Kapital geerbt oder geschenkt bekommen haben. Das glaube ich nicht! Der Gott „Zufall“ hat es ihnen geschenkt. Er hat sie nicht als arme hungernde Negerbabies in der Wüste Dafur (oder in einer anderen bösen Situation) auf die Welt kommen lassen. Sie sollten sie dem Gott Zufall durch freiwillige ordentliche soziale Leistungen danken!

Das ist meine feste Überzeugung: **Wenn wir jegliche Art von Gewalt und Kriegen als Mittel zur Lösung politischer Probleme ablehnen und stattdessen die gute, ehrliche Arbeit als Basis des friedlichen menschlichen Zusammenlebens betrachten, ist es doch völlig logisch, dass Menschen, die in den Wohlstand hineingeboren oder hineingewachsen sind, jenen anderen helfen sollen, denen dieses Glück nicht beschieden ist. Und die sozialen Leistungen dieser Glücklichen sollten kein Almosen sein, sondern der Größe des Wohlstands entsprechen, in dem sie leben dürfen.**

5.7 Menschlichkeit und Lebensfreude

Kürzlich las ich es in einer Zeitschrift schwarz auf weiß: „Das Wichtigste im Leben ist das Geld!“ Die meisten Menschen glauben das ohnedies, aber sie geben es nicht zu. Sie sagen: „Das Geld ist ja nur Mittel zum Zweck!“ Das stimmt tatsächlich. Aber sie fügen vorsichtshalber nicht hinzu, welchen Zweck sie meinen. Wenn das Geld, das jemand verdient, bei den einen gerade ausreicht, damit er halbwegs sorgenfrei leben kann, darf man das sicher gelten lassen. Wenn aber ein anderer so viel Geld (womöglich durch krumme Geschäfte oder auch durch Spekulationen) erworben hat und ein luxuriöses Leben in Saus und Braus führt, ohne die Not seiner Mitmenschen zu berücksichtigen, ist dieser Zweck mehr als fragwürdig.

Denn Geld und materieller Besitz machen ja nicht glücklich. Und das soziale Gleichgewicht zwischen Reich und Arm wird durch eine solche Lebensweise sehr gestört: Die Reichen müssen immer mehr um ihr Eigentum bangen, und die Armen und Notleidenden werden leicht zu Dieben oder gar zu Räubern, wenn sie einen wankelmütigen oder schlechten Charakter haben.

Wo aber finden wir einfachen Menschen das „Maß aller Dinge“, das uns Zufriedenheit und ein möglichst dauerhaftes seelisches Gleichgewicht bietet? Ich habe schon einige geistige Werte beschrieben, die zu diesem Ziel führen. Dies sind das Gleichgewicht zwischen Eigenliebe und Nächstenliebe, zwischen Eigenverantwortung und Mitverantwortung, eine ausdauernde Friedlichkeit auch in schwierigen Situationen, sowie der Anstand jedes einzelnen Menschen im Zusammenleben mit seinen Mitmenschen. Schließlich kommt zu diesen guten Werten noch die ehrliche Arbeit hinzu, bei der wiederum jedermann das Gleichgewicht zwischen dem Eigennutzen und dem Nutzen für seine Mitwelt suchen und finden sollte. Ich glaube, die ehrliche Arbeit ist der wichtigeste der geistigen Werte, denn sie ist die Basis des friedlichen Zusammenlebens der einzelnen Menschen und der Völker.

Kann man die geistigen Werte nicht mit einem einzigen Begriff zusammenfassen? Ich glaube schon. Das Wort „Menschlichkeit“ (oder „Humanität“) wäre dazu geeignet, die erwähnten guten Werte zu umfassen. Fazit: „Menschlichkeit ist das Maß aller Dinge!“ ist für anständige verantwortungsbewusste Menschen doch viel richtiger als die grässliche Behauptung: „Geld ist das Maß aller Dinge". Geld soll und darf eben wirklich nur Mittel zu Zweck sein, um das eigene Leben zu sichern und möglichst sinnvoll zu machen. und um für möglichst viele Mitmenschen halbwegs gerechte Lebensbedingungen zu schaffen, sowohl im kleinen Bereich des Berufs der einzelnen Menschen wie im großen Bereich der Politik.

Vielleicht findest Du, lieber Leser, einen besseren Sammelbegriff für die geistigen Werte, die Dir zum seelischen Gleichgewicht verhelfen. Es kommt doch nicht auf Worte an! Wahrscheinlich wirst Du (ebenso wie ich) Situationen erlebt haben oder erleben, in denen ein anderer Wert wichtiger ist als die Menschlichkeit, z.B. die Höflichkeit, wenn Du fürchtest, von irgend jemand auf eine ungute Fährte geführt oder gar zu einem korrupten Geschäft verführt zu werden. In einem solchen Fall ist oft eine höfliche Ablehung richtiger als eine schroffe Zurückweisung.

Welchen Vorteil bringt es uns, wenn wir nicht das Geld (oder anderen materiellen Gewinn), sondern die Menschlichkeit (oder einen anderen gleichwichtigen geistigen Wert) als das Maß aller Dinge und als Maß unseres Denkens und Tuns wählen? Die Antwort auf diese Frage ist sehr einfach: Es bringt uns nicht nur unser seelisches Gleichgewicht zurück sondern damit auch Lebensfreude.

Dabei geht es nicht nur um das altbekannte Motto: „Es gibt nichts Gutes, außer man tut es!" Es geht auch darum, dass man selbst Freude erlebt, wenn man Freude verschenkt, und dass man sich selbst hilft, wenn man jemand anderem Hilfe leistet. Darum ist auch das Entgegengehen und Entgegenkommen anderen Menschen gegenüber so wichtig, weil wir uns selbst und unsere Schwächen besser verstehen lernen, wenn wir die Schwächen der anderen Menschen verstehen und akzeptieren lernen.

Und besonders wichtig sind auch der Humor, die Fröhlichkeit und die Freude am Leben, an der Natur und an menschlicher Kunst sowie ein Verhalten, das Fröhlichkeit und Geborgenheit spendet. Am allerwichtigsten ist – wie erwähnt – die ehrliche Arbeit, denn sie bringt uns nicht nur in schwierigen Situationen das seelische Gleichgewicht zurück, sondern sie zeigt sehr vielen Menschen den Sinn ihres Lebens.

Das Wichtigste aber ist Folgendes: **Wenn wir all diese guten Werte an andere Menschen verschenken, tun wir nicht nur diesen etwas Gutes, sondern auch uns selbst.**

6. Den guten geistigen Werten folgen

Wir leben aus der Vergangenheit, in der Gegenwart und für die Zukunft! Das ist doch ganz logisch. Diese Einstellung sollte wohl für jeden vernünftig denkenden Menschen selbstverständlich sein.

Die Vergangenheit ist jetzt vorbei und nicht zu ändern. Was sich im Vergangenen als gut und erfreulich erwiesen hat, kann (mit großer Wahrscheinlichkeit) auch weiter so gelebt werden. Tätigkeiten und Unterlassungen, die wir in der Vergangenheit als ungut empfunden haben, müssen wir versuchen, in der Zukunft zu vermeiden. Jedoch glauben die meisten Menschen in solchen Situationen, der andere, mit dem sie ein unangenehmes Erlebnis hatten, müsse sich ändern, weil sie ja sonst mit ihrem eigenen Verhalten gute Erfahrungen gemacht haben. Das stimmt aber ganz und gar nicht. Jeder Mensch kann nur sich selbst ändern. Daher ist er gezwungen, seine eigenen Fehler zu erkennen und sich in Zukunft dementsprechend zu verhalten.

In Konfliktsituationen haben meistens, aber nicht immer, beide Beteiligten Fehler gemacht. Nur wenn es uns gelingt, die eigenen Fehler zu erkennen und zu vermeiden, können wir versuchen, dem anderen seine Fehler verständlich zu machen. **Dazu müssen wir uns in die Lebenssituation, Gedankenwelt und vor allem in die Gefühle des anderen hineindenken. Nur dann können wir (in einer emotionsfreien Zeit) versuchen, mit dem anderen zu reden, ihm die Fehler, die er begangen hat, erklären und ihn bitten, sich auch zu ändern.** Das ist natürlich recht schwierig, wenn es sich um schwerwiegende zwischenmenschliche Probleme handelt. Diese Vorgangsweise bleibt wohl für viele Menschen Theorie. Eine solche Leistung gelingt wahrscheinlich nur wenigen reifen Menschen.

Falls das nicht gelingt, ist es besser einen anderen Weg zu gehen: **Wir leben ja im „Jetzt“ und wollen zufrieden und ausgeglichen sein.** Wenn zwei Leute wünschen oder aus ihrer Lebenssituation heraus gezwungen sind, eine menschliche Bindung aufrecht zu erhalten, die sie für unzureichend betrachten, müssen sie wohl zum Psychologen gehen und sich beraten und eventuell therapieren lassen, damit sie einander verstehen und sich vertragen können.

Gescheite Menschen leben auch für die Zukunft. Dabei sollten reifere Menschen – wie ich glaube – versuchen, gute geistige Werte an weniger reife Menschen weiterzugeben. Wenn wir nur materielle Dinge und Geld an weniger reife und weniger begüterte Menschen ohne Gegenleistung weitergeben, führt dies zu einem geistigen Ungleichgewicht zwischen dem Gebenden und dem Nehmenden. (Unter „Gegenleistung“ sollten wir in diesem Zusammenhang zumindest Dank und Anerkennung, besser aber Mitarbeit und Mitwirkung bei den Leistungen des Gebenden verstehen.) Wenn die Gegenleistung fehlt, leidet zunächst der Gebende seelisch, d.h. in seinen Gefühlen, weil seine Leistung nicht gebührend beachtet wird. Dem Nehmenden schadet das aber (zumindest auf längere Sicht) noch mehr, nämlich in seiner geistigen Entwicklung.

In den folgenden Kapiteln erläutere ich diese Gedanken mehr im Detail.

6.1 In einer Gemeinschaft leben: Unterordnen oder Einordnen?

September 1936, Objekt 12 im Wiener Arsenalgelände: Grundausbildung der „Einjährig-Freiwilligen“ des IR15 (Infanterie-Regiments Nr. 15) im Österreichischen Bundesheer. Einer der Freiwilligen war ich.

Sechs Wochen lang durften wir die Kaserne nicht verlassen, um nicht durch unmilitärisches Benehmen das Ansehen des Bundesheeres zu schädigen! Dienst von 7 Uhr früh bis 18 Uhr, dazwischen eine Stunde Mittagspause. Nachtruhe ab 22 Uhr. Schlag 6 Uhr früh rief unser Korporal lauthals: „Tagwache! Heraus aus den Betten! Strohsäcke stopfen!“ Über Nacht hatten diese ja ihre schöne kantige Form verloren, die wir ihnen am Tag vorher aufoktroyiert hatten. Jetzt mühten sich die zehn Mann im Zimmer ab, dieses großartige Werk zu erneuern. Dazwischen aber wieder die Stimme des Korporals: „Müller, was ist Disziplin?“ Wenn dieser die entsprechenden Sätze der HDV (Heeresdienstvorschrift) einwandfrei wiedergegeben hatte, die wir in unserer Freizeit zu studieren hatten, kam ein weiterer Befehl: „Meier, was ist Subordination?“

Nun ja, Disziplin muss ja wohl in jeder ordentlichen Gemeinschaft herrschen, besonders beim Militär. Auch Ordnung ist notwendig. Aber Unterordnung oder „Subordination“, wie es beim Bundesheer hieß, das war schon damals nicht so recht nach meinem Geschmack! Wo ist denn die Grenze zwischen Unterordnung und Kadavergehorsam?? Als verantwortungsbewusst denkender Mensch möchte ich mich in eine Gemeinschaft einordnen aber nicht unterordnen. Das ist heute für mich ganz selbstverständlich. Damals war es nur ein unbewusstes Gefühl des Unbehagens, denn wir 18-Jährigen konnten im Jahr 1936 ja noch nicht erkennen, was uns alles unter dem Motto „Subordination“ noch bevorstehen wird. Und dieser Leitspruch galt (und gilt vielfach auch heute noch) bei den meisten Armeen der Welt.

Folgendes ist der deutliche Unterschied zwischen Unter- und Einordnung: Bei der Unterordnung entscheidet der Vorgesetzte (oder die „Autorität“), was der in der Gemeinschaft „Untergebene“ zu tun oder zu lassen hat. Bei der Einordnung kann (und soll meistens auch) der in der Gemeinschaft Lebende mitdenken und sich an der Entscheidung beteiligen. Das eine nennt man eine autoritär, das andere nenne ich eine „kollegial geführte Gemeinschaft", oder ein „Team" und seine Tätigkeit ein „Teamwork" oder „kollegiale Arbeit" und „kollegiale Entscheidungen". Diese Einstellung und diese Arbeitsmethoden sind – meiner Meinung nach – eine der positiven Errungenschaften, die wir aus der angelsächsischen Welt übernommen haben. Trotzdem huldigen nach wie vor (auch in den englisch sprechenden Ländern) mancherlei Organisationen, vor allem militärische, dem autoritären Führungsstil, der ja früher in Europa als besonderes Kennzeichen der deutsch-preußischen Länder galt.

Man darf aber den „kollegialen" Gemeinschaftssinn auf keinen Fall mit der antiautoritären Geisteshaltung verwechseln! Letztere ist (oder war) ja lediglich eine Reaktion auf ein Übermaß an autoritärer Gesinnung besonders bei der Erziehung von Kindern und Jugendlichen. Die antiautoritären Erziehungsmethoden haben meines Wissens recht wenige erfolgreiche Menschen hervorgebracht und viel eher Verwirrung gestiftet. Sie waren wohl eine Reaktion auf allzu harte autoritäre Methoden, haben aber, so viel ich weiß, keine vernünftigeren und besseren geistigen Werte an deren Stelle in die Welt gesetzt.

Der kollegiale Gemeinschaftssinn hingegen scheint sich seit einigen Jahrzehnten in sehr vielen Lebensbereichen immer mehr durchzusetzen, auch in der Ehe bzw. in Partnerschaften zwischen zwei Menschen, in manchen Familien. Allerdings scheint dabei die Einordnung in eine andere Gemeinschaft durch unterschiedliche Erfahrungen und geistige Einstellungen besonders schwierig zu sein. Ich möchte diese Frage etwas genauer beleuchten und nenne dieses Problem die „Schwiegermutterfalle", weil die Einstellung zu den Schiegermüttern bei sehr vielen Menschen durch Vorurteile so charakteristisch vorbelastet ist.

Meine Frau erwähnte kürzlich den Gegenbeweis zu diesem Vorurteil: Sie hat eine Dame kennen gelernt, die ihr erzählte, dass ihre Schwiegertochter ihre allerbeste Freundin geworden ist. Und dieser Zustand beruht auf Gegenseitigkeit: Sie wurde auch für die Schwiegertochter zur besten und liebsten Freundin.

Ist das unnatürlich? Ich glaube nicht! Die beiden lieben ja den gleichen Menschen. Die ältere Dame ihren Sohn, die jüngere ihren Ehemann. Sie lieben ihn ehrlich und tauschen ihre Erfahrungen und ihre Erinnerungen offen zum Wohle des jungen Mannes aus. Die Schwiegertochter darf erfahren, wie die ältere Dame ihren Mann richtig betreut und zu einer guten

Lebenseinstellung erzogen hat. Und die Schwiegermutter darf mit den Erlebnissen und den Problemen der jungen Familie in einer guten Art mitleben, wie es den meisten anderen Schwiegermüttern vorenthalten bleibt, die von den Jungen in einer großen geistigen Distanz gehalten werden, „weil die böse Schwiegermutter ja so eifersüchtig ist".

Warum ist das so? Ich habe versucht, die Antwort darauf zu finden: Ich glaube, mit der Eheschließung wird der junge Mann nicht mehr hauptsächlich von der Mutter, sondern von seiner Frau betreut und in seiner Einstellung beeinflusst. Es ist wahrscheinlich nicht so sehr das sexuelle Erlebnis, das die jungen Leute für sich behalten wollen (das haben die allermeisten jungen Verheirateten heutzutage ja schon längst vorgezogen), sondern es ist einfach die Eifersucht, die die Jungen stört. Dabei ist die Eifersucht doch etwas ganz Natürliches: Wenn mir etwas entzogen wird, das ich liebe, werde ich sauer und ärgerlich. Und ich ziehe mich zurück, wenn die Anderen das nicht verstehen. Und wenn die Jungen sich dann auch zurückziehen, weil sie nicht verstehen, dass sie den Schwiegereltern nicht nur sehr viel Liebe, sondern auch das Miterleben mit den jungen Leuten entzogen haben, dann ist das einfach falsch und auch dumm, falls sie intelligent genug sind, um das zu begreifen. Dieses ganze „Nichtverstehen" bezeichne ich eben als „Schwiegermutterfalle".

Ich möchte zu diesem Thema (mit dem Einverständnis der Beteiligten) über die Hochzeit eines Ehepaares aus meinem Bekanntenkreis berichten. Zunächst zur familiären Situation: Der Vater des jungen Ehemannes ist Baumeister und Fachschulingenieur und in seinem beruflichen Spezialgebiet gerichtlich beeidigter Sachverständiger. Die Mutter ist Krankenschwester mit sehr viel Erfahrung auf den Gebieten der Alten- und Krankenpflege. Mutter und Vater haben ihre beiden Kinder (Sohn und Tochter) mit viel Liebe und Einsatz groß gezogen. Der Sohn ist Diplomingenieur für Betriebswirtschaft und hat eine gute Anstellung in einer Kleinstadt in der Nähe der Eltern; die Tochter studiert Bauwesen an der Technischen Uni in Wien. Außerdem ist noch zu erwähnen, dass der junge Ehemann und auch die Schwiegertochter einer katholischen Jugendorganisation angehören, in der sie beide ziemlich hohe Rangstufen erreicht haben. Sie haben in dieser Organisation interessante internationale Kontakte geknüpft.

Aber nun zur Hochzeit selbst, an der meine Frau und ich aus gesundheitlichen Gründen nicht teilnehmen konnten: Die gesamten Feierlichkeiten wurden von den jungen Eheleuten auf drei Tage anberaumt, wie das heutzutage bei wohlsituierten Leuten oft gemacht wird. Die ersten beiden Tage blieb das Hochzeitspaar mit ihren Freunden unter sich. Am letzten Tag, einem Sonntag, waren die Eltern und älteren Freunde des Paares zu den Höhepunkten der Feiern mit katholischem Segen in eine alte Burg an den Grenzen Niederösterreichs mit eingeladen. Das Wetter war äußerst schlecht und kalt. Das Schloss liegt auf 900 m Seehöhe, so dass nicht nur wir beiden sondern auch etliche andere ältere Freunde von der Teilnahme abgehalten wurden. Dennoch war die Hochzeit ein voller Erfolg, wie wir später von den Eltern erfuhren:

Knapp bevor die kirchliche Hochzeitsfeier begann, schlug das Wetter um und das Schloss erstrahlte im hellen Sonnenschein. So blieb es auch beim anschließenden Festmahl, das mit viel Aufwand und Leckereien von beiden Elternpaaren bestritten worden war. Nach dem Mahl spielten die nahen Freunde des Paares ihren Gästen eine Brautentführung nach den Sitten der alten heimischen Ritter vor, bei der schließlich der Bräutigam feierlich um Herausgabe seiner jungen Braut bitten musste. So weit so gut. Trotzdem fiel die Familie zunächst in die „Schwiegermutterfalle“. Als ich die Eltern des jungen Mannes fragte, wie sie mit ihrer Schwiegertochter auskommen, antwortete die Mutter: „Sie spricht mit uns nur das Allernotwendigste, wenn wir uns hie und da sehen und ich mich mit meinen beiden Enkerln liebevoll beschäftige.“ Es ist das alte Lied: Die Jungen verstehen nicht, warum die Eltern eifersüchtig sind. Und sie vergelten scheinbar „ungute Gefühle“ mit unguten Reaktionen. Vielleicht haben auch die Eltern vorher nicht richtig auf die neue Situation reagiert, wobei Väter eher mit Autorität und Mütter eher mit Kränkung agieren. **Eltern und erwachsene Kinder distanzieren sich geistig, statt miteinander zu sprechen und die anderen verstehen zu lernen!** (Inzwischen ist die Familie am besten Weg die „Falle“ loszuwerden.)

Zurück zum Thema dieses Kapitels: Auch in guten Berufsgemeinschaften, in staatlichen Institutionen und sogar in religiösen Gemeinschaften setzt sich langsam die kollegiale Einstellung durch. Sie ist ja durch die gleichen geistigen Werte geprägt, wie ich sie in den vorangegangenen Kapiteln beschrieben habe: Eigen- und Mitverantwortung für die Ziele der Gemeinschaft und ein friedliches Zusammenleben und gegenseitiges Verstehen oder Verstehenlernen der anderen Angehörigen der Gemeinschaft.

6.2 Kritik und Selbstkritik

Wenn in früheren Zeiten bis etwa vor hundert Jahren ein rechtgläubiger Katholik gegen die Gebote der heiligen römisch-katholischen Kirche verstieß und wenn ihn danach sein Gewissen quälte, ging er zum Herrn Pfarrer zur Ohrenbeichte. Dieser hörte sich die Sünden des Ungehorsamen an, befahl ihm (je nach der Schwere der Verfehlungen) einige „Gegrüßest seist du, Maria!“ oder „Vaterunser“ oder sogar ein paar „Rosenkränze“ zu beten. Und er sprach ihn anschließend von seinen Sünden los. Der Sünder konnte auch sein Gewissen beruhigen, vorausgesetzt, dass er seine Gebete ehrlich verrichte und seine Verfehlungen bereute.

Heute ist das bei den meisten Christen, auch bei Katholiken – vor allem in den höher zivilisierten Ländern – anders. Sie gestalten sich ihren Glauben, ebenso wie die Menschen anderer Ideologien weitgehend selbst aus der Gedankenwelt, die sie in der Kindheit und den Jugendjahren von ihren Eltern und Erziehern übernommen haben, sowie aus prägenden Geschehnissen ihres Lebens. Dazu kommt noch, dass intelligente Menschen merken, dass es neben der Religion oder Gesinnung, in die sie hineingewachsen sind, auch noch andere Religionen und Gesinnungen gibt, die ihnen gute und edle Werte vermitteln können. Dadurch haben die angestammten Religionen vielfach ihre allein prägende Bedeutung für die ethische Gesinnung vieler Menschen eingebüßt, bei manchen Leuten sogar ganz verloren.

Was machen die Menschen heute, wenn sie durch schwerwiegende Probleme oder Erlebnisse (oder durch beides) in Gewissenskonflikte oder aus dem Gleichgewicht geraten? Sie gehen zum Psychiater oder noch besser zum Psychotherapeuten, der ihnen durch geeignete Behandlungsmethoden hilft, ihr psychisches Gleichgewicht wieder zu erlangen. In den meisten Fällen handelt es sich dabei darum, dass die Patienten in Depressionen, mitunter auch in Aggressionen verfallen sind. Die Arbeit des Psychotherapeuten besteht dann darin, den Patienten in ein angemessenes Selbstwertgefühl zurückzuführen.

Vielfach ist ein beschädigtes Selbstwertgefühl auf kritische Handlungen (oder subjektiv unberechtigte) Kritik von Personen zurückzuführen, die dem Patienten nahestehen und einen starken Einfluss auf ihn haben. Denn harte Kritik hat oft einen destruktiven Einfluss auf geistig nicht besonders reife Menschen. Das sagt die Autorin des Buches „Gesundheit für Körper und Seele“[19], Frau Louise L. Hay. Sie hält die Kritik Außenstehender ebenso wie Selbstkritik der Patienten grundsätzlich für destruktiv. Das mag für labile, unintelligente Personen stimmen. Für intelligente Menschen, die bemüht sind, ihr Selbstwertgefühl aus eigener Kraft zu finden, kann ich dieser Idee nicht zustimmen.

Intelligente Personen, die menschlichen Anstand und Verantwortungsgefühl besitzen, brauchen – meiner Meinung nach – sowohl Kritik anderer wie auch Selbstkritik. Sie sollten in der Lage sein, wenn sie sich an den guten Werten des Lebens orientieren, eigene Fehler zu erkennen und auch einzugestehen. Und sie sollten auch in der Lage sein, Fehler und Schwächen anderer Menschen, mit denen sie in eine Konfliktsituation geraten sind, dem anderen gegenüber so aufzuzeigen, dass dieser sich nicht verletzt fühlt und beleidigt ist.

Das klingt natürlich ziemlich theoretisch und die Verwirklichung dieses Gedankens setzt wohl ein halbwegs fertiges Selbstwertgefühl des handelnden Menschen voraus. Aber es sollte doch bei Leuten, die miteinander gut und friedlich zusammen leben wollen, durchaus möglich sein, auf diese Art Konflikte zu klären und zu überwinden.

6.3 Helfen und Idealismus

Ein beliebtes Sprichwort meines sehr wirklichkeitsnah denkenden Vaters war die satirische Umkehrung eines alten Sprichworts. Er sagte: „So lohnet Gott das Böse und straft das Gute schnell!“ Selbstverständlich ist das ziemlich gottlos gedacht, aber so etwas kommt doch immer wieder vor.

Ich denke da beispielsweise an den Einsturz der Wiener Reichsbrücke im August 1976: Kurze Zeit vor dem Einsturz hatte eine Autofahrerin eine Panne am Beginn der Brücke. Ein junger Mann blieb stehen und half ihr, das Auto in Ordnung zu bringen. Sie stieg ein und konnte die Brücke noch vor dem Einsturz überqueren. Der Helfer verstaute sein Werkzeug im Auto und fuhr auch los. Er war der einzige, der ums Leben kam, als die Brücke einstürzte.

Und ich denke an die vielen politischen Morde an ehrenwerten Politikern und mutigen Journalisten, die sich zum Ziel gesetzt haben, eine gerechtere und sozialere Politik durchzusetzen und Korruption und Misswirtschaft zu bekämpfen und aufzudecken. Das sind edle Aufgaben, vielleicht zu edel, weil die Akteure dabei zu wenig an sich selbst gedacht haben und die Gefahren unterschätzten, die sie bei ihren Hilfeleistungen für andere Menschen eingingen.

Womit ich zum Thema dieses Kapitels komme. Denn die Hilfeleistung, die jemand anderen bietet, soll den Fähigkeiten, Möglichkeiten und der Lebensenergie des Helfers angemessen und nicht übertrieben sein! Diese These gilt sowohl für die große Politik wie auch für die zwischenmenschlichen Beziehungen im Kleinen: im Beruf, in der Freundschaft und in den Familien.

Wenn jemand immer anderen hilft, ohne eine Gegenleistung zu beanspruchen, nennt man das in der Psychologie ein „Helfersyndrom“! Dabei ist das Gleichgewicht zwischen Eigen- und Nächstenliebe durch zu viel Altruismus in einer ungewöhnlichen Richtung gestört. (Normalerweise sind diese Beziehungen anders: Bei den meisten Menschen überwiegt der Egoismus gegenüber dem Altruismus.)

Das Helfersyndrom hat sehr oft negative Auswirkungen, sowohl für den Helfer, wie auch für denjenigen, dem die Hilfe gilt. Dabei geht es gar nicht um so unglückliche Schicksalsschläge, wie ich sie für den Einsturz der Wiener Reichsbrücke schilderte. Es geht vielmehr um Konsequenzen, die sich fast alltäglich in vielen Bereichen des Lebens ergeben: Der Helfer macht seine Tätigkeit gern und gut. Er will dem anderen etwas Gutes tun, damit dieser „es besser und schöner im Leben hat" als es ihm, dem Helfer einst möglich war. „Er räumt ihm die Steine aus dem Weg!", d.h. die Schwierigkeiten, die das Leben für jedermann bringt. Oder anders gesagt: Der Helfer verwöhnt den anderen. Je mehr er das tut, umso mehr gewöhnt sich der andere, nimmt diese Hilfeleistungen als selbstverständlich an und ist enttäuscht, wenn er sie nicht mehr erhält, weil der Helfer merkt, dass seine Aktionen sehr einseitig sind und dass er statt Anerkennung oder Dank Unverständnis oder sogar Ärger erntet.

Dieses Verwöhnen muss nicht unbedingt auf der Hilfestellung eines edlen Menschen basieren. Viel öfters liegt ihm eine einseitige Liebesbeziehung zugrunde, besonders zwischen Eltern, die ihren Kindern die Schwierigkeiten abnehmen, mit denen diese (je nach ihrer Entwicklungsstufe) selbst fertig werden sollten. Sie tun damit ihrem Nachwuchs nichts Gutes!

Das passiert, wenn Eltern (oder nur ein Elternteil) ihr Einzel- oder Lieblingskind verwöhnen und diesem nicht klar zu verstehen geben, dass diese Hilfe keine Selbstverständlichkeit ist, sondern vom Kind geistig erarbeitet werden muss, indem es die Mühe und den Wert dieser Hilfe verstehen lernt und sich zum Beispiel nimmt. Ähnliche Probleme gibt es auch in den Beziehungen zwischen Zieh- und Stiefkindern zu ihren „zweiten" Eltern, weil angeblich die Bindungen zu den natürlichen Eltern stärker sind. (Ich habe aber auch schon von Beispielen gehört, in denen die Bindung der Kinder an die Zieheltern stärker war als an die natürlichen Eltern. Das hängt wohl von der menschlichen Qualität der Beziehungen ab.)

Das Entscheidende aber ist – meiner Meinung nach – dass der Helfende dem anderen nichts Gutes tut, wenn er seine Leistungen wortlos, ohne die richtigen Erklärungen erbringt. Der andere wird dadurch zum einseitigen Egoisten und steht den harten Problemen des Lebens oft hilflos gegenüber, wenn diese an ihn herantreten.

Ich kenne einige Personen, die dieses Helfersyndrom mehr oder weniger ausüben. Wie es ihnen ergeht, wenn sie sich zu sehr beansprucht fühlen, davon später. Die Folgen für die, denen sie zu viel geholfen haben, sind ärger. Eine meiner Bekannten, eine ältere Dame, die vor einiger Zeit verstarb, räumte ihren Kindern und Enkeln immer wieder „die Steine aus dem Weg". Nach dem Tod der Dame erbten die Kinder und Enkel ihr ganzes Eigentum. Nun machten die Erben ganz große Fehler: Sie verschleuderten die Wohnungen, das Geld und fast alle materiellen Werte an Leute, die geschickt agierten. Ein Enkel kam sogar ernstlich mit dem Gesetz in Konflikt.

Nun zu den Helfern: Nicht jeder hat die psychischen Kräfte einer Mutter Teresa. Sie war nicht nur in der Lage, das Leiden der vielen Bestraften, die sie betreute, anzusehen und zu mildern, sondern sie bekam wohl von vielen, aber nicht von allen, einen herzlichen Dank als Gegenleistung. Manche Kranke neigen ja oft zu Ungerechtigkeiten oder sogar zu Aggressionen. Das musste sie auch auf sich nehmen.

Normale Sterbliche, die Hilfe leisten, erwarten nicht immer eine gleichartige Gegenleistung, wohl aber ein aufrichtiges und möglichst herzliches „Danke-Schön". Wenn sie es nicht bekommen, sondern – wie oben erwähnt – Unverständnis oder sogar Ärger, kann ihnen niemand übelnehmen, dass sie sich zurückziehen.

Dem Helfer droht aber auch eine Gefahr durch die eigene geistige Einstellung: Wenn er sich zu sehr in der Rolle des Helfers gefällt und dabei das eigene Wohlergehen nicht beachtet, kann er leicht aus dem guten Gleichgewicht fallen. Dies ist fast logisch: Er vergisst auf die Eigenverantwortung!

Zum Schluss dieses Kapitels noch ein allgemeiner sozialer Hinweis: Die gleiche egoistische Einstellung wie gegenüber den selbstlosen Helfern haben viele Leute auch gegenüber dem Staat: Sie arbeiten nicht oder weniger, als ihre Kräfte erlauben. Und sie glauben, der Staat habe für sie zu sorgen, auch wenn sie mit eigener Kraft ausreichend Geld verdienen und sich selbst erhalten könnten. So weit darf doch ein soziales System nicht gehen! Es soll doch nur denjenigen helfen, die nicht aus eigener Kraft für sich sorgen können.

6.4 Verstehen und Verständlichmachen lernen

Bei meinen bisherigen Ausführungen habe ich schon mehrfach darauf hingewiesen, dass jeder Mensch gegenüber jedem anderen nicht nur durch seine Herkunft und seine Gene, sondern auch durch seine Erziehung und seine Lebenserfahrungen anders geprägt ist als jeder andere Mensch.

Ich darf erwähnen, dass ich einen eineiigen Zwillingsbruder hatte, der leider vor einigen Jahren verstorben ist. Wir beide hatten somit völlig gleiche Gene. Überdies lebten wir annähernd 20 Jahre fast ununterbrochen zusammen, im Elternhaus, in der Volks- und Mittelschule, etwa sechs Jahre lang in einer Wandergruppe und sogar noch als Einjährig-Freiwillige beim Österreichischen Bundesheer. Wir hatten nahezu die gleichen Ergebnisse in den Schulen und bei der Beurteilung durch das Militär. Wir waren uns auch im Aussehen und in unserer Stimme so ähnlich, dass uns die meisten Professoren in der Schule, die Vorgesetzten beim Militär und die Mädchen in der Tanzschule immer wieder verwechselten.

Aber ganz kleine Unterschiede zwischen uns beiden hatten größere Folgen: Ich hatte ein einziges „Sehr gut" mehr in meinen Zeugnissen, war deshalb „Klassen-Erster" und wurde (wie damals üblich) vom Klassenvorstand zum Klassensprecher gemacht. Dadurch lernte ich sehr bald Verantwortung für andere tragen und ebenso Kameradschaft mit den (vielfach ungebärdigen) Mitschülern üben (was uns allen im vorletzten Schuljahr mehrere dreistündige „Karzer" eintrug).

Außerdem gründete ich in meiner Freizeit mit drei Freunden eine eigene Wandergruppe und warb mit Erfolg in kurzer Zeit viele neue Mitglieder. Dadurch lernte ich weitere Verantwortung tragen und überdies organisatorische Leistungen erbringen. Ich war etwas initiativer als mein Zwillingsbruder. Daraus ergaben sich später recht große Unterschiede in unseren Ansichten und in der Art, wie wir unser Leben gestalteten.

Nach dem Einjährigen-Jahr haben sich unsere Wege getrennt, im Beruf und selbstverständlich auch bei der Gründung unserer Familien. Und wir machten unterschiedliche Erfahrungen im Zweiten Weltkrieg, in unseren Berufen und in unserem Familienleben. Dadurch entfernten wir uns in unserer geistigen Einstellung zu den Problemen des Lebens noch mehr voneinander.

Aus all dem habe ich folgende Erkenntnisse gewonnen:

Manche entscheidende Erlebnisse prägen uns Menschen viel mehr als unsere Gene und unsere Erziehung. Jeder Mensch unterscheidet sich daher in seinem Wesen, seinen Gedanken und Gefühlen und in seiner geistigen Einstellung meistens sehr deutlich gegenüber jedem anderen.

Jeder Mensch soll daher die Wesensart jedes anderen verstehen lernen. Und er soll sie akzeptieren, wenn dessen Einstellung nicht gegen die guten geistigen Werte des Lebens verstößt. Selbst wenn er dessen Einstellung versteht, soll er seine eigene Wesenart dem anderen verständlich machen, falls er der Intelligentere und moralisch Überlegene ist, damit der andere ihn versteht und respektiert. (Dabei setze ich voraus, dass die beiden friedlich zusammenleben wollen, oder dies aus irgendwelchen Gründen tun müssen.)

Wenn zwei Menschen Differenzen haben, sollen eben beide durch gute ehrliche Gespräche lernen, den anderen zu verstehen. Das heißt, dass jeder der Kontrahenten (oder Konfliktparteien) seine eigenen Fehler und Schwächen erkennt und sich entschuldigt, wenn er die Gefühle des anderen verletzt hat. Er soll auch den anderen bitten, die Schwächen zu tolerieren, die er eben hat.

Dieses Vorgehen ist relativ leicht zu realisieren, wenn beide guten Willens sind, zusammenzufinden und Toleranz gegenüber anderen Anschauungen und Verhaltenweisen zu üben. Es ist aber schwer zu erreichen, wenn die Kontrahenten durch sehr unterschiedliche Erziehung und Lebenserfahrungen gesprägt sind.

Was soll in einem solchen Fall geschehen?: Streiten? Lebenslang aufeinander „Böse-Sein“? Einander völlig meiden? Das geht oft nicht, wenn man irgendwie auf den anderen angewiesen ist.

Ich möchte die Lösungen zu diesen Fragen kurz durchspielen: zunächst zum „Streiten“. Es gibt psychisch robuste Menschen, die können sich „zusammenstreiten“. Manche Leute lieben und brauchen das sogar. Sie sind hinterher gut Freund und tun so, als wären sie nur miteinander spazieren gegangen.

Aber ungut wird die Situation, wenn so ein „Streithansl“ auf einen anderen trifft, der nie Streiten gelernt hat oder aus einer verwundeten

Psyche heraus jede Streiterei fürchtet und dabei die Nerven verliert. Beides versteht der Streithansl nicht. Er glaubt, es gäbe eine sogenannte „Streitkultur". Ich möchte zu diesem Thema eine sehr kompetente Stimme (die Präsidentin unseres Österreichischen Autorenverbandes) zitieren:[26, S. 5] Frau Prof. Lucy Ludikar schreibt:

„Wer streitet, ist bemüht dem Meinungsgegner, auf welchen Gebieten auch immer, seine eigene Meinung aufzuzwingen, ohne gegenseitige Kraftakte – aber auch ohne eine einzige der nie schmeichelhaften Bezeichnungen zurückzunehmen. Sehr eifrig bemüht, die Streitkultur unters Volk zu bringen, sind die Medien. Egal, ob Kinder, Pubertäre, Heranwachsende usw. – man bekommt jede Altersstufe lautstark, frech, gemein, zynisch ins Haus geliefert. Manchmal endet es mit Gewalt bis zum Tod. Na ja, die Streitk-Kultur hat halt versagt!

Besonders anregend und beispielhaft ist der Umgang Halbwüchsiger, denen das „Recht der Kinder" bekannt ist, mit ihren Eltern zu streiten. Man merkt beglückt, dass die Nicht-Erziehung der letzten 50 Jahre doch Erfolg hat!

Einlenken? Vergeben? Verzeihen? Ich doch nicht! Ich auch nicht! Und das setzt sich fort. Es gibt kein Vergeben, kein „Hör doch endlich auf!". Letzter Ausweg: Trennung.

Es gibt Streitkultur, die Hass sät, Gewalt erntet und fest darauf beharrt, ja nicht zu vergessen, ja nicht zu verzeihen, ja nicht einen Strich zu machen unter das, was damals war. Vom Kindergarten bis zu den ewigen Vorwürfen und Aburteilungen der Heutigen gegen die Gestrigen. Auch auf der Basis der Völker untereinander.

Und da soll es Frieden geben? Mir wäre eine Friedenskultur lieber als eine Streitkultur!"

So weit Frau Ludikar. Das sind sehr harte Worte. Doch sie hat in Vielem Recht, glaube ich. Alle Ideen besitzen eine starke Kraft, auch die negativen: vom Streit zur geistigen Gewalt, und von dieser zur körperlichen Gewalt, zum Mord und zum Krieg. Das wird uns heute von den Medien vermittelt. Geht das so weiter bis zum Dritten Weltkrieg? Oder schreckt die Menschheit nicht doch davor zurück? Müssen die negativen Gewaltakte ein weiteres Mal „ad absurdum" geführt werden, bevor die Menschen, die das Schicksal der Menschheit bestimmen, zur Einsicht kommen?

Nur ein stetes Bemühen um Frieden und das Verständnis für die Ansichten und die Gefühle der anderen Menschen und Völker können doch Zufriedenheit und Lebensglück bringen!

Dazu gehört sicher auch eine Erziehung der Jugend zu guten geistigen Werten, und damit zu einer Ethik, die der geistigen Entwicklung im Zeitalter der Globalisierung standhalten kann. Mit dieser Studie möchte ich dazu einen Beitrag leisten.

Zunächst zum Generationen-Problem: Es geht dabei einerseits ums Einlenken, Nachgeben und Verzeihen. Wir Älteren haben das schon lange gelernt und tun es auch immer wieder. Aber die Menschen der jüngeren Generationen müssen noch lernen, die Älteren zu verstehen und von diesen all das an geistigen Werten zu übernehmen, das sie brauchen um sich als anständige Menschen zu bewähren, und um nicht in Schwierigkeiten mit ihren Mitmenschen oder gar mit den Gesetzen zu kommen.

Andererseits geht es ums Verstehen-Lernen der Gefühls- und Gedankenwelt der jeweils anderen Generation. Da tun sich die meisten Menschen beider Generationen schwer! Die Jüngeren, weil sie nicht einfach sagen können: „Die Alten leben ja sowieso nicht mehr so lang, dann können wir unser Leben so einrichten, wie wir es brauchen!" Manche sagen das zwar, nämlich die mit der Streitkultur. Aber diese Leute erleiden doch früher oder später Schiffbruch mit einer solchen Einstellung. Die anderen jungen Leute, die denkenden und besonders die anständigen merken doch recht bald, dass sie das Beste, das sie besitzen, älteren Menschen verdanken, nämlich den Wohlstand und einen großen Teil ihrer Lebensfreude: ihren Eltern, Lehrern, älteren und reiferen Geschwistern und Freunden.

Und die Menschen der älteren Generation tun sich vielleicht noch schwerer in dieser Situation, denn sie müssen die Gefühls- und Gedankenwelt der jungen Leute nicht nur verstehen lernen, sondern auch manches davon akzeptieren lernen, das zum Existenzrecht der jüngeren Generation gehört, auch manche Sitten und Gebräuche, die in ihrer Jugend als unanständig oder ungehörig galten. Denn besonders in den letzten Jahrzehnten hat sich in der Einstellung der meisten Menschen (in den Wohlstandsländern) vieles geändert, was man fast als „Revolution" bezeichnen kann: Die Emanzipation der Frauen, die sexuellen

Freizügigkeiten und der Ersatz religiöser Feiern durch Massenveranstaltungen junger Menschen.

Alle diese Veränderungen sind nicht wegzuleugnen. Dazu kommen noch die technischen Veränderungen in der Informationstechnik. Durch deren Erfindungen und ihre weltweite Verbreitung dringen die wichtigen Ereignisse auf der ganzen Erde immer mehr ins Bewusstsein aller Menschen. Und durch die Erfindungen der Verkehrstechnik (besonders im Flugverkehr) rücken viele Menschen in aller Welt räumlich und geistig immer näher zusammen, vor allem die friedlich und anständig Gesinnten.

Zurück zu den Generationenproblemen: Für die Beziehungen zwischen den Menschen der älteren und der jüngeren Generationen wirken sich die Unterschiede in ihrer geistigen Einstellung dann negativ aus, wenn es nicht gelingt, die Einstellung der jeweils anderen Generation zu verstehen. Es kommt oft zu ungewollten seelischen Verletzungen und in der Folge zu Entfremdungen und manchmal sogar zu Trennungen. Viele Eltern verstehen die Kinder nicht mehr und sie haben auch keine ausreichende psychologische Ausbildung, um ihre Verletzung den jungen Leuten verständlich zu machen. Und die Jungen halten die Eltern für „altmodisch" oder für zu „autoritär" und gehen ihre eigenen Wege.

An dieser Stelle möchte ich ein neues Buch erwähnen, in dem die Thematik der seelischen Verletzungen viel umfassender und detaillierter erläutert wird, als ich dies in dieser Studie machen kann, auf das Buch von Andreas Salcher „Der verletzte Mensch"[42)]. Als sehr erfahrener Psychotherapeut und Autor von Bestsellern zeigt Salcher nicht nur die Ursachen seelischer Verletzungen auf, sondern er gibt (für Menschen die sich ehrlich mit psychologischen Problemen befassen wollen) sehr klare Anweisungen, wie man solche Verletzungen erkennt, heilt und möglichst von vornherein vermeidet. Salcher entwickelt eine „Positive Psychologie", die besonders durch Mitgefühl, Dankbarkeit, Vergeben-Lernen und die Einhaltung ethischer Regeln gekennzeichnet ist. Wenn man diese Grundsätze richtig anwendet, kann man sich sogar den Weg zum Psychologen ersparen! Das wird sehr treffend im abschließenden Kapitel des Buches „Die Schule des Herzens" erläutert.

Wenn Sie, liebe Leser, ihre Beziehungsprobleme selbst lösen wollen, möchte ich Ihnen sehr raten, Salchers Buch zu studieren. Es ist eine genau passende Ergänzung zu den Überlegungen dieser Studie. Während das Hauptgewicht in Prof. Salchers Buch auf seinen psychologischen Überlegungen liegt, ist das Gewicht der Studie der Ethik zugewendet. Daher ergänzen die beiden Bücher einander einwandfrei: Salcher spricht von einer „Positiven Psycholgie", die negative Gedanken und Gefühls-Äußerungen so weit wie möglich vermeidet. Das Gleiche macht die Studie in den „Geboten der Menschlichkeit und Lebensfreude". Außerdem heißt es in beiden Arbeiten: „Sprecht miteinander!" und es wird geraten, dies möglichst emotionsfrei zu tun.

Vor allem aber betont Salcher in seinem Buch die Tatsache, dass sehr viele seelische Verletzungen unbewusst (oft in besten Absichten!) verursacht werden, weil die beiden Beziehungspartner ihre Probleme von völlig unterschiedlichen Gesichtspunkten sehen und deshalb einander nicht verstehen. Deshalb sollten wir immer in Konfliktsituationen zuerst den Weg des guten Gesprächs und der kollegialen Verstehenlernens gehen, bevor wir zu streiten beginnen und den anderen mit unseren Argumenten verletzen und uns hinterher womöglich unversöhnt voneinander trennen.

Solche Verletzungen kommen nicht nur zwischen Menschen unterschiedlicher Generationen vor, wie ich das am Beginn dieses Kapitels beschrieben habe. Es gibt seelische Verletzungen zwischen einzelnen Menschen oft auch in anderen Lebensbereichen: Im Beruf, zwischen Freunden, besonders oft zwischen Verwandten, auch innerhalb aller möglichen Gemeinschaften, in denen die einzelnen Mitglieder eigentlich für gemeinsame Ziele arbeiten sollten, aber auch Rivalitäten und oft auch ungewollte Missverständnisse entstehen, weil zwei Menschen in Grundsatzfragen gegensätzliche Einstellungen haben. Manchmal kommen die Verletzungen auch daher, dass jemand die Anerkennung für seine Leistungen nicht erhält, die er sich ehrlich verdient hat.

Sei es wie immer, es fehlt in allen diesen Fällen an der ehrlichen, offenen und emotionsfreien Aussprache zwischen den beiden Konfliktpartnern, die nicht zusammenfinden können. In solchen Situationen sollten die beiden Leute ihre Auseinandersetzungen eben eine Weile ruhen lassen, und der geistig Stärkere in angemessener Zeit das Gespräch wieder aufnehmen, wenn es für die Freundschaft, die Verwandtschaft oder die Gemeinschaft als richtig oder notwendig erscheint.

7. Auf der Suche nach einer allgemein gültigen Ethik, die wir „Ethik der Menschlichkeit“ nennen sollten

Mit den Ausführungen der vorangegangenen Teile habe ich – wie ich hoffe – halbwegs klar erläutert, wie sich jeder Mensch verhalten sollte, der in der heutigen Zeit der großen Freiheiten anständig und möglichst zufrieden leben möchte.

Im ersten Kapitel dieses Teiles stelle ich (weil ich so viel von den guten Werten des Lebens geschrieben habe) einige grundsätzliche Überlegungen an, was wir in der geistigen Welt, in der wir heute leben, als „gut“ und „böse“ bewerten sollten.

Im zweiten Kapitel widme ich mich dem Gedanken, dem sich wohl jeder denkende Mensch stellen sollte: „Wozu lebe ich?“ Die Antwort darauf lautet – wie ich glaube – für jeden ordentlichen Menschen: „Ich möchte meinem Leben einen guten Sinn geben!“ Ich folge dabei besonders den Gedanken der wichtigen und hochanständigen Psychologen Frankl und Fromm. Beide haben die Entwicklung des Zeitgeistes im Zweiten Weltkrieg und besonders in den anschließenden Jahrzehnten erlebt, beobachtet und beurteilt.

Und beide haben nicht nur den starken und rapiden Verfall der Moral in diesen Nachkriegsjahrzehnten in unserer „westlichen Welt“ festgestellt und als „nicht christlich“ bewertet.

Viktor Frankl schreibt, dass jeder (auch konfessionell nicht gebundene) Mensch seinen „unbewussten Gott“ findet, wenn er ehrlich und anständig nach dem guten Sinn des Lebens strebt. Erich Fromm, der sich selbst als nicht religiös bezeichnet, betrachtet die Situation viel pragmatischer: Er sagt, dass es zwei Arten von Menschen gibt, wie jeder Einzelne das Ziel seines Lebens sieht: Die eine Art sind die „Haben-Menschen“. Sie wollen möglichst viel Geld und Macht haben und neigen zu gewalttätigen Auseinandersetzungen. Die andere Art sind die „Sein-Menschen“. Sie sind in den Wirrnissen ihres Daseins dem anständigen und friedlichen Leben zugewandt.

Das dritte Kapitel enthält das eigentliche Ergebnis der gesamten Studie: Ich versuche (für mich selbst und, wie ich hoffe, auch für andere Menschen) einige Grundregeln („Gebote“) zu formulieren, wie man sich in verschiedenen Situationen des heutigen komplexen Lebens und Zusammenlebens verhalten sollte, um sein seelisches Gleichgewicht zu bewahren oder, wenn man es verloren hat, wieder zu finden.

7.1 Über das Gute, das Böse und andere menschliche Eigenschaften

Die Begriffe „Gut“ und „Böse“ kennzeichnen menschliche Eigenschaften, die sich aus der Sicht der jeweiligen zwischenmenschlichen Beziehungen und der geistigen Einstellung jedes Menschen ergeben.

Nach meiner Meinung gibt es nicht das absolut „Böse“ und das absolut „Gute“, obwohl das manche Leute, religiös „Gläubige“und sogar manche Politiker, so sehen.

(Wahrscheinlich gibt es auch nicht die ewige Verdammnis der Seelen der einzelnen Menschen, wie es manche Religionen lehren oder gelehrt haben. Dies ist eine metaphysische Frage, die ich weder beantworten will noch kann, weil ich mich in dieser Studie ja nur mit den Problemen des irdischen Lebens befasse, und auch weil das eine Frage des Glaubens und nicht des Wissens ist.)

Aber es gibt ein allgemein gültiges „Gut“ und „Böse“, und zwar dann, wenn wir (körperliche und geistige) Gewalt im Zusammenleben mit anderen Menschen ablehnen. Dann ist jegliche Gewalt das „Böse“. Und das „Gute“ können wir dann finden, wenn wir ein geistiges Gleichgewicht zwischen dem Ich und unseren Mitmenschen suchen und möglichst gut verwirklichen. Dieses Gleichgewicht ist auf Verantwortung, Friedlichkeit, gute, ehrliche Arbeit, menschlichen Anstand, Lebensfreude und vor allem auf wahre (geistige) Liebe gegründet.

Die vielfältigen menschlichen Eigenschaften bilden aber ein Netzwerk geistiger Beziehungen, denen sich die einzelnen Menschen (und entscheidungsfähige Menschengruppen) immer wieder stellen müssen, um ihre Rechte und ihre Pflichten ins Gleichgewicht zu bringen und zu wahren. Jedermann kann dabei selbstverständlich schwindeln und materielle und soziale Vorteile für sich beanspruchen. Aber dann verfehlt er früher oder später das gute seelische – Gleichgewicht, das wir brauchen, um friedlich und zufrieden zu leben.

7.2 Über den Sinn unseres Lebens

Unzählige Philosophen und meist tief religiöse Menschen haben schon über den Sinn des Lebens gesprochen und geschrieben, und viele von ihnen haben versucht, eine allgemein gültige Formel dafür zu finden. Wenn Ihr, liebe Leser, wegen der Überschrift dieses Kapitels vermutet, das würde ich auch tun, irrt Ihr. Aber wir können dieser Formel näher kommen, wenn wir die Gedanken und Aussagen sehr gescheiter Menschen berücksichtigen. Nach ihren Erkenntnissen muss jedermann den Sinn seines Lebens selbst suchen und probieren, diesen so gut wie möglich selbst zu erfüllen. Das glaube auch ich. Es gibt aber – meiner Meinung nach – bestimmte allgemein gültige Grundregeln für den Weg, den man beschreiten soll, um den guten Sinn seines Lebens zu finden. Darum geht es in der Studie.

Zur Frage nach dem Sinn des Lebens möchte ich zuerst den (zu Beginn des Teiles 7 erwähnten) so überaus weisen und liebenswürdigen Psychologen und Philosophen Viktor Frankl und sein Buch „Der unbewußte Gott“[10)] zitieren: Er schreibt darin: „Nicht weniger als zwanzig Forscher konnten den empirischen Beweis liefern, dass der Mensch fähig ist, in seinem Leben einen Sinn zu finden, grundsätzlich unabhängig von seinem Geschlecht, von seinem Alter, von seinem IQ (Intelligenzquotienten), von seiner Ausbildung, von seiner Charakterstruktur, von seiner Umwelt und (bemerkenswerterweise!) ob er religiös ist oder nicht, und wenn er religiös ist, unabhängig von der Konfession, der er angehört.“

Frankl schreibt leider auch „…dass vor allem die junge Generation durch das heutzutage vielfach herrschende Sinnlosigkeitsgefühl zu leiden hat…“; und außerdem: „…dass nachgewiesen werden konnte, dass von jungen Drogenabhängigen nicht weniger als 100(!) Prozent darunter litten, dass ihnen einfach alles sinnlos erschien.“ Somit sind wir alle (und zunächst die Betreuer dieser armen Menschenkinder) aufgefordert, ihnen Liebe und Selbstvertrauen zu spenden. Das ist sicherlich nicht leicht, aber doch möglich. Denn Viktor Frankl schreibt auch, dass sich Leid in eine gute Leistung verwandeln lässt, weil jeder Mensch seinen unbewussten Gott in sich trägt, wie Titel und der Inhalt seines Buches bezeugen. Dies ist auch meine Erfahrung.

Zwischen diesen ärmsten Menschen, die in ihrem Leben keinerlei Sinn finden, und jenen, leider zu wenigen, glücklichen Leuten, die eine zufriedenstellende Lebensaufgabe gefunden haben und ihr nachgehen, gibt es eine erschreckend große Zahl vorwiegend jüngerer Menschen, die ihr Leben ohne geistige Orientierung verbringen. Sie leben ohne eine erfüllende Aufgabe, die ihren Fähigkeiten und den Möglichkeiten ihrer Lebenssituation entspricht. Und sie suchen sich auch keine solche Aufgabe. Denn sie wissen von sich aus nicht, dass dies notwendig ist. Und es wird auch nur wenigen jungen Leuten von ihren Eltern oder väterlichen und mütterlichen Lehrern oder Freunden gesagt, dass jeder junge Mensch, gleichgültig ob Frau oder Mann, seine Lebensaufgabe suchen soll und finden kann. Es sagt ihnen auch niemand, dass sie dazu ihre „Lehr- und Gesellenzeit des Lebens" möglichst ordentlich im „Konzert der Mitmenschen" verbringen müssen, wobei sie lernen müssen, sich in andere menschliche Gemeinschaften einzuordnen. Nur wenn ihnen all dies gelingt, können sie erwarten, hinterher halbwegs zufrieden (und vielleicht sogar ein bisschen wohlhabend) zu sein.

Jedermann darf doch nicht nur für sich allein denken, fühlen und lieben, sondern man soll das auch für alle jene Leute tun, für die man aus seiner Situation mitverantwortlich ist. Dies ist eine Jahrtausende alte abendländische Weisheit.

Dazu darf ich nochmals auf den Aufsatz von Lucy Ludikar über die sogenannte „Streit-Kultur" zurückkommen.[26)] Frau Ludikar zitiert den berühmten Dramatiker Sophokles aus dem alten Griechenland. Er ließ vor mehr als 2500 Jahren Antigone in der gleichnamigen Tragödie sagen: ***„Nicht mitzuhassen, mitzulieben bin ich da!"*** Diese prophetischen Worte, deren Bedeutung wir vielleicht erst heute halbwegs richtig deuten können, schrieb Sophokles schon vor so langer Zeit. Knapper und exakter kann man den Sinn des Lebens in einer friedlichen Welt der Liebe doch nicht formulieren! Seit er diesen Satz verfasste, haben etwa 100 Generationen von Menschen gelebt, wenn man den Abstand von einer Generation zur nächsten mit durchschnittlich 25 Jahren annimmt. Etwa eine Generation lang gab es damals Frieden im alten Griechenland. Dann gab es immer wieder Kriege. Sophokles hat als junger Schauspieler den Sieg der Griechen über die Perser miterlebt und später unter seinem Freund und Gönner Perikles im „Goldenen Zeitalter“ Athens seine berühmten Tragödien über die (gar nicht so gute) alte Zeit der Griechen geschrieben und aufgeführt, in der noch die Götter, Halbgötter und Helden Homers das Schicksal der Menschen bestimmten.

Als das goldene Zeitalter Athens vorüber war, gab es wieder Kriege und Kämpfe, Mord und Totschlag, Hass und Neid: Als nächstes zwischen den Athenern und Spartanern, Alexanders Sieg über die Griechen, dann die Kriege der Römer gegen die Karthager, Germanen, etc. ...Kriege und Hass bis heute im Irak, in Afghanistan, im Nahen Osten. Hört denn das nie auf???

Steuern wir dem Dritten Weltkrieg entgegen? Oder kommt die Menschheit doch noch zur Erkenntnis, dass nur Verständnis für die anderen, die angeblichen „Feinde“ und sehr viel Geduld zu einer friedlichen Zukunft führen können? Müssen wir noch einmal am Rand einer Katastrophe stehen, bevor die entscheidenden Leute zur Besinnung kommen? Jedenfalls stehen wir vor einer Entscheidung zu einer guten oder zu einer bösen Zukunft.

Diese Entscheidung kann selbstverständlich nicht von heute auf morgen durch einige wichtige Politiker gefällt werden. Es ist ein mühsamer Prozess, der mitten im Gange ist und sich – meines Erachtens – noch über etliche Generationen hinziehen wird, doch hoffentlich nicht weiterhin über Jahrhunderte. Wie lange es dauern wird, ist eine Frage des Gewissens und Wissens der Menschen, die das Schicksal der Menschheit bestimmen. Es hängt aber auch in demokratisch regierten Staaten (das sind ja heute die meisten Länder der Erde) von der Meinungsbildung ihrer Bürger ab. Angesichts der weltumspannenden Informations- und Verkehrstechnik hege ich die Hoffnung, dass sich diese Entscheidung im Zuge der Globalisierung beschleunigen wird, und zwar zu einer guten Zukunft, vorausgesetzt dass...?

Mit dieser offenen Frage komme ich zurück zum Thema dieses Kapitels, dem Sinn unseres Lebens als vernunft- und gefühlsbegabte Lebewesen der Erde. Denn die Frage nach dem Sinn unseres Lebens als Menschen beeinflusst ja in Demokratien auch das Weltgeschehen. Die Aussage von Sophokles gilt sowohl für das persönliche Leben der einzelnen Menschen, wie auch für ihr Mitdenken und das demokratische

Mitbestimmen über das politische Schicksal der Erde und ebenso für das Denken und die Aktivitäten der Leute, die das Weltgeschehen lenken.

Zu den modernen Denkern, die die Zusammenhänge zwischen der Weltpolitik und den Schicksalen der einzelnen Menschen in den Jahrzehnten nach dem Ende des Zweiten Weltkriegs beobachtet haben und darüber und sogar über die Wege für eine bessere Zukunft nachgedacht haben, zählt weiters der zu Beginn dieses Teiles erwähnte Erich Fromm, besonders mit seinem Buch „Haben oder Sein“[13)]. Fromm stellt darin die sehr überzeugende These auf, dass es für jeden einzelnen Menschen gilt, eines von zwei sehr unterschiedlichen und gegensätzlichen Lebenszielen zu wählen: a) Das „Haben“ von privatem Eigentum, das meistens mit dem Streben nach persönlicher Macht und Ruhm verbunden ist, oder b) das „Sein“, die geistige Einstellung einer charakterlich und gedanklich gereiften Persönlichkeit, die durch Menschlichkeit, Friedlichkeit, Anstand und der Bejahung des irdischen Lebens sowie der Lebensfreude geprägt ist.

Die Lektüre dieses Buches ist ein großartiger Einstieg in die Gedankenwelt des guten Sinnes unseres Lebens. Ich kann es Euch allen, liebe Leser, wärmstens empfehlen. Wahrscheinlich werdet Ihr merken, dass es Eure Lebens-Erfahrungen bestätigt, falls Ihr ehrlich nach dem guten Sinn Eures Lebens strebt.

Hier einige interessante Aussagen aus Fromms Buch, zunächst zum Thema „Haben“: Menschen, deren Lebensziel das „Haben“ ist, sind fast immer große Egoisten. – Woher ihr Einkommen stammt, ist ihnen gleichgültig. Sie legen keinen Wert drauf, dass es aus eigener produktiver Arbeit stammt. Hauptsache, es ist möglichst groß! – Das Wort „privat“ (im Wort Privateigentum) stammt vom lateinischen „privare“ = rauben! Dazu die Erkenntnis: Privateigentum stammt ja ursprünglich sehr oft von Raub oder von der Ausbeutung der Arbeitsleistung einfacher Menschen (geistige Nähe zu Raub). – Augustinus (Heiliger und „Nach-Denker“ Christi) verglich die Geschichte des Römischen Imperiums einem einzigen Raubzug. – Die sogenannte Westliche Welt kann durchaus nicht als christlich im Sinne der Lehren von Jesus Christus bezeichnet werden. – Religiöse Bekenntnisse, die mit Gewalt oder mit Hilfe von Habgier durchgesetzt werden, sind kein „Glaube“ sondern nur Ideologien. – Die allermeisten Menschen der heutigen westlichen Welt sehen das „Haben" als Lebensziel an.

Hinsichtlich der Wege zu einer künftigen menschlichen Gesellschaft des „Seins" fand ich in Fromms Buch diese Gedanken: Die wohlhabenden Menschen sollen sich mehr für soziale Hilfe gegenüber den armen Menschen und Völkern engagieren. – In der Politik und in der Wirtschaft soll statt einer zentralistischen Bürokratie eine Dezentralisierung der Verantwortung mit einer Mitbestimmung durch ein humanistisches Management eingeführt werden. – Jedwede Gehirnwäsche in der politischen und kommerziellen Werbung soll verboten werden. – Die Frauen sind von jeder patriarchalischen Herrschaft zu befreien! – Wir müssen eine Einheit mit unseren Mitmenschen und mit der Natur bilden. – Das höchste Ziel des „Seins" ist auch bei Fromm die „wahre Liebe" = die geistige Zuwendung zu anderen Menschen, zur Natur, ihren Geschöpfen oder einer guten Idee.

Wahrscheinlich wirst Du Dir, lieber Leser, denken (auch wenn bei Dir das Lebensziel des „Habens" deutlich im Vordergrund steht und Du ein ausgeprägter Egoist wärest): „Gar so schlecht bin ich doch gar nicht! Ich habe ja einen großen Teil meines Vermögens durch ehrliche Arbeit erworben! Und außerdem sagen Sie ja, werter Herr Autor dieser Studie, meine Eigenliebe und das, was Sie als Nächstenliebe bezeichnen, soll im Gleichgewicht sein. Das ist es bei mir wohl noch nicht, aber bis zu meinem Lebensende wird mir das vielleicht schon gelingen! Sie sind ja auch schon ziemlich alt, wie ich gelesen habe. Wann soll ich dieses Ziel erreichen? Und wo liegt die Grenze zwischen den Mühen, die ich für mein eigenes Leben und jenen Mühen, die ich für andere Menschen oder für edle Ziele aufbringen soll?"

Meine Stellungnahme zu diesen Fragen: „Es stimmt, ich bin erst im Alter auf klare Ansichten gekommen. Aber, ich glaube, sobald Du eine gute materielle Existenz für Dich und die Menschen, für die Du verantwortlich bist, gefunden hast, solltest Du auch für die Nächstenliebe oder für die Liebe zu einer guten und realisierbaren Idee da sein!" Je früher Du das erreichst, umso besser! Dann findest Du das seelische Gleichgewicht.

Zur Frage nach den Grenzen der Mühen darf ich sagen: „Frage Dein Gewissen! Es gibt Dir die Antwort! Wenn Dein Gewissen verkümmert wäre, baue es wieder auf!"

7.3 Vorschlag für Gebote einer universellen Ethik, die am besten „Ethik der Menschlichkeit“ heißen sollte

Aus den vorangegangenen Ausführungen, insbesonders der Kapitel 5.1 bis 7.3, lassen sich mit zwingender Logik Regeln für eine allgemein gültige Ethik ableiten. Ich erlaube mir, diese Regeln als „Gebote“ zu bezeichnen. Aber diese Gebote sind nicht von der Art wie die Gebote der Religionen. Das heißt es sind keine Regeln, sie sind uns nicht von Gott (oder Göttern) vorgeschrieben mit dem Hinweis, dass wir im ewigen Leben (nach dem irdischen Tod) belohnt werden, wenn wir sie einhalten und bestraft werden, wenn wir das nicht tun.

Sondern die folgenden „Gebote“ sind menschliche Regeln, die ich aus Erkenntnissen bedeutender Philosophen, Psychologen, Religionsführer und Schriftsteller abgeleitet und zum Teil auch aus eigenen Erfahrungen gewonnen habe. Dabei versuchte ich allgemein gültige Regeln zu finden, die jedermann helfen können, sich ein gutes und erfülltes Leben zu gestalten und mit den Menschen seiner Umgebung friedlich zusammenzuleben.

Zur Formulierung dieser Gebote möchte ich erläutern: Ich verwende dabei absichtlich nicht die Formeln „Du sollst nicht... usw.“, wie die Religionen. Und ich wähle fast immer die positive Formel „Wir sollen...“. (Das ist, besonders für labile Charaktere, bekanntlich psychologisch besser.) Schließlich verwende ich statt dem „Du“ immer das „Wir“. Denn ich betrachte mich ja nicht als Lehrer, der den anderen Vorschriften machen will, sondern es sind allgemein gültige Regeln, an die auch ich mich halten muss, was auch mir oft schwer fällt!

Ich bin mir bewusst, dass ich als Einzelperson weder befugt noch in der Lage bin, so wichtige Aussagen allein zu treffen. Ob und inwieweit meine Gedanken und Formulierungen richtig sind und für möglichst viele Lebensbereiche verwendbar sind und ausreichen, mögen offizielle Stellen entscheiden. Solche Instanzen gibt es ja schon, z.B. für den politischen Bereich, wie das Buch von Peter Fischer „Politische Ethik“[8) beweist. Die folgenden Ausführungen mögen nur ein Anstoß für offizielle Institutionen (z.B. für die Erziehung, Religionsgemeinschaften, etc.) sein, diese Thematik in ihrem Arbeitsbereich weiter zu bringen.

Nun zum Aufbau der folgenden Ausführungen: In der Ethik gibt es unzählige moralische Regeln, die uns Menschen dazu bringen sollen, dass wir gut miteinander auskommen. Auch die Gebote, die ich hier formuliere, sind schon recht zahlreich. Damit sie in das Schema dieser Studie passen, unterteile ich sie in „Hauptgebote“ und zugehörige „Einzelgebote“. Dabei mag die Zuordnung mitunter etwas willkürlich erscheinen. Es geht wohl nicht anders. Denn die geistigen Werte überschneiden und ergänzen sich ja!

Das Hauptgebot der Verantwortung

Wir sind sowohl für die gute Gestaltung unseres eigenen Lebens verantwortlich, wie auch für die gute Mitwirkung am Wohl anderer Menschen, deren Leben wir durch unsere Tätigkeiten und unsere Gedanken beeinflussen.

Sofern die Existenz und die Gesundheit unseres eigenen irdischen Daseins und unserer Familienmitglieder gesichert ist, sollen wir unsere Tätigkeiten auch anderen guten Zwecken widmen, und zwar mindestens im gleichen Mass wie für uns selbst.

Das Gebot der Eigenverantwortung

Wir sind als freie Menschen für unsere körperliche und geistige Gesundheit selbst verantwortlich und sollen uns daher nach bestem Wissen und Gewissen bemühen, unser Leben entsprechend unseren Fähigkeiten und unseren Möglichkeiten durch ehrliche Arbeit und durch friedliches Zusammenleben mit unseren Mitmenschen so zu gestalten, dass wir es als gut und lebenswert empfinden können.

Das Gebot der Mitverantwortung

Sofern unser eigenes Leben nicht durch eine extreme Notsituation gefährdet ist (z.B. durch eine lebensbedrohende Erkrankung oder durch Kriegshandlungen) – sollen wir das Gebot der Mitverantwortung für andere Menschen, deren Leben durch uns beeinflusst wird, ehrlich und gewissenhaft befolgen und unser Tun und Lassen ihnen gegenüber so ausrichten, dass sie unsere Mitwirkung an ihrem Leben als gut, gerecht und anständig empfinden.

Dieses Gebot gilt nicht nur unseren Angehörigen und Freunden gegenüber, sondern auch für Partner und Konkurrenten im Beruf und in anderen Gemeinschaften.

Das Hauptgebot der Friedlichkeit

Wir sollen alle Probleme, die uns im Leben beschäftigen, mit friedlichen Mitteln lösen und nicht mit körperlicher oder psychischer Gewalt. Falls uns jemand gewaltsam unterdrücken wollte, sollen wir uns dieser Gewalt mit allen friedlichen, geistigen Mitteln geduldig widersetzen. Denn wir sind überzeugt, dass Anstand und geistige Festigkeit jeder Gewalt überlegen ist.

Das Gebot des Verstehen-Lernens und des Verständlich-Machens

Wir sollen uns in offener und ehrlicher Aussprache bemühen, nicht nur die Ansichten sondern auch die Gefühle der Menschen zu verstehen, mit denen wir Kontakt haben. Wenn sie uns nicht verstehen, sollen wir versuchen, ihnen nicht nur unsere Ansichten über ein anständiges Leben, sondern auch über unsere Gefühle verständlich zu machen. Wenn uns das nicht gelingt, sollen wir in korrekter Art stillhalten, bis die anderen oder wir selbst zu einer besseren Einsicht gelangen, oder bis das Problem seine Bedeutung verliert.

Das Gebot des guten Denkens und der guten Taten

Wir sollen nur Gutes denken und Gutes tun. Und wir sollen ehrlich versuchen, böse Gedanken in gute umzuwandeln und bösen Taten mit guten Taten zu begegnen. Das ist eine ziemlich schwere Aufgabe. Wenn es uns nicht gelingt, sollen wir stillhalten.

Das Gebot des friedlichen Kompromisses

Wenn wir als Einzelpersonen oder Personengruppen mit anderen Personen oder Personengruppen um Sachwerte oder geistige Werte streiten oder sogar zum Kämpfen bereit sind um den Streit zu beenden, sollen wir um des lieben Friedens willen der anderen Streitpartei einen fairen Kompromiss anbieten, bei dem die Interessen der beiden Parteien halbwegs ausgewogen sind. Oder wir sollen, wenn die Gegenseite einen solchen Kompromiss anbietet, diesen annehmen.

Denn ein friedlicher, halbwegs ausgewogener Kompromiss ist immer noch besser als eine endlose Fortsetzung des Streites oder gar ein gewalttätiger Kampf. (Nach einem Kompromiss lernen die Konfliktparteien einander besser kennen und verstehen und sie können eher längerfristig zu einem Einvernehmen finden.)

Das Hauptgebot der guten Einordnung

Wir sollen uns in jeder Gemeinschaft, die unser Leben beeinflusst und deren Tätigkeiten wir beeinflussen können, so mit unseren Fähigkeiten und sonstigen Eigenschaften einordnen, dass nicht nur wir selbst, sondern auch die anderen Mitglieder der Gemeinschaft Nutzen und (falls möglich auch Freude) daraus ziehen können. Wir sollen dabei einseitigen, egoistischen Eigennutzen vermeiden.

Das Gebot der Kameradschaft

Wir sollen allen Personen, deren Wege wir in Liebe und Freundschaft teilen, in der Not und in schwierigen Situationen gute Kameraden sein und ihnen helfen, schwierige Situationen zu überwinden.

Das Gebot der Kollegialität

Wir sollen allen Personen, mit denen wir in einer Gemeinschaft leben, kollegial begegnen. Das heißt, dass jeder von uns entsprechend seinen Fähigkeiten, Eigenschaften und seiner Stellung an den gemeinsamen Zielen mitarbeitet, und dass er an Entscheidungen der Gemeinschaft durch gute, offene und ehrliche Mitsprache teilnimmt.

Das Gebot der Dankbarkeit

Wir sollen allen Menschen, die dazu beitragen und in vergangenen Zeiten beigetragen haben, dass wir ein gutes Leben führen können, dankbar sein.

Das heißt, wir sollen solchen Menschen, falls sie schon verstorben sind, Verehrung zollen, und wenn sie noch leben, offene und ehrliche Dankbarkeit entgegenbringen.

Das Gebot des Verhaltens in Notsituationen

Wir dürfen nicht nur, sondern wir sollen in Notsituationen, in denen unser Leben oder unsere Menschenwürde gefährdet ist, andere Menschen, die uns nahestehen, um ihre Hilfe bitten. (Wir sollen aber dabei eine mögliche Kritik der Helfenden beachten.) Wenn diese Nahestehenden nicht helfen können, sollen wir unseren Schutzengel oder unseren gütigen Gott um Hilfe bitten. (Das aber nur, falls wir an die Engel und Gott glauben.)

Das Hauptgebot des menschlichen Anstands

Wir sollen anständig gegenüber allen anderen Menschen handeln. Das heißt wir sollen ihnen mit Höflichkeit, Taktgefühl und maßvoller Bescheidenheit begegnen und Streit vermeiden. Bei der Wahrung gegenseitiger materieller Interessen sollen wir auf Ausgewogenheit bedacht sein und egoistische Vorteile vermeiden.

Das Gebot der guten Worte

Wir sollen in allen Situationen des Lebens anderen Menschen gegenüber nur gute Worte verwenden, denn sie vermitteln und festigen Liebe und Freundschaft zu Menschen, die uns nahe stehen und sie vermitteln Anstand gegenüber Fremden.

Wenn wir böse Worte gegenüber Nahestehenden gesprochen haben, sollen wir uns baldmöglichst dafür entschuldigen, denn böse Worte verletzen Liebe und Freundschaft.

Auch gegenüber Fremden sollen wir keine bösen Worte verwenden, denn entweder kommt es zu einem Streit, oder der Fremde wird hinter unserem Rücken böse über uns reden.

Das Gebot der gerechten Rede und des gerechten Urteils

Wir sollen über abwesende dritte Personen nur gute Reden führen und kein negatives Urteil abgeben.

(Negative Reden und Urteile, die man auch „Tratsch“ nennt, führen nicht nur zu Missverständnissen, da der Abwesende ja keine Gelegenheit hat sich zu wehren, sondern sehr oft auch zu Streit oder Entfremdungen in Verwandten- und Freundeskreisen.)

Das Gebot der Toleranz

Wir sollen gegenüber anderen Menschen, deren Ansichten nicht mit den unseren übereinstimmen, Toleranz üben, solange nicht unsere Gefühle und Interessen dadurch verletzt werden. Wenn dies der Fall wäre, sollen wir die Anderen höflich aber bestimmt darauf hinweisen, damit sie ihr Verhalten ändern. Falls sie das nicht tun, sollen wir stillhalten (und abwarten).

Das Gebot der guten Sitten

Wir sollen anderen Menschen immer entsprechend den in jeder Gemeinschaft (Familie, Volk, etc. ... z.B. Verein) üblichen guten Sitten begegnen, insbesonders mit Höflichkeit, Zuvorkommenheit und Takt gemäß dem Motto: Gute Manieren öffnen Herzen und Türen.

Dabei sollen wir beachten, dass in anderen Gemeinschaften andere Sitten üblich sind als in unserer eigenen. Wenn wir in der anderen Gemeinschaft leben, sollen wir die Sitten der anderen übernehmen und auch verstehen lernen. Wenn wir außerhalb der anderen Gemeinschaft leben, sollen wir diese nicht durch üble Nachrede verletzen.

Das Gebot der angemessenen Bescheidenheit

Wir sollen unsere eigenen Leistungen oder Erfolge niemals hinausposaunen aber auch nicht unter den Scheffel stellen, sondern in angemessener Bescheidenheit auf sie hinweisen, wenn sie von wichtigen Menschen übersehen werden. Falls sie von anderen Leuten zu großartig dargestellt werden, sollen wir darauf hinweisen, dass kein Erfolg und keine Leistung jemals ein Verdienst eines einzelnen Menschen sein kann, sondern immer nur eine Folge nach Leistungen anderer Menschen oder (vielleicht manchesmal) eine Gnade der Natur oder des Schicksals.

Das Hauptgebot der ehrlichen Arbeit

Wir sollen eine ehrliche Arbeit suchen und ausüben, die möglichst gut unseren Fähigkeiten entspricht und die auch anderen Menschen Nutzen bringt. Uns selbst soll sie nicht nur unsere Existenz sichern, sondern möglichst auch Befriedigung und Freude bringen.

Und: Wir sollen aus unserer Arbeit keinen unredlichen Nutzen ziehen. Das heißt, dass unsere Entlohnung nach einem objektiven Maßstab im Gleichgewicht zu der von uns erbrachten Leistung stehen soll.

Das Gebot der guten Entspannung

Wir sollen bei allen Arbeiten und sonstigen Tätigkeiten, die körperliche und/oder geistige Kraft von uns verlangen, ausreichende Pausen zur Erholung einlegen, um unsere Leistungsfähigkeit und Lebensfreude aufrecht erhalten zu können.

Das Gebot der guten Besinnung

Wir sollen (je nach Bedarf) ausreichende Zeiten, zumindest aber Momente der guten Besinnung in unseren Tagesablauf einlegen, in denen wir uns an die guten Werte des Lebens und unseres Glaubens erinnern.

Das Hauptgebot der wahren Liebe

(Die Gebote der wahren Liebe überschneiden sich etwas mit den Geboten des menschlichen Anstands, denn der Anstand ist ein Teil der wahren Liebe.)

Wir sollen allen Menschen, der Natur und ihren Geschöpfen und guten ideellen Aufgaben, wahre Liebe entgegenbringen. Wenn wir nicht mit Gegenliebe, Zuneigung, Erfolg und Anerkennung belohnt werden, sollen wir niemals mit Hass, Verachtung oder Überheblichkeit antworten und auch nicht in Selbstmitleid oder Verzweiflung verfallen, solange unsere Tätigkeiten den guten Werten des Lebens entsprechen.

Das Gebot des guten Gesprächs

Wir sollen immer (und immer wieder) versuchen, Konflikte, in Beziehungen zu anderen Menschen durch gute, offene und ehrliche Gespräche zu lösen. Dies sobald unsere Emotionen abgeklungen sind, die ja bei Konflikten sehr oft auftreten.

Das Gebot des Entschuldigens und des Verzeihens

Wir sollen, wenn wir die Interessen oder die Gefühle eines anderen Menschen verletzt haben, diesen um Entschuldigung bitten. (Das heißt:

Wir sollen, wenn ein Konflikt mit Jemandem entstanden ist, möglichst bald überprüfen, ob wir nicht seine Interessen oder Gefühle verletzt haben.)

Wenn uns jemand anderer um Verzeihung bittet, sollen wir ihm diese ehrlich gewähren. Und wir sollen dabei auch überprüfen, ob wir selbst nicht einen Teil der Schuld begangen haben, und uns dafür entschuldigen.

Das Gebot der Versöhnung

Wir sollen, wenn wir längere Zeit mit jemand anderem, der uns nahe steht, in Unfrieden gelebt haben, ehrlich und intensiv trachten, uns mit ihm zu versöhnen. Wenn uns das nicht gelingt, sollen wir solche Versöhnungsversuche wiederholen, wenn wir den anderen ehrlich lieben.

8. Unsere heutige Gedankenwelt und die Studie

Nun habe ich auf etwa 120 Buchseiten ein, wie ich glaube, völlig logisch aufgebautes Gedankensystem für eine universell anwendbare Ethik aufgebaut, das jedem einzelnen Menschen nicht nur Zufriedenheit in seinem irdischen Leben sondern auch Lebensfreude verspricht, wenn er sich in seinem Tun an die Regeln dieser Ethik hält. Mir, einem einfachen unbekannten Hobby-Schriftsteller, soll es gelungen sein, eine solche Weisheit im hohen Alter zu finden? Ich kann es selbst kaum glauben! Und dennoch: Meine Studie hat doch wirklich Hand und Fuß.

Um das zu überprüfen, werde ich in diesem Teil der Studie kontrollieren, wie weit die bisherigen Ergebnisse in unsere heutige Gedankenwelt passen.

8.1 Die aktuelle Ethik-Literatur

Um zu überprüfen, ob die Aussagen der Studie mit den Ansichten der zahlreichen Experten für ethische Fragen vereinbar sind, bin ich auch der neuesten Literatur über Ethik nachgegangen. Zunächst bemühte ich mich, ein Ethik-Lehrbuch für Jugendliche zu erwerben, weil mir bekannt ist, dass an einigen höheren Schulen Österreichs ein solcher Unterricht für nicht religiös gebundene Schüler stattfindet, und weil ich glaube, dass die heranwachsenden jungen Damen und Herren solche Informationen besonders brauchen.

Das Ergebnis der Suche war: Es gibt (zumindest in Österreich) kein solches Lehrbuch. Die Ethiklehrer in den Schulen müssen wohl (und können nur) anscheinend ihren Unterricht nach eigenem Wissen und eigenen Erkenntnissen gestalten.

Ich habe aber zwei sehr instruktive und aktuelle Bücher gefunden, mit deren Hilfe ich überprüfen konnte, ob die Aussagen dieser Studie mit dem Gedankengut der Ethik vereinbar sind, die heute in der Öffentlichkeit präsentiert wird. Die Antwort, die ich mir wohl geben darf, lautet: „Ja!“

Das Buch von Andreas Steiner „Das Leben, unser höchstes Gut“[36] bringt einen ausgezeichneten Einblick in die Prinzipien, die dem Autor als Grundlage einer allgemein gültigen Ethik vorschweben. Als Ziel seiner Vorstellungen nennt er „Ehrfurcht vor dem Leben, wie sie in Albert Schweizers Spital in Lambarene gehandhabt wurde.“ In der Realität unseres heutigen Lebens ist dies wohl kaum allgemein erreichbar. Man kann es aber sicher als ideale theoretische Zielvorstellung gelten lassen. Im Übrigen aber stimmt der sonstige Inhalt dieses Buches, der ja durch seinen Titel so deutlich gekennzeichnet ist, ganz eindeutig mit meiner Studie überein: Auch in dieser gilt die Bejahung und Erhaltung unseres irdischen Lebens als höchstes Gut.

Dies entspricht auch dem in der Studie propagierten Gedankengut der Menschlichkeit als ethische Leitvorstellung unserer heutigen Lebensumstände. Es ist interessant, dass auch im Rundfunk und bei vielen anderen Veranstaltungen das Wort „Menschlichkeit“ als wichtigstes aktuelles politisches Leitbild der Menschen in den zivilisierten Staaten bezeichnet wird.

Damit komme ich zum zweiten, bereits erwähnten Buch, das ich mit der Studie verglichen habe, zur „Politischen Ethik“[8] von Peter Fischer. Das Buch bringt als Ergebnis der Arbeit zahlloser Ethik-Experten vieler Sparten ein Konzept einer sogenannten „Angewandten Ethik“ für die vielfältigen Aufgabenbereiche des heutigen Lebens. Es versucht ein allgemein gültiges Schema für übergeordnete Normen der Ethik zu finden. Dabei sind Konflikte zwischen den verschiedenen Lebensbereichen vorprogrammiert, weil „gut“ und „böse“, je nach deren Zielsetzung in jedem Bereich anders gesehen werden.

Fischers Buch zeigt auch auf, dass eine über die Bereiche übergeordnete Verantwortung zu solchen Normen führen kann. Auch in den Aussagen der Studie kommt ja der Verantwortung des einzelnen Menschen (ebenso von menschlichen Gemeinschaften) höchste Priorität zu. Buch und Studie sind somit im Grundsatz gut vereinbar.

8.2 Über die Macht der Gedanken

Gedanken steuern, zusammen mit den Gefühlen. nicht nur das Leben jedes einzelnen Menschen. soweit ihm die „Höheren Mächte“ das gestatten. Gedanken bedeutender Menschen, d.h. weltlicher Herrscher, Religionsgründer und ihrer Nachfolger, Politiker, Philosophen und Gelehrter steuern in hohem Maß das Leben der Menschheit, seit Menschen denken und ihre Gedanken in Worte fassen können. Besonders nachhaltig wirken sich diese Gedanken aus, seit sie schriftlich festgehalten werden, und besonders weitreichend seit es den Buchdruck gibt. Seit mehr als 200 Jahren werden die Gedanken vieler Menschen überdies noch durch Wirtschaftsführer und durch Massenmedien gesteuert, von den Zeitungen über Kino, Rundfunk und Fernsehen bis zum Internet.

Seit es demokratische Gemeinschaften gibt, werden die Gedanken und Taten der Politiker von der Mehrheit der Menschen einer solchen Gemeinschaft kontrolliert. Das ist (wie schon erwähnt) ein halbwegs gutes, aber mit Mängeln behaftetes Mittel, um Missbräuche der Politiker zu verhindern oder zumindest einzuschränken.

Im vorliegenden Kapitel versuche ich darzustellen, auf welchen Gedanken anderer Schriftsteller die Studie aufgebaut ist und in welcher Hinsicht sie deren Gedanken erweitert und so zusammenfasst, dass sie einfachen Menschen mit ausreichender Allgemeinbildung verständlich sind. Außerdem stelle ich die Gedanken der Studie der zahlreichen Literatur und den vielen Seminaren gegenüber, die sich mit aktuellen Problemen der Lebenshilfe und Lebenskunde befassen.

Selbstverständlich will und kann ich damit gar nicht das Urteil der Leserschaft und der Kritiker vorwegnehmen. Das heißt: Ich muss (wie jeder Autor) abwarten, welches Interesse und welchen Widerhall die Studie findet.

Wie ich schon im Teil 4 und im Kapitel 7.3 erwähnt habe, gehen die Überlegungen der Studie weitgehend mit den Gedanken der Bücher von Erich Fromm „Die Kunst des Liebens“[12)] und „Haben oder Sein“[13)] konform. Da Fromm in seinen Büchern wissenschaftlich so gut fundierte Gedanken ausspricht und überdies so gute und klare Aspekte für eine bessere Zukunft der menschlichen Gedankenwelt ausspricht, darf ich ohne zu zögern sagen, dass meine Studie eine Aktualisierung seiner Gedanken darstellt. Ich versuche, seine Überlegungen etwas zu erweitern, wo es nötig scheint, und sie mit den Worten des heutigen Zeitgeistes verständlich zu machen.

Den wichtigsten Eindruck hat Fromms Buch „Haben oder Sein" auf mich gemacht. Er beschreibt mit dem „Haben" und dem „Sein" zwei eindeutig gegensätzliche Gedankenrichtungen, wobei das „Haben" die negative, zu Egoismus und Macht führende Gedankenwelt repräsentiert. Das „Sein" hingegen entspricht dem friedlichen und ausgewogenen Miteinander der Menschen. Die Kriterien von Erich Fromm eignen sich somit vorzüglich zur Beurteilung der vielfältigen Gedanken, die in den Gehirnen der einfachen Menschen, der vielen Suchenden und der Mächtigen herumschwirren und die all diese Menschen zu gutem oder bösem Denken und Tun (oder Nichts-Tun) bewegen.

Fromms Buch hat mich auch bewogen, die Studie nach seinen Kriterien zu überprüfen. Ich glaube, dass sie in allen ihren Aussagen dem „Sein"-Kriterium entspricht.

Außer den bisher erwähnten Schriften und Seminaren haben einige andere Quellen mein Denken mitgeprägt. Zu den Quellen, die meine Gedanken beeinflusst haben, gehören vor allem die Bücher des liebenswürdigen Philosophen Karl Popper, der durch sein Motto „Small is beautiful" weltbekannt wurde. Die Titel seiner Bücher „Alles Leben ist Problemlösen"[30)] und „Alle Menschen sind Philosophen"[31)] sprechen für sich. Die wichtigste Aussage von Karl Popper lautet, dass das kleine bescheidene Glück mehr wert ist als das unbescheidene Glück des Reichtums, Macht-Denkens, Ruhms und der Angeberei.

Auch Vaclav Havel soll erwähnt werden, vor allem mit seinem Buch „Briefe an Olga"[18)]. Er schrieb einen Satz, besonders beeindruckend: *„Wir Menschen werden in die Welt geworfen und müssen uns in ihr bewähren!"* (Gemeint ist, dass jeder einzelne Mensch sich in gutem Sinn durchsetzen soll.)

Schließlich möchte ich noch ein Buch von Senator Fulbright erwähnen: „Die Arroganz der Macht"[14)]. Fulbright bezieht dies auf die militärische Macht der USA. Er zeigte schon im Jahr 1963 den guten Weg vom brutalen Machtdenken in ein unbedingt notwendiges Friedensdenken auf. Leider konnte Fulbright mit seinem als Appell gedachten Buch an die damals verantwortlichen Politiker (der USA) den auf beiden Seiten so überaus grausamen Vietnam-Krieg nicht mehr verhindern.

Ich komme nun zu den Büchern und Seminaren, die unter dem Titel „Lebenshilfe" zusammengefasst werden können. Einer der bedeutendsten und frühesten Vertreter dieser Gedankenrichtung war Dale Carnegie. Er brachte 1944–1948 in den USA seine Sammlung „How to Stop Worrying and Start Living" heraus, die 1984 in deutscher Sprache mit dem Titel „Sorge dich nicht, lebe!"[3] und dem Untertitel „Die Kunst, zu einem von Ängsten und Aufregungen befreiten Leben zu finden" erschien. Carnegie stellt in seinem Buch (aus eigenen Erfahrungen und Berichten seiner Schüler gewonnene) sehr lebensnahe und instruktive Rezepte vor, wie jedermann Ängste und Sorgen jeder Art überwinden kann. Carnegie lebte von 1888 bis 1955. Er ging mit seinen Veröffentlichungen und Lehren somit den zahllosen Autoren dieser Branche zeitmäßig voran und kann somit zurecht als „Vater der Selbsthilfe-Literatur" bezeichnet werden.

Einige andere Bücher dieser Literatursparte, die ich gelesen und interessant gefunden habe, möchte ich nur kurz erwähnen: Zunächst das Buch von Eckhardt Tolle „Jetzt! Die Kraft der Gegenwart"[39]. Es sagt in gewisser Hinsicht Ähnliches aus wie die Studie: Wir leben ja immer im „Jetzt" und sollen in schwierigen Situationen das geistige Gleichgewicht suchen und finden. Dabei ist in Situationen auf Leben und Tod der Entschluss zum Überleben das Wichtigste und Entscheidende. Im Übrigen entwickelt Tolle eine Theorie, die dem Untertitel des Buches „Die Kraft des spirituellen Erwachens" entspricht. (So gut und lehrreich manche Gedanken dieses Buches sind, glaube ich doch, dass meine Theorie „des Gleichgewichts zwischen guten Gedanken und gutem Gefühl in der Gegenwart" für einfacher denkende Menschen verständlicher ist, als sein Weg über das spirituelle Erwachen.)

Einen großen Eindruck hat Peter Lausters Buch „Lassen Sie der Seele Flügel wachsen"[24] auf mich gemacht. Der Autor zeigt verschiedene Wege auf, die es den Lesern gestatten, aus der heutzutage grassierenden Lebensangst herauszufinden.

Ein recht charmantes Buch ist Paul Watzlawicks „Anleitung zum Unglücklichsein“[41]. Der Autor, Psychologe und Psychotherapeut, belehrt uns auf heiter-satirische Weise, wie man es schafft, unglücklich zu werden. Köstliche Beispiele, wie die (negative) Weisung „Drehen Sie sich nicht um, Frau Lot!“ führen dazu, dass sie zur Salzsäule erstarrt.

Neben den im Kapitel 3.1 erwähnten Seminaren der „Schule für intuitive Seelenentfaltung“[34] habe ich auch an Seminaren anderer Vereinigungen teilgenommen, z.B. der in der Öffentlichkeit besser bekannten Gesellschaft für „Silva Mind Control[35]. Dabei ist mir positiv aufgefallen, dass alle diese Vereine den meisten Kindern sehr gute, positive geistige Eigenschaften zugestehen. Alle Menschen erhalten diese Eigenschaften, von der Natur. Viele Esoteriker nennen diese natürliche geistige Urkraft „Das höhere Selbst“. Sie geht später erst durch von außen kommende negative Einflüsse, z.B. Erziehung, schlechte Erfahrungen, verloren.

Allerdings muss man zur Esoterik negativ vermerken, dass durch die Unmenge von Seminaren, Vorträgen und Literatur, die meistens mit (teilweise nicht unerheblichen) Kosten verbunden sind und durch das große Interesse an diesen Themen sowie durch die Werbung dafür ein regelrechter Esoterikmarkt entstanden ist. Das wäre an sich nicht so schlimm, wenn es nur Gutes brächte. Aber man hat den Eindruck bekommen, dass bei vielen aktiv tätigen Esoterikern die Bedeutung des Geldverdienens überwiegt, und dass der ürsprünglich vorgegebene selbstlose Zweck ihrer Tätigkeiten in den Hintergrund geraten ist.

Nun zu den Religionen: Zur Frage, welche ethischen Prinzipien die wichtigsten und letzten Endes entscheidenden sind, gibt es große Gegensätze zwischen Vertretern der Religionsgemeinschaften und abtrünnigen Theologen, sowie zwischen diesen beiden Gruppen und Atheisten, Agnostikern und realistisch denkenden Politikern. Diese Differenzen werden fallweise über die Medien ausgetragen. Ich möchte dazu hier nur allgemein Stellung nehmen, weil ich glaube, dass eine Grundsatzstudie nicht in aktuelle politische und religiöse Geschehnisse hineinreden sollte. Aber ich glaube, dass sehr viele Leute und Vereinigungen, die sich zum Atheismus oder als Agnostiker bekennen, anständig und verantwortungsbewusst denken und handeln.

Diese Überlegung gilt auch für die Freimaurer, die vielfach als mysteriöse Geheimbünde betrachtet werden. Michael Kraus (Großmeister der Österreichischen Freimaurer) klärt in seinem 2007 erschienenen Buch „Die Freimaurer“[23)] über das Gedankengut und die Organisation der Freimaurer auf: Sie wollen durchaus nicht als Zweckbündnis (etwa zur Förderung ihrer Mitglieder) sondern als geistig zu Humanismus und Toleranz orientierte Organisation angesehen werden. Deshalb werden nur Mitglieder aufgenommen, die an eine höhere geistige Macht glauben.

Wenn vom Freimaurertum gesprochen wird, denke ich (wie wahrscheinlich viele andere Menschen) immer an Mozart und seine Zauberflöte. Kann man sich ein edleres Motiv vorstellen als Sarastros Lied, wenn er singt: „In diesen heil'gen Hallen kennt man die Rache nicht.“ Das Buch von Michael Kraus schließt in seiner Tendenz an Mozart an: Es macht uns das Freimaurertum sympathisch und auch verständlicher.

Diese Betrachtungen sind Beispiele für die große Zahl der geistig Suchenden, die gute Gedanken für eine bessere und friedlichere Zukunft in unsere geistige Welt bringen. Es gibt auch schon Politiker und Politikerinnen, die solche Gedanken mit wachsendem Erfolg in die Tat umsetzen. Eine geistige Bewegung des Umdenkens, die mit der „Aufklärung“ im 18. Jahrhundert begonnen hat, ist anscheinend mitten im Gang.

8.3 Über die Weisheit der Natur

Der in Amerika lebende und arbeitende gebürtige Wiener Eric Kandl zeigt in seinem Buch „Auf der Suche nach dem Gedächtnis“[22] bisher unbekannte Zusammenhänge zwischen Naturwissenschaft und den Geisteswissenschaften auf, die durch neue Entdeckungen der Biologie offenkundig wurden: Alle Menschen (aller Rassen und Völker) besitzen, im Gegensatz zu den Tieren, in ihrem genetischen Aufbau ein besonderes Gen, das sie zu kreativen Leistungen in unterschiedlichen Lebensbereichen befähigt. (Tiere können auch in einem gewissen Maß denken lernen, jedoch nur reproduzierend, aber nicht kreativ!)

Ferner hat die Biologie entdeckt, dass neue Lebensformen durch Abweichungen in der genetischen Erbfolge entstehen, die durch unerwartete äußere Einflüsse hervorgerufen werden. (Auf diese Tatsache habe ich schon im Kapitel 1.5 aus den Erkenntnissen des Buches „Unsere einsame Erde“[40] hingewiesen.)

Zum Thema des vorliegenden Kapitels möchte ich mehrere Beispiele bringen:

1. Die Konstruktion der wasserabweisenden Dachziegel wurde der Natur abgeschaut, die diese bei den Seerosen verwendet. Bei älteren Konstruktionen nehmen die Ziegel Wasser auf und sind daher viel weniger wetterfest.

2. Bei den derzeit verwendeten Solarzellen ist der Energieaufwand für ihre Herstellung höher als der Energiegewinn, die die Solarzellen während ihrer Lebensdauer liefern können. Die biologische Forschung ist aber bemüht, Energieumsetzer von CO_2 in Sauerstoff und chemische Restprodukte zu entdecken und nachzubauen, bei denen der Energiegewinn während ihrer Lebensdauer höher ist als der Energieaufwand für ihre Herstellung.

3. Schließlich ein negatives Beispiel, wie sich die Natur gegen die Übervölkerung (durch medizinische Fortschritte) wehrt: Die Natur arbeitet nach dem Prinzip der natürlichen Auslese: Sie erfindet neue Krankheiten, z.B. Aids, und reduziert damit die Zahl der Menschen, besonders in Gegenden, in denen der Geschlechtsverkehr noch völlig ungehemmt betrieben wird.

In Gegenden, in denen das Bevölkerungswachstum geistig forciert wird, z.B. durch gewalttätigen Nationalismus oder durch Religionen, die ein ungehemmtes Wachstum der Bevölkerung befürworten oder sogar fördern, wird das Zuviel an Menschen oft nach „guter“ alter Vätersitte durch Kriege und vielerlei gewalttätige Aktionen gelöst.

Neben Daniel Gilberts Buch „Ins Glück stolpern“[15)] wurde auch das oben genannte Buch von Eric Kandl beim amerikanischen Wettbewerb der besten popularwissenschaftlichen Werke bewertet. Kandl erreichte nur den zweiten Platz. Ich hätte ihm den 1. Preis gegeben; das nicht nur weil Kandl ein gebürtiger Wiener ist und sogar wie ich aus Währing (dem 18. Wiener Gemeindebezirk) stammt. (Ich habe sogar das Geschäft seiner Eltern in der Kutschkergasse gekannt, das in seinem Buch erwähnt und gezeigt wird. Denn es lag auf meinem Schulweg.)

Mein Urteil über die Bücher von Gilbert und Kandl hat rein sachliche Gründe: Kandl weist in seiner Arbeit darauf hin, dass in den Geschehnissen der Natur auch ethische Prinzipien walten, die für unsere Tätigkeiten als Menschen maßgebend sein sollten. In Gilberts Buch habe ich solche Hinweise nicht gefunden.

9. Mein geistiger Weg: Nach außen schauen, nach innen horchen

Eigentlich wollte ich die Studie zunächst für mich selbst schreiben. Denn ich wollte jene Regeln möglichst gut erkennen und in meinen Gedanken festigen, die ich einhalten möchte und wohl auch muss, um die Zukunft möglichst zufrieden mit den Menschen meiner Umgebung erleben zu können. Ich hoffe ja, dass mir ein gutes Schicksal noch ein paar Jahre schenken wird.

Im Laufe der Arbeit an der Studie wurden meine Gedanken auch einigen wichtigen und klugen Personen meiner Umgebung bekannt. Sie waren von meinen Ideen recht beeindruckt und meinten, dass die Studie auch für viele andere Menschen interessant und vielleicht sogar richtungweisend sein könnte. Deshalb möchte ich im vorliegenden Teil 9. den Weg erläutern, wie ich zu meinen Erkenntnissen gekommen bin:

Sobald wir in unserer Jugend beginnen kritisch zu denken, beginnt auch unsere Verantwortung für unser eigenes Leben. Bei mir begann diese Phase etwa im Alter von 15 Jahren, zumindest in meinem eigenen Bewusstsein, als ich zum Klassensprecher für eine Horde von 15- bis 18-jährigen ungebärdigen Burschen gemacht wurde. (Ob dieser Beginn bei anderen jungen Menschen früher oder später stattfindet, hängt wohl von den jeweiligen Lebensumständen ab, vor allem vom Elternhaus und von andern Personen, die das Leben jedes jungen Menschen prägen und ihn über seine Verantwortung für das eigene Leben aufklären bzw. ob sie versäumen, die jungen Leute über diese ihre Eigenverantwortung gründlich zu informieren.)

Ich habe in den vorangegangenen Kapiteln schon mehrfach erwähnt, dass ich spätestens mit etwa 17 Jahren begann, nicht nur meine Umgebung kritisch zu betrachten, sondern auch mein eigenes Tun und Lassen selbstkritisch zu beurteilen. Denn ich musste ja als Klassensprecher und später als Führer einer Wandergruppe von etwa 10 bis 15 gleichaltrigen und jüngeren Buben auch die Verantwortung für diese jungen Menschen mittragen, die mir vertrauten, dass ich sie gut und in kein Ungemach führe.

Das Wichtigste bei der Kritik der Menschen mit denen wir zusammenleben ist, meiner Meinung nach, dass wir nicht nur die Aktivitäten und die Passivitäten der anderen beurteilen und bewerten, sondern dass wir auch lernen, die Gefühle der anderen zu verstehen und ihnen unsere eigenen Gefühle verständlich zu machen. (Das ist nicht leicht. Besonders schwer ist es, seine eigenen Gefühle anderen Menschen verständlich zu machen.) Denn fast jedermann, der begonnen hat kritisch zu denken, glaubt ja zu jeder Zeit, dass er jetzt ganz besonders weise ist, sozusagen am Zenit aller Erkenntnisse. Dass wir diesen Zustand niemals erreichen und ihm nur im Laufe der Jahre ein bisschen näher kommen, das wissen wir erst im höheren Alter. In der Jugend ist diese Selbstüberschätzung bei vielen Leuten besonders ausgeprägt. Und damit kommt es auch zu den vielen Irrwegen, die viele von uns besonders in ihren Jugendjahren und am Beginn ihrer Berufszeit gehen. (Auch mir ging das so!) Wir müssen unsere Fehler erkennen und daraus lernen!

Wie machen wir das? Indem wir die Kritik anderer Leute an unserm Tun und Lassen ernst nehmen. Aber diese Kritik ist nicht immer richtig und oft ungerecht, besonders wenn der Kritiker egoistisch ist und denkt. Wie finden wir dann den richtigen Maßstab? Nur wenn wir uns an objektive und ordentliche Regeln halten. Womit ich wieder bei der Ethik der Verantwortung, Menschlichkeit und Lebensfreude angelangt bin, oder beim guten geistigen Gleichgewicht. Denn eine Ethik, die nur Mühen und Opfer verlangt, wie das manche Herrschende haben wollen, ist keine gute Ethik. Die Lebensfreude bringt uns das geistige Gleichgewicht, das wir Menschen unserer heute geistig so weit fortgeschrittenen Zeit brauchen. Wir müssen somit auch manchmal unsere eigenen Interessen vertreten, wenn jemand anderer das gute Gleichgewicht stören will. Das ist oft sehr schwer. Aber es gelingt, wenn wir gerechten Regeln folgen.

Denn der Weg ist das Ziel und nicht eine Aufgabe, die uns jemand Anderer vorgibt, dabei aber die Menschlichkeit oder den Anstand verletzt. Das habe ich aus meinen Erfahrungen und aus den Gedanken edler Menschen gelernt. Wir müssen dabei nach außen, das heißt auf unsere Lebensbedingungen genau schauen, und nach innen, das heißt auf unsere guten und anständigen Gefühle horchen. Manche meiner Erfahrungen und Erkenntnisse habe ich schon in den vorangegangenen Teilen der Studie erwähnt. Einige wichtige Stationen auf diesem meinem geistigen Lebensweg habe ich noch nicht beschrieben. Ich hole das in den folgenden Kapiteln nach.

9.1 Die Berufswahl

Als ich im Juni 1936 die Matura ablegte, wusste ich nicht (ebenso wie es vielen anderen Maturanten erging und auch heute genau so ergeht), welchen Beruf ich wählen oder auf welchen Beruf ich mich vorbereiten sollte, falls ich Akademiker werden wollte und könnte. Ich hatte ebenso wie mein Zwillingsbruder Fritz die Matura an einer 8-klassigen „Realschule" erfolgreich abgelegt. (Dieser Schultyp entspricht in seinem Lehrplan etwa einem Realgymnasium naturwissenschaftlicher Richtung innerhalb der österreichischen AHS-Schulen.) Wir waren beide in den sprachlichen und realistischen Fächern etwa gleich gut, ich in Mathematik und Darstellender Geometrie vielleicht einen Gedanken besser, jedenfalls waren das meine Lieblings-Gegenstände. Ich wollte gern Bau-Ingenieur oder Architekt werden.

Aber gegen diesen Wunsch sprachen zwei Tatsachen, 1.: Die technischen Berufe waren Mitte der 30er-Jahre ziemlich brotlose Künste; 2.: Vaters älterer Bruder war als Bau-Ingenieur und Baumeister kläglich gescheitert. Er starb zwar schon 1926, aber bei meinem Vater gab es natürlich eine Abneigung gegen diesen Beruf. Er wünschte uns ja eine sichere berufliche Basis. Er meinte, die Laufbahn als aktive Offiziere beim österreichischen Bundesheer wäre so ein „sicherer Beruf". Deshalb riet er uns beiden, zunächst als „Einjährig Freiwillige" zum Heer „einzurücken". Wir folgten seinem Rat. Und er tat noch etwas Weiteres zu unserem Vorteil: Er sorgte dafür, dass wir beide nach ein paar Wochen „Grundwehrdienst" von der Infanterie zur sogenannten „Telegraphentruppe" versetzt wurden. (So hieß die Nachrichtentruppe noch immer beim Bundesheer der 1. Republik.) Vater war nicht nur ein sehr realistisch denkender, sondern auch ein sehr geselliger Mensch und hatte von seiner Dienstzeit als Hauptmann der Reserve im Ersten Weltkrieg noch gute Kontakte zu seinen aktiven Offiziers-Kollegen, die 1936 im Bundesheer dienten. Mit Hilfe dieser Kontakte gelang ihm unsere Versetzung.

1937 kam noch ein Faktum hinzu, das für die Offizierslaufbahn sprach: Meine Mutter, die seit 1927 wieder als Mittelschullehrerin angestellt war, wurde wegen eines neu erlassenen „Doppelverdiener-Gesetzes" zwangspensioniert. Von Ehepaaren, die beide Bundesbedienste waren, wurde derjenige mit dem geringeren Verdienst pensioniert. (So miserabel waren damals die Staatsfinanzen Österreichs!) Das Familienbudget war also reduziert. Aber der Besuch der Militärakademie wurde vom Staat bezahlt.

Wir beide, Fritz und ich, meldeten uns während dem Einjährigenjahr zum Vorbereitungskurs für die Aufnahme in die Militärakademie, ich aber nur mit halbem Herzen, denn ich wollte ja Ingenieur werden. Dann kam die Aufnahmsprüfung, Theorie und Praxis. Bei der Theorie hatte ich keine Schwierigkeiten. Die Praxis war ungünstiger. Ich zitterte beim Schießen auf eine Zielscheibe. Zwar traf ich, aber nicht gut. Das war wieder ein Grund für mich selbst, die Offizierslaufbahn abzulehnen. (Welche grässliche Folgen das Schießen im Krieg wirklich hat, das war mir damals noch nicht bewusst!)

Durch eine Indiskretion erfuhr ich das Ergebnis des psychotechnischen Tests der Aufnahmeprüfung: Ich war der einzige, dem es gelungen war, die einzeln auf einer Zeichnung dargestellten Teile der Laufeinrichtung einer Seilbahn funktionsgerecht zusammenzustellen und zu erklären, wofür sie bestimmt sind. Dank dem Märklin-Baukasten meiner Knabenzeit! Damals hatte ich so etwas schon gebastelt. Ich wusste nur nicht, dass dieses Ding den Namen „Laufkatze" trägt. (Es gibt also auch in der Technik Katzen!) Dieses Ergebnis der Aufnahmeprüfung war für mich selbst überzeugend: Für die Offizierslaufbahn war ich somit wenig geeignet, für die Ingenieurlaufbahn jedoch sehr gut.

Um meine Absichten durchzusetzen, musste ich allerdings noch einen ziemlich schwierigen psychologischen Hürdenlauf durchmachen: Zunächst mein Bruder Fritz: Ich argumentierte durchaus redlich, dass ich nicht weiter mit ihm ein Zwillingsdasein führen wollte, bei dem jeder Außenstehende zuerst und vorwiegend das Pärchen sieht und kaum die Einzelperson. Ich wollte „Ich" sein! Fritz sah das ein und gab mir Recht, in späteren Zeiten aber nicht mehr so ganz, weil er durch den Gang des Geschehens das schlechtere Los gezogen hatte. (Das vielleicht aber auch deshalb, weil er nicht so genau wie ich wusste, was er wollte.)

Die schwerste Hürde war mein Vater. Ich war Jahrgangs-Erster der Einjährigen-Kompanie. Vater fühlte sich (wohl zu Recht) gegenüber seinen ehemaligen Offizierskollegen blamiert, bei denen er sich ja vorher so sehr für mich und Fritz eingesetzt hatte, wenn ich jetzt von der Bewerbung zur Militärakademie zurücktrete. Vater bestellte mich zu einer Aussprache ins Kaffeehaus, die dann fast zwei Stunden dauerte. Er argumentierte mit all dem, das ich oben erwähnte. Und er meinte es ja aus seiner Sicht gut für mich. Aber ich blieb eisern. Und ich wäre es auch geblieben, wenn er gesagt hätte, dass die Eltern es finanziell nicht leisten könnten. Dann hätte ich gesagt, ich mache das Studium als Werkstudent. Das hatte ich mir schon ausgedacht und ausgelotet, dass es dazu praktische Möglichkeiten gab. Aber Vater ging nicht so weit. Er hatte ja unserem älteren Bruder Walter das Medizinstudium finanziert und hätte (trotz dem Doppelverdiener-Gesetz) schwer argumentieren können, warum er für mich kein Hochschulstudium leisten kann. Vater verdiente mit Privatstunden sehr schön zu seinem Gehalt dazu, denn er war ein ausgezeichneter Pädagoge. Als Kompromiss schlug ich vor, lieber Fernmeldetechnik zu wählen. So hieß die Nachrichtentechnik damals. Da gab Vater nach, allerdings nicht von der Richtigkeit meines Entschlusses überzeugt. Ich besprach die Angelegenheit nachher mit meiner Mutter und bat sie, Vater umzustimmen, was sie auch erfolgreich tat. Sie hatte mehr Verständnis dafür, dass ich meinen Gefühlen folgte.

Die letzte Hürde war der Kommandeur der Heeres-Telegraphenabteilung, ein Oberst. Er war natürlich nicht erfreut, dass ich als formell Bester des Jahrgangs von meiner Bewerbung zur Aufnahme in die Militärakademie zurücktreten will. Aber er konnte selbstverständlich nichts gegen meine Argumentation sagen, dass ich mich nach eingehender Gewissenerforschung nicht für die Laufbahn als aktiver Offizier geeignet fühle.

9.2 Plauen 1942

Im Kapitel 3.2 erwähnte ich schon kurz, dass ich im Herbst 1941 in Russland an Ruhr erkrankte und nachher in meinem ersten Studienurlaub durch die fürsorgliche Pflege meiner Mutter wieder körperlich hoch kam. Um sicher zu gehen, dass ich tatsächlich voll gesund war, um weitere Strapazen in Russland ertragen zu können, ließ ich mich von einem befreundeten Arzt, dem Vorgesetzten meines Bruders Walter, einem Polizeiarzt, gründlich untersuchen. Er stellte eine chronische Blinddarm-Reizung fest. Mit diesem Befund ging ich vor dem Ende des Studienurlaubs zum Standortarzt Wien, meinem zuständigen Militärarzt während dieser Zeit. Der Stellte fest: „Chronische Blinddarmreizung, die große Mode! Kv! = Kriegsverwendungsfähig! Das Kv schrieb er auch in den Bericht an meine Einheit. Zurück zu meinem Polizeiarzt. Ich fragte ihn: „Was soll ich tun? Ist das gefährlich?“ Er: „An sich nicht allzusehr. Aber es kann jederzeit zu einer Blinddarmentzündung ausarten. Zu Hause kein Problem. Aber im „Feld“ schon. Dort ist es nicht sicher, ob Sie steril operiert werden können. Wenn Sie mein Sohn wären, würde ich Ihnen raten, bei Ihrer Einheit, die ja (wie sie sagten) derzeit in Deutschland ist, sich nur mit dem Röntgenbefund beim zuständigen Militär-Chirurgen zu melden. Der operiert Sie sicher sofort!“

Walters Vorgesetzter und Polizei-Stabsarzt hat mir sehr gut geraten. Er kannte wohl die Psyche seiner Arzt-Kollegen ausgezeichnet. Anfang April 42 fuhr ich zurück zu meiner Einheit nach Plauen im Vogtland. Möglichst umgegehend ins Spital zur Blinddarm-Operation. Es gab keine Komplikationen. Nachher: 1.Woche Bettruhe, 2.Woche Aufstehen, 3.Woche Spazierengehen im Freien, anschließend drei Wochen Genesungsurlaub. (Das war militärische Vorschrift!) Ich war nicht böse darüber, nicht nur, weil jeder Soldat, der nicht nach kriegerischen Ehren hungert, lieber auf Urlaub als beim „Komiss“ ist, wie wir den Militärdienst nannten. Im Spital aber gab es vorher ein erstes großes Kümmernis: Ich teilte mein Zimmer mit einem sehr netten Leutnant der Infanterie. Er hatte einen infektiösen Lungendurchschuss. Das war damals unheilbar. Er wußte es wohl. (Es gab noch keine Antibiotika). Trotzdem ließ er keinen Neid auf mich Etappen-Leutnant aufkommen, sondern trug unser Zusammensein mit kameradschaftlichem Humor. In den ersten Tagen, als meine Operationswunde noch sehr labil war, erzählte er mir dauernd gute Witze und beoabchtete meine Reaktion. Natürlich musste ich lachen und die Wunde schmerzte. Knapp bevor ich es nicht mehr aushielt, hörte er mit den Witzen (vorübergehend) auf. Ich verstand das Spiel und machte mit, auch wenn er es nach einiger Zeit wieder begann. In der zweiten Woche bekam ich ein Paket mit Bäckereien von meiner Mutter. Ich teilte mit ihm. Dann fing er plötzlich (zum Spaß) an, mit mir um die Süßigkeiten zu raufen. Mit diesen kindlichen „Buben-Spielen" kam er psychisch besser über seine furchtbare Situation hinweg. Nie kam ein böses Wort über seine Lippen. Wir blieben brieflich im Kontakt. Nach zwei Monaten kamen meine Briefe zurück. Er war verstorben.

Den Genesungsurlaub verbrachte ich wieder in Wien und benützte die Zeit, um eine Prüfung über „Theorie der Elektrizität" abzulegen, ein schwieriges Fach, das ich vorher im Studienurlaub belegt hatte. Nachher ging's wieder zurück zu meiner Einheit nach Plauen: Ein Nachmittag mit einem weiblichen Wesen im Kaffeehaus. „Sie" brachte mir meine Feldpost-Briefe aus der Kompanie-Schreibstube. (Denn sie hatte Kontakt zu einem der Schreibstuben-Leute der Kompanie.) Ich öffnete die Post: Gusti, mein bester Freund war im Norden Russlands gefallen. Er starb als Medizinstudent nach einem qualvollen Bauchschuss.

Acht Jahre war Gusti mein Sitz-Nachbar in der Mittelschule, fast ebenso lang Mitglied unserer Wandergruppe, dann mein Stellvertreter in der Gruppe, die ich gründete. Seine Freundin war eine Freundin meiner Tanzschulflamme. Er war mir in den letzten Jahren fast näher als mein Zwillingsbruder. Ich konnte nichts anderes sagen, als ich den Brief gelesen hatte: „Dieser Scheiß-Krieg!" – „Aber, aber! Herr Leutnant!" meinte die junge Frau, die nicht unbedingt eine Dame war. Manche Frauen glauben scheinbar, wir Männer wären zum Heldentum geboren. Das sind die allerwenigsten Männer! (Und die seltenen echten Helden werden meistens von eitlen Egoisten zum Heldenmut verführt!)

Der böse Zweite Weltkrieg fraß noch die Hälfte meiner Freunde aus der Jugendzeit und ein Viertel meiner Schulkollegen. Die Geburtsjahrgänge 1917 und 1918 waren besonders gefährdet. Welch ein Glück, dass unser Vater meinen Bruder Fritz und mich von der Infanterie zur „Telegraphentruppe" hatte versetzen lassen. Die Nachrichtenleute hatten doch bessere Überlebens-Chancen!

9.3 Das Ende des Zweiten Weltkriegs

Meine Erlebnisse in den letzten Monaten vor, am und nach dem Ende des Zweiten Weltkriegs waren so abenteuerlich und vielfältig, dass es mir sachwerfällt, meine geistige Entwicklung in dieser Zeit halbwegs kurz zu beschreiben. Und ich muss mich anstrengen, dass diese Beschreibung nicht den Eindruck erweckt, ich möchte mich loben, welch ein tüchtiger und geschickter Bursche ich damals war, dass ich all die vielen Schwierigkeiten und Gefahren, denen ich ausgesetzt war, so gut meisterte.

In Wirklichkeit hatte ich auch in diesen Monaten ein unwahrscheinliches Glück. Vielleicht hat mir auch mein „sechster Sinn" geholfen, den rechten Weg in den vielen so rasch wechselnden Situationen zu finden. (Ich habe diesen „Sinn" als großartige Überlebenshilfe schon im Kapitel 3.2 hervorgehoben.) Ob er bei mir besonders ausgeprägt ist, weiß ich nicht. Ich glaube, fast jedermann besitzt ihn in einem ausreichenden Maß. Die meisten Menschen nehmen diese natürliche (und vielleicht göttliche) Lebenshilfe als etwas fast Selbstverständliches hin und achten hinterher nicht darauf. Ich habe mir darüber Gedanken gemacht: Ich glaube, wir bekommen diese Hilfe eher geschenkt, wenn wir auf Gott (oder auf ein gütiges Schicksal) vertrauen und wenn wir dabei die Regeln eines anständigen und friedlichen Zusammenlebens mit den Menschen unserer Umgebung einhalten. Oder mit anderen Worten gesagt: Wenn wir nach außen schauen und nach innen horchen und dabei nicht nur uns selbst, sondern auch den anderen helfen, erhalten wir diese Lebenshilfe. Das ist die Erkenntnis, die ich in diesen verwirrenden Monaten gewonnen habe.

Aber auch mein Schutzengel verließ mich nicht bei meinem letzten Kriegseinsatz vom 16. Jänner bis zum Kriegsande am 8. Mai 1945 und nachher bis zu meiner Entlassung aus der amerikanischen Kriegsgefangenschaft im Juli 1945. (Vielleicht hatte ich auch mehrere Schutzengel, wenn es das gibt. Einer allein hätte all meine Glücksfälle wohl nicht zustande gebracht!)

Zu meinem, von höheren Stellen geplanten Einsatz als Ingenieur in der Kriegsindustrie kam es zum Glück nicht mehr. Ich musste mich unmittelbar nach dem Ende meines Studiums beim Wehrkreis Wiesbaden melden, weil mein zuständiger Wehrkreis Stettin schon in sowjetischer Hand war. Die Fahrt von Wien nach Wiesbaden dauerte wegen Fliegerangriffen auf Bahnhöfe fast 48 Stunden.

Am 18. Jänner 1945 morgens meldete ich mich beim Adjutanten des Nachrichtenkommandeurs des Wehrkreises Wiesbaden, um Befehle für meinen weiteren militärischen Einsatz zu erhalten. (Die Adjutanten jeder Kommando-Dienststelle waren für alle Offiziers-Angelegenheiten zuständig.) Ich trat in sein Dienstzimmer ein. Wen erblickte ich in der Uniform eines Hauptmanns? Onkel Alois Görig, einen Vetter meines Vaters, den dieser im Ersten Weltkrieg zur österreichischen „Telegraphentruppe“ geholt hatte. Vater war damals Ausbildungsoffizier der „Telegraphenschule“ in St. Pölten. Und sein um etwa 10 Jahre jüngerer Vetter hatte sich als „Einjährig-Freiwilliger“ gemeldet.

Das war eine freudige Überraschung für uns beide! Wir hatten einander schon vor dem Krieg kennen und schätzen gelernt: Bei einem Besuch von mir 1936 in München (wohin es ihn Ende der 20er-Jahre verschlagen hatte) sowie bei einem Besuch von Onkel Alois in Wien 1938. Nach Hitlers „Machtergreifung“ (wie man damals sagte) war er (ähnlich wie ich) von der Deutschen Wehrmacht erfasst und „umgeschult“ worden.

Auch in unseren politischen Ansichten und in der Beurteilung der militärischen Situation stimmten wir überein: Der Krieg war verloren, und es galt, die nächsten Monate zu überleben. (Onkel Alois überlebte auch.) Zu mir sagte er: „Ich werde schon trachten, dass Du keinen dummen Einsatzbefehl bekommst!“

Diese Begegnung war doch (wiederum) ein unwahrscheinliches Glück oder eine einmalige Gnade eines gütigen Schicksals.

Ich wurde zunächst als Offizier zbV (zur besonderen Verwendung) zu einer Ersatz-Nachrichtenabteilung kommandiert, die in einem kleinen „rechtsrheinischen“ Dorf nördlich des Taunus etwa gegenüber von Koblenz stationiert war. Meine Tätigkeit bestand hauptsächlich im Warten. Ansonsten hatte ich innerhalb von zwei Monaten nur drei militärische Einsätze:

Erstens als Offizier-Beisitzer bei einem Kriegsgericht. Ich konnte die Urteile des Richters etwas mildern. – Weiters als Begleit-Offizier beim Begräbnis eines Soldaten der Abteilung. Während des Begräbnisses mussten wir vor Tieffliegern flüchten! – Ferner sollte ich eines Abends die Offiziere und Mannschaften der Abteilung über die militärische Lage aufklären, nämlich dass die Deutsche Wehrmacht mit ihren „Wunderwaffen“ doch noch den Krieg gewinnen werde. (Ausgerechnet ich!) Kommentar eines Freundes nach meinem Vortrag: „Sie waren sehr leise!“

Am 22. März erreichte mich schließlich doch ein Befehl für einen echten militärischen Einsatz: Ich hatte mich sofort bei der 172sten Reserve-Division in Darmstadt zu melden! Über die Autobahn nach Darmstadt, das ich im August 1943 vor dem Einsatz in Griechenland verlassen hatte. Als ich dort ankam, ein erschütternder Anblick: Die ganze Stadt war eine verkohlte Brandstätte! (So sahen 1945 fast alle Großstädte in Deutschland aus.) Nur in ein paar Außenbezirken standen noch ein paar Häuser, auch die Kaserne, in der der Divisionsstab einquartiert war.

Ich meldete mich beim Ia des Stabes, Major d. Res. Dreiheller. Mir war ein Fernsprech- und ein Funktrupp unterstellt. Ich hatte mit diesen beiden Trupps für die rasche Nachrichtenverbindung des Divisionsstabes zu den unterstellten Regiments- und Bataillonsstäben zu sorgen. Zu den zwei Trupps gehörten insgesamt drei Unteroffiziere und etwa 25 Mannschafts-Dienstgrade, darunter acht Nachrichten-Helferinnen beim Funktrupp.

Am 24. März überschritten amerikanische Truppen in der Nähe von Darmstadt den Rhein. Noch am selben Abend zog sich der Divisionsstab nach Dieburg zurück, einer Kleinstadt etwa 12 km östlich von Darmstadt. Am frühen Vormittag des nächsten Tages hörten wir Geschützlärm. Buchstäblich im letzten Moment erhielt der Stab den Rückzugsbefehl. Ich fuhr im Auto des Generals mit. Als wir das Quartier verließen, wurden wir von einem amerikanischen Panzerspähwagen beschossen. Zum Glück traf er nicht. Wir waren schneller und entkamen über eine Straßenecke.

Am selben Tag wurde der LKW des Funktrupps von feindlichen Tieffliegern vernichtet. Der LKW des Fernsprechtrupps blieb aber heil. In den nächsten Wochen zog sich die Division über Miltenberg, Tauberbischofsheim, Bamberg, Landshut bis in den Raum von Salzburg zurück. Ende April wurde auch der Verpflegungs-LKW des Stabes von Tieffliegern zerstört. Wir mussten das meiste Fernsprechmaterial, das sich auf unserem LKW befand, zurücklassen und Verpflegung aufladen.

Am 1. Mai hörten wir im Rundfunk, dass „unser Führer Adolf Hitler in Berlin den Heldentod gefunden" hätte. (Wie er wirklich starb, ist heute wohl allgemein bekannt und Zeitgeschichte.) Admiral Dönitz wurde als Nachfolger des Führers genannt.

Am 3. Mai erreichten wir den Ort Mondsee. Der Stab quartierte sich im Gasthaus „Zum Drachenfelsen" am Südufer des Mondsees ein. Mein Quartier war 500 m nördlich in St. Lorenzen.

Noch am selben Tag telefonierte ich mit der Familie unseres Jugendfreundes Willi S. in Bad Aussee. (Unsere Eltern und wir drei Brüder hatten schon im Jahr 1944 besprochen, dass wir versuchen werden, uns über die Familie S. in Aussee zu verständigen, wo wir uns aufhalten, falls wir vor den Russen flüchten müssten.) Ich hatte Glück: Mama S. und sogar Willi waren da. Am selben Tag rief auch mein Vater bei der Familie S. an. Er war vorher als Major der Luft-Nachrichtentruppe am „Fliegerhorst" Langenlebarn bei Tulln stationiert. Seine Einheit hatte sich ins Ennstal abgesetzt. Vater wurde über meinen Anruf informiert. (Der Telefon-Stützpunkt hat sich somit bewährt!) Am nächsten Tag, am 4. Mai, versuchte mein Vater mich über Aussee direkt zu erreichen. Aber die Sprechverbindung war zu leise. Doch das Telefon-Fräulein in Aussee war so nett, Vaters Sätze für mich und meine Aussagen für Vater nachzusprechen. So wussten wir voneinander und konnten vereinbaren, uns so bald wie möglich zu treffen, am besten in Goisern, wo Vater einen guten Bekannten hatte.

Der 5. Mai 1945 und die folgenden 4 Tage waren vielleicht die wichtigsten Tage in meinem Leben. Der Tag begann am frühen Vormittag mit einer denkwürdigen Aussage von Major Dreiheller (dem Ia des Divisionsstabs). Er „erklärte die Aufgaben des Stabes für beendet!" (Ich habe diese seine Aussage in meinem kleinen Notizbuch schriftlich festgehalten.) Damals (in der Hektik der Zeit) wurde mir eigentlich gar nicht bewusst, welche Bedeutung diese Worte hatten und welche tapfere und verantwortungsbewusste Haltung hinter der Aussage des Majors stand:

Major Dreiheller hatte den General, der nicht besonders entscheidungsfreudig war, überzeugt, dass der Stab in amerikanische Gefangenschaft gehen soll. Und dies angesichts der Tatsache, dass sich das Quartier des Stabes 50 Meter westlich der Panzersperre befand, mit der die Nazis die sogenannte „Alpenfestung“ schließen wollten. (Es gab da und dort noch Verbissene, die an den „Endsieg“ glaubten und dafür eintraten.)

Ich ging gedankenvoll zu meinem Quartier zurück. Da sah ich einen Soldaten in Luftwaffen-Uniform ohne Mütze und ohne Rangabzeichen. „Der Mann ist scheinbar von der Wehrmacht entlassen worden, sonst könnte er wohl nicht so angezogen sein!“, dachte ich mir. Ich fragte ihn, ob meine Vermutung stimme. Er zögerte verlegen. „Sie brauchen keine Sorge haben, wir wollen auch entlassen werden!“ sagte ich ihm. Da taute er auf und er zeigte mir sogar seinen Entlssungsschein. Er erklärte mir, dass man diesen in Bad Ischl bei einer Dienststelle des Wehrkreises XVII (Wien) bekommen kann. Auf meine Bitte und mein Versprechen, ihm den Schein sicher zurückzugeben, lieh er ihn mir, damit ich diesen beim Divisionsstab zeigen könne. (Ich muss sehr ehrlich und vertrauenswürdig ausgesehen haben, dass er das tat.)

Major Dreiheller war sofort einverstanden, dass wir die Entlassungsscheine in Ischl besorgen. Der Adjutant Major R. wurde mit dieser Aufgabe betraut. Ich fuhr in seinem Auto mit, da ich (durch meine Wanderungen in meiner Jugendzeit) ortskundig war und als Österreicher bei allfälligen Differenzen mit neuen österreichischen Funktionären vielleicht besser agieren konnte. Major R. war nicht sehr initiativ, so dass fast alle wichtigen Entscheidungen ich (als Oberleutnant) treffen musste.

Wir nahmen den Weg über Unterach am Attersee und durch das Weissenbachtal nördlich des Schafbergs. Ich hatte geahnt, dass diese Straße kaum bekannt war, so dass wir zügig bis etwa 2 km vor Ischl auf dic Hauptstraße Ebensee Ischl stießen. Hier stauten sich die Wehrmachtsfahrzeuge. (Auf der Hauptstraße von Mondsee über St. Gilgen wäre es uns wohl schon 15 km vor Ischl so ergangen.) Wir fragten uns zur Entlasssungsstelle durch.

Das war nicht schwierig. Aber als wir das Büro betraten, erfuhren wir, dass die Offiziere der Dienststelle sich eben selbst entlassen hatten.

Ein paar Unteroffiziere standen noch herum, zeigten auf die gestempelten und unterschriebenen Papiere und sagten: „Bitte, bedienen Sie sich!“ Das taten wir auch. Major R. nahm 40 Scheine. Er traute sich nicht mehr zu nehmen, weil es in dem „Führerbefehl“ hieß, der diese Entlassungen erlaubte, dass nur Soldaten über 40 Jahren entlassen werden durften.

Die Rückfahrt über das Weissenbachtal ging wieder rasch vor sich. Am Ostufer des Mondsees, wo sich die beiden Straßen über das Süd- oder das Nordufer gabeln, trafen wir ein paar Offiziere eines unserem Divisionsstab unterstellten Stabes. Sie erzählten uns ganz aufgeregt: „Jetzt haben die Fallschirmjäger die Panzersperre geschlossen, den Divisionsstab umzingelt, ein Maschinengewehr in Stellung gebracht und den ganzen Stab gefangen genommen!“

Was tun? Major R. überließ sich nun völlig meinen Initiativen. Wir fuhren übers Nordufer weiter. Dort war die Panzersperre ebenfalls zu. Ich meldete mich beim „wachhabenden“ Oberleutnant der Fallschirmjäger mit den Worten: „Oberleutnant Swoboda Nachrichtenoffizier der 172sten Reservedivision. Wir haben den Einsatzbefehl für die Division und müssen hier vorbei!“ Er antwortete: „Ich hindere Sie nicht!“ und zeigte auf die Sperre und das daneben befindliche Steilufer: „Wenn Sie da vorbeikommen?!“

Ich aber erinnerte mich, dass ich einige hundert Meter vor der Panzersperre an einem Bootshaus vorbeigefahren war. Dorthin fuhren wir zurück. Das Bootshaus war damals schon für Fährbetrieb geeignet, und der Fährmann war anwesend. Ich erzählte ihm, dass wir die Entlassungspapiere für die Soldaten unserer Einheit bei uns haben und zeigte ihm ein Formular. Da wurde er weich, lud unser Auto auf sein Motorboot und brachte uns zur nächsten Fährstelle in Mondsee. Als wir an der Panzersperre vorbeifuhren, grüßte ich zum Oberleutnant der Fallschirmjäger hinüber. Er grüßte freundlich (und wie ich glaube) etwas anerkennend zurück. (Ob er wohl meine Lüge durchschaut und gebilligt hatte oder uns gar bewunderte, weil wir wagten, ins „Niemannsland“ zu fahren?)

Anschließend fuhren wir rund um den Mondsee herum. Ich konnte den Major und seine Begleiter in St. Lorenzen in meinem Quartier unterbringen. Zum Drachenfelsen trauten wir uns nicht hin. Wir erfuhren aber, dass der Divisionsstab am Nachmittag des 5. Mai mit allen Kraftfahrzeugen Richtung Westen abgefahren war.

Am Morgen des 6. Mai fuhren wir um 4 Uhr Richtung Westen ab. An der Gabelung der Straße Richtung Salzburg oder Zell am Moos entschied ich mich instinktiv für die Straße nach Zell. Am Weg dorthin sah ich bei einer Bäckerei Licht. Ich fragte nach der Autokolonne des Stabes. Wiederum verlegenes Schweigen. Doch dann erfuhr ich (wieder als ich die Entlassung erwähnte) den genauen Standort des Stabes: In einem Gasthaus in einem Seitental der Straße nach Zell am Moos. Knapp nach 5 Uhr waren wir dort.

Major Dreiheller wurde geweckt. Er veranlasste, dass die Schreiber des Stabes die Entlassungsscheine für alle Leute des Stabes ausfüllten. Um 6 Uhr konnte ich mir meinen von Major Dreiheller unterschriebenen Schein abholen. Ich hatte mich schon vorher, einige hundert Meter vom Stab entfernt, mit meinen Nachrichtenleuten in ein Bauernhaus auf einer Anhöhe abgesetzt. Eine Flüchtlingsfrau war eben dabei, die Hose eines Zivilanzugs zu kürzen, den ich mir während des Rückzugs besorgt hatte. Da hörte ich amerikanische Panzer jenseits der Anhöhe vorbeirollen.

Eine halbe Stunde später trat ich im Zivilanzug vor das Haus und schaute zum Gasthaus hinunter: Ein Jeep stand dort, und die Leute des Stabes bestiegen ihre Autos, um die amerikanische Gefangenschaft anzutreten.

Ich tat das nicht und zog mich mit drei Unentwegten meiner Nachrichtenleute, die auch nicht in Gefangenschaft gehen wollten, unter Anleitung des Bauern in eine Heuhütte in einer sonnigen Lichtung im Wald zurück. Dort blieben wir, bis uns am Morgen des 8. Mai unser freundlicher Bauer besuchte und rief: „Kinder, der Krieg ist aus!" Wir bestiegen unsere Melde-Fahrräder, die wir uns schon früher besorgt hatten, fuhren nach St. Lorenzen und meldeten uns mit unseren Entlassungspapieren beim Bürgermeister. Dadurch erwarben wir uns das Recht auf Lebensmittelmarken. Am Nachmittag des gleichen Tages trennten wir uns, und ein jeder fuhr in Richtung seiner Heimat oder eines Stützpunktes, den er sich vorgenommen hatte.

So überlebte ich die letzten Tage des Zweiten Weltkriegs. Wenn Ihr, liebe Leser, nach den vorangegangenen Erzählungen den Eindruck haben solltet, ich hätte etwas angeberisch berichtet, darf ich dazu sagen: Es war wirklich so, wie ich es beschrieb. Die Ereignisse überschlugen sich. Der Adjutant Major R. hatte ja wirklich keine Entscheidungskraft und war froh, dass ich ihm die Initiativen abnahm. Ich war von einem unbändigen Freiheitswillen beseelt.

Es war schon ein seltsames Gefühl, als ich auf der Hauptstraße von Zell am Moos nach Mondsee an einem amerikanischen Panzer vorbeifuhr. Aber die Amerikaner beachteten mich „schäbigen Zivilisten" gar nicht. Es war mir auch ein bisschen mulmig, als ich am gleichen Nachmittag in Schärfling auf der Straße nach Bad Ischl von einem amerikanischen Kontrollposten überprüft wurde. Ich zeigte ihm mein Staatsprüfungszeugnis vom Jänner 1945, auf dem zu lesen war, dass ich Diplom-Ingenieur bin. Ich sagte ihm, dass ich als Ingenieur beschäftigt bin. Er bestaunte das Dokument, bewunderte die schönen Hakenkreuze darauf, gab mir den Ausweis zurück und ließ mich weiterfahren.

Zunächst mietete ich für die erste Zeit in Bad Aussee mit Hilfe meines Freundes Willi ein billiges Privatquartier. Dann bedankte ich mich bei dem netten Telefonfräulein von Aussee, dass sie mir den Kontakt mit meinem Vater verschafft hatte. Und schließlich begab ich mich auf die Suche nach ihm. Dazu brauchte ich einen Passierschein von einer US-Militärbehörde. Dank meinen Englischkenntnissen aus der Mittelschule schaffte ich das.

Zunächst radelte ich über die Pötschenhöhe nach Goisern. Dort suchte ich Vaters Bekannten, Herrn T. auf. Keine Nachricht von Vater. Eine Woche später ein zweiter Besuch in Goisern mit dem gleichen Ergebnis. Drei Wochen nach unserem ersten Telefonkontakt kam eine Nachricht nach Bad Aussee, dass sich Vater in Allhaming (bei Wels) auf einem Bauernhof befindet, der einer Verwandten der Frau meines Bruders Fritz gehört, dem Sipbachhof. Am nächsten Tag setzte ich mich wieder aufs Rad und fuhr dorthin.

Vater war an der Hand verletzt. Er war auch mit einem Fahrrad unterwegs. In den letzten Kriegstagen blieb er in der Nähe von Liezen mit der Hand an der Türschnalle eines vorbeifahrenden PKW hängen. Er wurde verarztet. Nachher schlug er sich im Kremstal via Kremsmünster bis zum Sipbachhof durch.

Ein paar Tage später übersiedelte ich von Bad Aussee nach Neuhofen an der Krems. Der Ort ist 2 km vom Sipbachhof entfernt. So war ich in Vaters Nähe und konnte doch mit der Bahn oder per Rad leichter nach Linz fahren. Denn ich wollte mir dort eine Anstellung suchen. Man durfte damals nur 150 Mark vom Sparbuch beheben. (Der Schilling wurde erst einige Monate später wieder eingeführt.) Vorläufig hatte ich aus meinem Lohn als Reserveoffizier noch einiges Geld am Sparbuch. Das größere Problem aber waren die Lebensmittel-Marken. Man bekam sie am Gemeindeamt, jedoch nur, wenn man von der amerikanischen Militärbehörde des Ortes die Freigabe hatte. Dort meldete ich mich bei einem sehr sympathischen „Lieutenant". Ich zeigte ihm mein Staatsprüfungs-Zeugnis und sagte, ich sei Flüchtling aus Wien und derzeit auf Stellungssuche. Er glaubte mir das. So bekam ich (mit meinem deutschen Entlassungsschein) die Lebensmittelmarken. Das klappte ganz gut bis zum 12. Juni. Dann brach sich mein lieber Lieutenant das Haxel und ein „Sergeant" kam an seine Stelle.

Der schickte mich direkt in den Gemeindekotter. Dort saß ich zusammen mit einigen ehemaligen „Landsern" einige Stunden fest. Nachher sollten wir in ein Gefangenenlager. Es gelang mir, den Kraftfahrer zu überreden, dass ich mir etwas Kleidung und eine Decke aus meinem Quartier holen konnte. Und hinterher konnte ich ihn auch noch bewegen zum Sipbachhof zu fahren. Dort bekam ich einen Laib Brot und Speck als Marschverpflegung. Und ich informierte meinen Vater, dass ich ins Lager Kronsdorf komme.

Die ersten Tage im Lager waren nicht angenehm. Ich teilte mit den anderen Neuankömmlingen ein schäbiges Zelt, das den Regen durchließ. Zum Glück hörte der Regen am nächsten Morgen auf. Für 7 Mann gab es pro Tag 1kg Brot, dazu schwarzen Kaffee und sonst wenig nahrhafte Suppen. Mit meiner Marschverpflegung konnte ich das alles (auch für die Zeltgenossen) etwas aufbessern.

Nach ein paar Tagen wurde ich zum Lagertor gerufen. Vater stand da mit Verpflegungsnachschub. Er hatte inzwischen mit dem Sergeant, der mich ins Lager geschickt hatte, auf einzigartige Weise Freundschaft geschlossen: Der Sergeant lernte zu Hause aus familiären Gründen Französisch. Vater zeigte wieder einmal seine großen pädagogischen

Fähigkeiten. Er gab dem Sergeant besten Französisch-Unterricht, den dieser überaus schätzte.

Mir kam diese Freundschaft immer mehr zu Gute. Nach ein paar Tagen kam Vater noch einmal und brachte mir einen Ausgangsschein nach Neuhofen für zwei Tage übers Wochenende. Zuletzt durfte ich ganz in Neuhofen bleiben und musste mich nur täglich auf der amerikanischen Kommandatur melden. Das blieb so, bis nach einigen Wochen vom Lager die Verständigung kam, dass ab sofort auch Wehrmachtsoffiziere entlassen werden.

Ich musste mich in Enns in der Jägerkaserne melden. Von einem Captain der US-Army, der ein blendendes Wienerisch sprach, wurde ich freundlich angehört und dann (zum zweiten Mal), diesmal aus der Kriegsgefangenschaft, entlassen.

Drei Wochen später konnte auch ich meinem Vater ein bisschen helfen. Er machte sich Sorgen um Mutter, die allein Haus und Garten in Wördern hütete. Zwar hatten wir telefonischen Kontakt mit ihr. Aber Vater wollte doch nach Hause und wusste nicht wie. Mit der Westbahn über die Ennsbrücke war es noch nicht möglich.

Ich kundschaftete ihm einen anderen Weg aus: In den ersten Tagen des August 1945 (als das nördliche Oberösterreich noch amerikanisch besetzt war) konnte man noch mit einem normalen Ausweis über die Donaubrücke von Linz nach Urfahr wechseln. Einen Tag vor dem Wechsel der Besatzungsmacht überquerte Vater mit mir die Linzer Donaubrücke. Dann nahmen wir Abschied.

Er reiste per Anhalter am linken Donauufer etwa 40 km flussabwärts, ließ sich dort von einem Überfuhrdienst, der extra für illegale Heimkehrer eingerichtet war, über die Donau rudern und zur Westbahn bringen, mit der er heimfuhr.

9.4 Nach dem Krieg: Besondere Lehrzeiten

Dieses Kapitel ist eine Ergänzung zum Kapitel 5.6, in dem ich schilderte, wie sehr sich meine familiären Erwartungen und meine Vorbereitungen auf den Ingenieurberuf in den ersten Jahren nach dem Zweiten Weltkrieg kreuzten (und einander störten!). Dort ist auch zu lesen, dass ich letzten Endes den Vorbereitungs-Arbeiten für meinen Ingenieurberuf den Vorrang gab. Wie schwer und verwirrend das zeitweise war, möchte ich jetzt näher bescheiben, aber auch, dass sich all diese Mühen gelohnt haben.

Nach meiner Entlassung aus der Kriegsgefangenschaft und dem Abschied von Vater übersiedelte ich von Neuhofen nach Linz und ging auf Arbeitssuche. Ich hatte wohl mein Ingenieurdiplom in der Tasche, aber keinerlei praktische Erfahrung als Elektrotechniker. Deshalb wollte ich aus der Not eine Tugend machen und bewarb mich um eine Anstellung als Reparateur bei einem Radiomechaniker. Im Oktober 1945 bekam ich den Posten. Mein Chef bezahlte mich nach den damals in der Branche üblichen Sätzen. Alles klappte an sich ganz gut. Arbeit war genug da. Neue Radioapparate gab es noch nicht und kaputte gebrauchte konnte man mit ein paar Tricks wieder instandsetzen. Ende Jänner 1946 kam die Enttäuschung: Der Chef kündigte mir. Ich arbeitete ihm zu langsam für mein Gehalt. Ich ging von Neuem auf Stellungssuche. Einige Wochen später erhielt ich eine Anstellung als „Einkaufs-Ingenieur“ in einer neu gegründeten Firma „L.&Co“ am Linzer „Bindermichl“, einer Siedlung im Süden der Stadt. Der Chef war vorher bei den „Hermann-Göring-Werken“ angestellt (der heutigen VÖEST) und hatte sich mit einigen Bekannten selbstständig gemacht. Er war ein Fantast und wollte Kupfer-Oxydul-Gleichrichter herstellen, eine äußerst komplizierte industrielle Aufgabe. In Wirklichkeit reichte es nur zur Fabrikation von kleinen elektrischen Heizöfchen, die den heutigen Sicherheits-Standards bei Weitem nicht entsprochen hätten. Außerdem erzeugte die Firma Auto-Sicherungen, die aber erst bei der dreifachen Nennleistung schmolzen, so dass man sie zu Recht als „Unsicherungen“ hätte bezeichnen sollen. Die Firma schlitterte langsam aber sicher dem Konkurs entgegen, obwohl die Mama des Chefs ihr nicht unbeträchtliches Vermögen in das Unternehmen ihres Lieblings pumpte.

In dieser Situation ließ ich mich für etwa zwei Monate von der Arbeit in der Firma beurlauben und verfasste unter Mithilfe des Wiener Kollegen F., der damals in Vorarlberg (unserem westlichsten Bundesland) lebte, ein „Fachwörterbuch für Elektrotechnik, Englisch/Deutsch". Es erschien 1948 bei der Manz'schen Verlagsbuchhandlung in Wien. Kollege F. arbeitete (ohne größere Mithilfe von mir) für einen Schweizer Verlag ein Gegenstück des Buches in Englisch/Deutsch/Französisch aus, an dem ich finanziell etwas mitnaschte. Das Wiener Buch wurde später gut verkauft. In dieser Zeit konnte ich aus den Vorschüssen der Verlage meinen Lebensunterhalt nur aufbessern, aber nicht finanzieren.

Ich erinnere mich, dass ich im Oktober 1947 eines Tages ohne jeden Groschen dastand. Arbeitslosengeld gab es damals keines, zumindest nicht in meiner Situation. Da bekam ich von meinem Bruder Fritz eine Stange mit 200 amerikanischen Zigaretten. Fritz verdiente selbst sehr schlecht und finanzierte die Sendung aus meinem Vorschuss des Schweizer Wörterbuch-Verlags. Die Zigaretten hatten einen beachtlichen Wert am „Schwarzen Markt". Ich konnte mit dem Ertrag mein Leben wieder für drei Wochen finanzieren.

Wieder auf Arbeitssuche: Ich fand einen Posten bei einer Firma für Reparaturen elektromechanischer Messgeräte in Bad Schallerbach. Dort wollte und konnte ich praktische Erfahrungen für meine spätere Tätigkeit als Ingenieur sammeln, was mir auch gelang. Aber es war nicht ganz einfach. Ich übersiedelte von Linz nach Schallerbach und bekam ein billiges Quartier in einem Bauernhaus. Mein Lohn war nicht besonders hoch aber ausreichend.

Nach zwei Monaten erklärte mir jedoch mein Chef (wie einst in Linz), dass meine Arbeitsleistung nicht meinem Lohn entspräche. Da packte mich der Ärger und ich sagte ihm, dass ich als Volontär weiter machen möchte. (Ich dachte mir: Irgendwie komme ich schon durch.) Der Chef willigte ein. In dieser Zeit musste ich einmal mit einem Spiralbohrer, den ich mit der Hand betätigte, ein Loch in eine Glasscheibe bohren. Das dauerte fast 5 Stunden, ohne dass das Glas brach. (Wir brauchten das für die Null-Einstellung eines Messgeräts.) Ein andermal musste ich acht kaputte „Fallbügel-Regler“ reparieren. (Man braucht diese Dinger in der Stahlindustrie.) Die Arbeit gelang mir so gut und auch in einer so kurzen Zeit, dass den Chef die Reue packte. Er hob mein Volontärdasein auf und bezahlte mich wieder wie vorher.

Anfang Februar 1948 hatte ich genügend praktische Erfahrungen. Ich stand schon in Verhandlungen mit Siemens in Wien. Ende März übersiedelte ich nach Wien in die elterliche Wohnung.

9.5 Schicksalsschläge

Als ich am 5. April 1948 meine Arbeit bei der Siemens-Halske Ges.m.b.H. in Wien antrat, ahnte ich noch nicht, dass Siemens Österreich nicht nur mein ganzes Berufsleben bestimmen würde, sondern sogar auch mein Familienleben.

Es ist eine ziemlich bekannte Tatsache, dass viele Großfirmen (unbeabsichtigt) zu einem recht ansehnlichen Heiratsmarkt werden. Zumindest war das damals so. Neben vielen Ingenieuren gab es bei Siemens auch etliche sogenannte „Schreibdamen", die unsere Korrespondenz mit den Kunden und unsere internen Arbeitsaufträge schriftlich festhielten. Selbstverständlich kam es dabei zu manchem Techtelmechtel zwischen einzelnen Damen und Herren.

Auch mir erging das so. Und das Techtelmechtel wurde zu einer tiefen Liebe. Herta war fast um 12 Jahre jünger als ich. Trotzdem hatte sie schon eine (reichlich verkorkste) Ehe hinter sich und war schon einige Jahre geschieden, als wir 1954 heirateten. Auch ich hatte ja meine negativen Erfahrungen mit einer Bindung an das andere Geschlecht. So kam es, dass wir sehr rasch aneinander Gefallen fanden. Denn Herta hatte im Kreis ihrer Kolleginnen und Kollegen sehr bald zu ihrem angeborenen heiteren und sonnigen Gemüt zurückgefunden.

Herta erwählte mich zu ihrem Geliebten und später zu ihrem Ehemann. (Die Frauen wählen ja bekanntlich ihre Männer aus. Männer, die glauben, sie würden selbst die Frau ihres Herzens wählen, sind entweder eitel und dumm, oder sie sind eine der seltenen Ausnahmen! Dies ist wenigstens meine Meinung.) Obwohl Herta von der Sekretärin unseres Abteilungschefs vor mir mit den Worten gewarnt wurde „Der Swoboda ist ein unsicheres Pferd!" erwählte sie mich dennoch. Und die Jahre, die wir miteinander verbrachten, waren eine reife und gute Ehe.

Wir bekamen zwei muntere Buben: Klaus im Jänner 1955 und Wolfgang im November 1957. Ausgerechnet in diesen drei Jahren wurde ich ins Technische Büro Graz der Siemens-Halske Ges.m.b.H als Gruppenführer der Vertriebsgruppe Messtechnik versetzt.

Ich verbrachte die meiste Zeit der drei Jahre als Pendler zwischen Wien und Graz in einer sogenannten „Wochenendehe". Das wirkte sich möglicherweise negativ bei Klaus aus. Zwar kam er – ebenso wie Wolfgang – brav an einem Samstag zur Welt, als ich schon in Wien war, aber er hatte ein halbes Jahr ziemlich arge Verdauungsprobleme. Vielleicht hatte Herta Schwierigkeiten beim Stillen, weil ihr die innere Ruhe durch meine Abwesenheit an den Wochentagen fehlte. Wer weiß das schon?

Die Arbeit in Graz war recht interessant: Hauptsächlich Projekte bei der Stahl- und Papierindustrie. Siemens wollte mich als Nachfolger des Bürochefs aufbauen. Das aber passte mir nicht sehr. Nicht nur, weil der Chef 15 Jahre älter war als ich. (So lange bis zu seiner Pensionierung wollte ich nicht warten.) Der eigentliche Grund war, dass die wichtigste Tätigkeit jedes Bürochefs darin bestand, persönliche Beziehungen zu den führenden Personen der Großkunden aufzubauen. Das war mit vielen Gasthausbesuchen und wenig technischer Arbeit verbunden. Aber ich wollte Ingenieur sein! Dies umso mehr, als ich gerade in diesen drei Jahren meine Dissertation ausarbeitete. Auch reichte mein Gehalt nicht aus, um eine 4-köpfige Familie auf Dauer zu ernähren. Und überdies wollten mir die Kaufleute der Firma eine Dienstwohnung in Graz zu sehr schlechten Bedingungen zur Verfügung stellen.

Jetzt aber war das Familienleben wichtiger! Im Sommer 1957 zog ich die Notbremse: Ich besorgte mir einen hervorragenden und sehr korrekten Anstellungs-Vorvertrag bei einer Konkurrenzfirma und war entschlossen, ihn anzunehmen, wenn Siemens nicht mit dem Gehalt halbwegs gleichzog und mich nach Wien zurückholte. Ich setzte mich durch: Per 1.1.1958 wurde ich zur Zentralstelle für Forschung und Wissenschaft versetzt, die dem Generaldirektor direkt unterstand. Dort arbeitete ich zwei Jahre lang und nahm unter anderem an der ersten Reise einer österreichischen Technikerdelegation nach China teil.

Nun war familiär und beruflich alles in Ordnung. Die Buben wuchsen brav heran. Sie waren sehr unterschiedlich: Klaus (als Erstgeborener) ein wenig altklug. Er hatte seltsamerweise viele Kontakte zu älteren Leuten und wenig zu Gleichaltrigen; Wolfgang lachte schon im Kinderwagen pausbäckig alle Leute fröhlich an. Später war er nicht nur in der Schule sondern auch bei den Großeltern in Wördern der Anführer bei manchen Bubenstreichen.

1960 wurde ich in meine Stammabteilung als Stellvertreter meines lieben Chefs Hans Eigl versetzt und arbeitete an einigen sehr interessanten Projekten. In der Freizeit schrieb ich (wie schon mehrfach erwähnt) mein Buch über die Fernwirktechnik. 1964 ging Herr Eigl in Pension und ich übernahm die Leitung der Abteilung. Das Buch erschien 1967.

Auch finanziell ging es uns allmählich ganz gut. Wir konnten unsere 4-Zimmer-Mietwohnung im Laufe der Jahre recht ordentlich einrichten. Und 1970 konnte ich sogar Herta einen Herzenswunsch erfüllen. Sie war eine „Wasserratte“. Wir kauften ein kleines Haus mit Kleingarten an der „Alten Donau“, wo wir dann die Sommermonate verbrachten.

Alles lief wunderbar. Die Familie war heil. Nur Herta hatte einige Gesundheitsprobleme. Wir nahmen das nicht zu ernst. Sie war nach wie vor immer fröhlich, genoss das Familienleben und die Alte Donau und nahm meistens an meinen internationalen Reisen teil. Wir hatten ja einen Arzt in der Familie, auf den wir uns verließen, meinen älteren Bruder Walter. Seine Frau, gelernte Krankenschwester, riet Herta: „Mit Joghurt bekommst Du die Probleme schon weg!“ Das ging mehr als fünf Jahre ganz gut, aber 1973 kam der Schlag: Herta hatte einen nicht mehr operierbaren Darmkrebs mit Metastasen. Sie starb Ende Oktober 1973. Sie wusste um ihr Schicksal und trug es mit großartiger Tapferkeit. In einem Abschiedsbrief an mich schrieb sie: „Wenn einer von uns beiden gehen muss, dann ist es schon besser, dass ich es bin. Die Buben brauchen dich noch mehr.“ Sie wünschte sich, dass beide Akademiker werden sollten, deshalb dachte sie so.

Ich war nicht so tapfer wie Herta, obwohl ich von mehreren Seiten Hilfe bekam. Auf einmal stand ich (unwissend wie es weitergehen soll) da, mit einem 19-jährigen Klaus, der gerade zum Militär eingerückt war und mit einem 16-jährigen etwas ungebärdigen Wolfgang, der fast noch nichts von den Schwierigkeiten des Lebens erfahren hatte. Zunächst erreichte ich, noch im September 1973 beim Militärkommando Wien, dass Klaus vom Militärdienst beurlaubt wurde. Ich hatte in ihm eine psychische Stütze und auch ein wenig Hilfe bei den Alltagsproblemen des Haushalts.

Bei der Firma suchte ich an, für einige Monate von meiner Haupttätigkeit, der Leitung der Vertriebsabteilung beurlaubt zu werden und mich in dieser Zeit nur meinen internationalen Agenden widmen zu dürfen. Es wurde genehmigt. So sehr nahmen meine Chefs an meinem Schicksal teil. (Ich wäre psychisch nicht in der Lage gewesen, die Kunden und Mitarbeiter richtig zu betreuen.)

Die größte Hilfe aber bekam ich in diesen Monaten und nachher immer mehr von einer Schulfreundin von Herta, die sie schon ein paar Jahre vorher im Reisebüro des ÖAMTC wiedergefunden hatte, von Lotte, meiner späteren zweiten Frau. Lotte half nicht nur mir sondern auch meinen Söhnen über unseren schweren Verlust hinwegzukommen. Im folgenden Jahr nach Hertas Tod fanden Lotte und ich in einer tiefen kameradschaftlichen Liebe zusammen. Diese Liebe ist (bei uns beiden) noch deutlicher als geistige (oder wahre) Liebe geprägt: Wir waren (und sind) uns beide der gegenseitigen Verantwortung für das Wohl des Partners voll bewusst. Und das Hochzeits-Versprechen einander treu zu bleiben, hielten und halten wir beide stets für bindend.

Bei mir ging's sehr rasch, mich in Lotte zu verlieben. Lotte brauchte deutlich länger dazu. Als Reisebüro-Angestellte erlebte sie immer wieder, dass die besten „Herren der Schöpfung" ihren Urlaub dazu benützten, um mit ihrer Freundin zu verreisen statt mit der Ehegattin. Sie hatte somit keine besondere Meinung vom Charakter der Männer im allgemeinen. Ich war in meiner Situation nicht bemüht, sie zu überzeugen, dass ich nicht zu dieser Gattung Männer zählte. Ich war einfach verliebt. Aber nach einiger Zeit „funkte" es dann auch bei ihr. Im Dezember 1974 heirateten wir standesamtlich und im März 75 auch kirchlich katholisch, eigentlich ökumenisch, weil ich aus Überzeugung bei der evangelischen Konfession verblieb.

Lotte half mir auch, zu meiner beruflichen Arbeit zurückzufinden. Ein halbes Jahr nach Hertas Tod übernahm ich wieder die Leitung meiner Vertriebsabteilung, und die Geschäfte gingen wieder recht gut weiter. Zu meinem Arbeitsgebiet Ferwirktechnik kamen im Zug der der Entwicklung der Informationstechnik die „Netz-Leittechnik" (anders gesagt: die Computer-Technik) hinzu.

Gleichzeitig wurde mein Arbeitsgebiet auch für Konkurrenzfirmen immer interessanter. Das Geschäft wurde härter. Siemens begann auch in meinem Arbeitsbereich zu sparen, auch bei den sogenannten „Führungskräften". Man legte mir nahe, um Frühpensionierung anzusuchen, denn ich näherte mich dem 60. Lebensjahr. Aber ich wollte noch nicht aufhören. Zu sehr war ich mit meiner Arbeit verbunden. Außerdem wäre Lotte um ihren Anteil an der Firmenpension umgefallen. (Laut Anstellungsvertrag musste man mindestens fünf Jahre in der aktiven Dienstzeit verheiratet sein, damit die Gattin, das Recht auf ihren Anteil behielt.) Die Vorgesetzten waren wieder einmal einsichtsvoll: Ich konnte bis zum Ende meines 62. Lebensjahres in der Firma verbleiben. Als Krönung meiner Arbeit wurde ich 1978 zum „Wissenschaftlichen Konsulenten der Siemens AG Österreich" ernannt.

Zurück zur Familie! Klaus traf der Verlust seiner Mutter zunächst unglücklicher als Wolfgang. Er hielt sich an die lieben Verwandten, vor allem an meine Brüder, die nicht verstanden, dass Lotte einen ganz anderen Charakter hatte als Herta. Lotte widmete sich 100%ig ihrer neuen Aufgabe als Hausfrau für drei Männer und erwartete auch von meinen Söhnen eine entsprechende Mitwirkung. Das verstand Klaus nicht. Er war die lockere Art seiner Mutter gewöhnt. Herta hatte meine Neigung für Lotte vorausgeahnt und zu ihr gesagt: „Die Buben gehen außer Haus, aber Gunther braucht wieder eine gute Frau."

Klaus wollte (seinem Lebensalter entsprechend) selbstständig werden, möglichst mit einer Bindung an eine Partnerin. Aber das gelang ihm nicht. Er war (im Gegensatz zu seinem Bruder) kein Sexy-Boy, dem die Herzen der jungen Damen zuflogen, sondern eher das Gegenteil, nämlich ein körperlich ungeschickter junger Mann mit starken intellektuellen Neigungen. Der typische Junggeselle. Deshalb lebte er mehrere Jahre mit meiner und Lottes Unterstützung außerhalb unseres Haushalts und hielt sich geistig längere Zeit mehr an die Verwandten aus meiner Familie als an mich und Lotte. Und die lieben Verwandten verstanden diese (besonders für Klaus unglückliche) Situation erst recht nicht, vor allem mein lieber Zwillingsbruder Fritz, der mir eigentlich helfen sollte, und auch wollte. Aber er tat des Guten zu viel. Er hörte mich nie an, sondern bombardierte mich monatelang mit Briefen, in denen er mir Ratschläge gab, wie ich und Lotte uns verhalten sollten. Seine Überlegungen passten nicht, denn sie stammten aus seiner geistigen Erlebniswelt. Er hätte unsere Gefühle auskundschaften sollen.

Dann hätte er helfen können.

Zu guter Letzt griff ausgerechnet Walters Frau ins Geschehen ein und schrieb mir einen Brief, in dem sie ganz deutlich mir und Lotte die Schuld an den psychischen Schwierigkeiten gab, die Klaus nach Ansicht der Ärzte mit Psychopharmaka behandeln sollte.

Sie schrieb: „Was habt Ihr, Du und Lotte, Eueren Söhnen nicht schon alles angetan!" (Und sie begründete dies auch ausführlich auf zwei Briefseiten.) Ich sah rot! In einem energischen Brief an Bruder Walter als Ältestem der Großfamilie verbat ich mir jede weitere Einmischung in meine Familienverhältnisse und widerlegte in 18(!) Punkten (ohne zu beleidigen, was mir schwer fiel) die Vorwürfe meiner Schwägerin. Es wirkte. Endlich trat Ruhe ein. Man muss sich (besonders in schwierigen Situationen) doch wehren!! Ihr werdet Euch vielleicht wundern, liebe Leser, warum ich hier so detailliert über meine persönlichsten Familienverhältnisse berichte. Beide Brüder und meine Schwägerin sind schon verstorben. Und ich halte mich sonst immer an den Spruch der alten Römer: „Über Verstorbene immer nur Gutes!" Wenn ich hier anders handle, hat das einen sehr allgemeinen Grund: Das Verhalten meiner Verwandten war so typisch für sehr viele andere Fälle: Immer wieder sind es „liebe Verwandte" und mitunter auch „gute Freunde", die alles besser wissen, wie man sich in schwierigen Situationen verhalten soll, wobei sie immer nur nach ihren eigenen Erfahrungen und Ansichten urteilen und sich nicht bemühen, die Gedanken und Gefühle des oder der Betroffenen kennen zu lernen und zu verstehen!

Zurück zu meiner Familie: Klaus studierte an der Universität Wien Englisch und Geschichte und wurde Lehrer in diesen Fächern für Allgemein Bildende Höhere Schulen. In den ersten Berufsjahren tat er sich etwas schwer, aber später klappte es doch recht gut, besonders als er in eine Schule im 14. Wiener Gemeindebezirk kam, in der er sich sowohl mit seinen Schülern wie auch mit seinen Lehrerkollegen bestens verstand. Er unterrichtete zwar meistens nur Klassen der Unterstufen. Aber diese jüngeren Kinder liebten ihn heiß und folgten ordentlich seinem Unterricht. Mit den Lehrerkollegen verstand er sich sehr gut. Er engagierte sich in sozialer Hinsicht sowohl für seine Schüler wie auch für die Kollegen, was alle sehr schätzten.

Auch in der Familie fand Klaus (seit die Verwandten nicht mehr mitredeten) immer besser seinen guten Platz. Er widmete Lotte und mir einen Teil seiner Freizeit und kümmerte sich um uns alte Leute, wenn wir Hilfe brauchten, ohne dass wir ihn dazu bitten mussten, wie es sich eben für einen verantwortungsbewussten Sohn gehört. Und er wurde auch aktives Bindeglied zu Wolfgang, dessen Frau Evi und ihren Kindern Max und Lina.

Im Jänner 2005 feierte Klaus seinen 50. Geburtstag nach dem zweideutigen Motto: „Ihm fehlt zum Glück die Frau!“ Dieses Junggesellenmotto wurde in einem väterlichen Gedicht, einer brüderlichen Festrede und in manchen Gesprächen der Freunde ausreichend zur Freude und zum Spaß aller Gäste ausgewertet. Und Klaus war auch glücklich, Mittelpunkt all der Heiterkeit zu sein.

Ansonsten bildete sich Klaus beruflich stets weiter und machte schöne Reisen in viele interessante Länder der Welt.

Alles in seinem Leben schien bestens zu laufen. Aber wieder traf uns im Sommer 2006 ein unerwartet schwerer Schlag: Durch eine Zufallsdiagnose erfuhren Klaus und wir, dass er an einem extrem aggressiven (sogenannten „kleinzelligen“) Lungentumor litt, obwohl er sein Leben lang niemals rauchte. Er hatte davon bisher nichts gemerkt, da diese Art des Tumors sehr rasch wächst. Klaus bekam mehrere schwere Chemotherapien und hinterher Bestrahlungen. Er überstand all dies recht gut, so dass wir uns schon echte Hoffnungen machten, er käme durch. Ich versuchte ihm auch psychologisch zu helfen, indem ich ihn daran erinnerte, dass ich in den vergangenen Jahren Lotte schon dreimal geholfen hatte, lebensgefährliche Krankheiten zu überstehen. Das half ihm wohl psychisch, aber nicht gesundheitlich. Die Ärzte schenkten ihm (und auch Wolfgang) reinen Wein ein, dass nur wenig Hoffnung bestehe, ihn durchzubringen. Zu seiner Aufmunterung (und weil man ja wohl auch als Arzt nie den Tod voraus sagen darf) schickten sie ihn dreimal auf Erholung, was ihm sehr wohltat und wahrscheinlich auch sein Leben auf angenehme Weise verlängerte.

Natürlich hatte er Angst vor dem Sterben. Er entlud diese Angst in sehr vielen Aktivitäten. Zwei Wochen, bevor er ins Spital musste, gab es einen Wassereinbruch in seiner (meiner früheren) Wohnung, bei dem zwei Zimmer total überschwemmt wurden. In den Pausen zwischen den Therapien dirigierte er mit großer Brillanz die Instandsetzungs- und Erneuerungsarbeiten. Die Angst aber teilte er täglich durch mehrere Telefongespräche mit Wolfgang, der ihm sehr viel brüderliche Hilfe spendete. (Uns als Eltern wollten sie wohl beide mit der vollen Wahrheit schonen.)

Es war ihm auch vergönnt, in Kärnten eine sehr herzliche Freundschaft zu einer Berufskollegin zu erleben. Sie stammte aus einem netten kleinen Ort im Gailtal, war in Innsbruck beruflich tätig und betreute in den Ferien ihr Haus, das sie von ihren Eltern geerbt hatte. Er besuchte sie seit etwa drei Jahren öfters in manchen der vielen Schulferien, die die Lehrerschaft genießen darf. Sie machten viele gemeinsame Ausflüge, und er half ihr sehr brav bei der Betreuung des Hauses und besonders des Gartens. Es hätte wohl eine gute Partnerschaft fürs Leben werden können. Während seiner Krankheit trafen sie sich noch ein paarmal zwischen den Therapien. Klaus fand auch noch andere Freunde in diesem lieben Kärntner Dorf. Alle waren voller Hoffnung, dass er den Kampf gegen seine Krankheit doch noch gewinnen werde.

Oktober 2007. Die großen Feste in unserer Familie rückten immer näher: Zuerst Wolfgangs 50er, dann mein 90. Geburtstag und schließlich die Überreichung des goldenen Doktordiploms an mich an der Technischen Universität. Vorher sollte ich noch Ende Oktober meine Lesung in unserem Autorenverband halten, zu der jeder aktive Autor einmal im Jahr eingeteilt wird. Klaus hatte sich eine Überraschung ausgedacht: Er hatte ohne mein Wissen Kontakt zu den leitenden Damen des Verbandes aufgenommen und für sich selbst eine Lesung am Tag meiner Lesung vereinbart. Da habe ich zuerst dumm geschaut! Aber dann war ich froh, denn ich war selbst nicht gut vorbereitet. Ich ließ ihn an meiner Statt lesen. Und alle waren zufrieden.

Klaus sorgte in den letzten Wochen seines Lebens noch für andere Überraschungen. Er besaß aus früheren Zeiten einige ziemlich wertvolle Bilder eines steirischen Malers, der dem Künstlerkreis seines Kärntner Lieblingsdorfes nahestand. Eines der beiden wertvollsten Bilder vererbte er dem Museum des Dorfes, das andere seiner Kärntner Freundin. Diese Bilder wollte er persönlich übergeben. Und er machte das auch, obwohl Wolfgang und ich ihn davon abzuhalten versuchten, weil es ihm gesundheitlich schon sehr schlecht ging. Vergebens. Er ließ die Bilder exzellent verpacken, steckte sie in sein Auto, fuhr mit dem Autozug nach Villach und von dort mit dem Auto in sein geliebtes Dorf.

Völlig erschöpft brachten ihn seine Freunde am nächsten Tag mitsamt seinem Auto in den Gegenzug nach Wien. Wolfgang holte ihn am Südbahnhof ab, brachte ihn mehr tot als lebendig nach Hause und am nächsten Tag ins Spital. Dort verbrachte er noch einige Tage, bestens versorgt von guten und verständnisvollen Ärzten und Pflegepersonal, umsorgt von Lotte, Wolfgang und mir und im telefonischen Kontakt mit seinen vielen Freunden.

Für Lotte hatte er in diesen letzten Tagen noch eine besonders liebe Überraschung. Er fragte sie: „Darf ich zu Dir Mutti sagen?“ (All die Jahrzehnte sagte er immer (ebenso wie Wolfgang) „Tante Lotte“ zu ihr. Und er fand sogar die Kraft zu einem Scherz. Er meinte lächelnd: „Meine liebe neue, alte Mutti!“ Das war sehr schön, aber auch sehr schwer für Lotte, die ihn sehr liebevoll betreute. Auch für mich war's nicht leicht. Denn er war ja mein Problemkind. Und diesem schenkt man doch besonders viel Liebe.

Am 18. November verließ uns Klaus für immer. Am Dienstag, den 27. November begleiteten wir ihn in St. Andrä-Wördern zu seiner letzten Ruhe. Klaus wollte im Grab seiner Großeltern begraben werden. Er betreute es in den letzten Jahren. Und er hatte durch seine Kindheitserinnerungen, und weil meine Eltern ja auch Philologen und Mittelschullehrer waren, eine große geistige Bindung an sie.

Die Verabschiedung war sehr berührend. Die meisten Lehrerkollegen und viele Schüler kamen mit drei Autobussen (obwohl es ein Schultag war) etwa 30 km weit zum Friedhof nach St. Andrä. Sein geistlicher Kollege und Betreuer, der evangelische Pfarrer und Religionslehrer, hielt die Andacht, der Herr Direktor der Schule und die Vertreterin der Lehrerschaft hielten ergreifende Ansprachen, in denen sie nicht nur sein soziales Engagement, sondern auch sein nettes, offenes Wesen und seine sprudelnden Einfälle würdigten. Und ein 13-jähriges Mädchen aus seiner Lieblingsklasse verabschiedete sich von ihm mit einer weißen Rose in der Hand. Dann brach sie (und gleichzeitig ein paar andere Mädchen aus der Klasse) in Tränen aus. So sehr war er gefühlsmäßig einer aus ihrer Mitte.

Dass ihn auch viele Freunde aus nah und fern zu seinem Abschied kamen, brauche ich wohl nicht besonders zu erwähnen, denn er war bei allen, die ihn kannten sehr beliebt. Bei der Grablegung sprach Wolfgang noch einige Abschiedsworte.

Postscriptum

Nun ist dieses Kapitel eines der längsten der Studie geworden. Ich bitte dazu um Euer Verständnis, liebe Leser! Es war mir ein Bedürfnis, dadurch mein seelisches Leid zu lindern. Das ist eine der Gnaden des Schreibens – sogar für Hobby-Schriftsteller, die ja meistens keinen Cent mit ihrer Schreiberei verdienen: Wir werden durch das Schreiben den Frust gegenüber einem Schicksal los, dem wir ohnmächtig ausgeliefert waren, und wir mindern wohl auch unser Leid, das wir erdulden mussten. Wenn wir wahr und ehrlich schreiben, fühlen wir uns nachher ruhiger und sicherer.

Wenn ich von Schicksalsschlägen spreche, die uns einfache Erdenbürger treffen können, möchte ich dazu aufzeigen, dass es dafür zweierlei Ursachen gibt:

Einereits können es Schläge sein, die von Menschen verursacht werden. Ich meine damit Leute, die ihre Macht in der Politik oder in der Wirtschaft zum eigenen Vorteil oder zum persönlichem Ruhm ausnützen und dadurch andere Menschen schädigen, deren Schicksal von ihnen abhängt. Dagegen können wir uns wehren, aber wir müssen das mit Verstand, Anstand und gutem Gefühl tun, wenn wir Erfolg haben wollen.

Andererseits gibt es Schicksalsschläge, die von einer höheren überirdischen Macht stammen, und die über uns hereinbrechen, ohne dass wir uns dagegen wehren können. Um diese Schläge erdulden zu können, hilft uns nur ein guter Glaube.

Diese beiden Themenkreise möchte ich in den zwei folgenden Kapiteln näher beleuchten.

9.6 Erfahrungen mit der Politik

Politische Instanzen (der Staat oder ein Staatenbund) und zugehörige Behörden bestimmen weitgehend durch ihre Gesetze und Verordnungen das Leben ihrer Angehörigen. Nach den Ausführungen der Studie ergibt sich (fast von selbst) die Frage: „Müssen oder sollen sich die Verantwortlichen dieser Instanzen auch an die ethischen Regeln halten, die für den einzelnen Menschen im Zusammenleben mit seinen Mitmenschen gelten sollen?“ Meine Antwort auf diese Frage ist ein eindeutiges „Ja!“; aber tun sie das wirklich oder nur scheinbar? Diese Zweifel sind heute in der Zeit der weltweiten Bankenkrisen und zahlreicher militärischer Auseinandersetzungen und Terroraktionen an vielen Orten der Welt wieder fast so aktuell wie zur Zeit der beiden Weltkriege.

In diesem Kapitel möchte ich darüber berichten, welche Erfahrungen ich mit der Politik im Vergleich mit moralischen Grundsätzen damals gemacht habe: Zum Jahresende 2008 zeigte man im Fernsehen wieder einmal die Story von Hitlers Ende in Berlin im April 1945, diesmal mit dem letzten authentischen Originalfilm von Hitler des nationalsozialistischen Propagandaministeriums: Zum letzten Mal stieg er aus dem „Führerbunker“ ans (in Berlin recht grausige) Licht der Welt. Er klopfte bei dieser Gelegenheit einem etwa 12-jährigen Buben wohlwollend väterlich(?) auf die Schulter, weil dieser bereit war, als Volkssturm-Soldat „bis zum letzten Atemzug für das deutsche Vaterland zu kämpfen und zu sterben“. Der Bub hatte die Uniform des „Deutschen Jungvolks“ an, der Unterorganisation der Hitler-Jugend für die 10- bis 14-Jährigen. Mit dieser Uniform beginnt die Geschichte der Erfahrungen, die ich mit der Politik gemacht habe. Denn ich hatte diese Uniform auch an, und zwar schon zu Ostern 1930 als 12-jähriger Bub bei einem Lager unter dem Traunstein bei Gmunden, zu einer Zeit als es noch kein „Deutsches Jungvolk“ gab. Ich war damals Mitglied eines Nachfolgevereins der „Wandervögel“, der sich „d.j.1.11.“ nannte. (Wir sagten: „De-Jot-Eins-Elf“ und schrieben: Deutsche Jungenschaft vom 1.11.; der 1.11.1929 war der Gründungtag des Vereins.) Hier möchte ich mich nicht lange mit diesem Verein und der Geschichte der vielen Jugendbünde aufhalten, die es damals gab. Dies alles ist in dem Buch von Wolfgang Paul „Das Feldlager"[28)] sehr ausführlich und authentisch beschrieben.

Wolfgang Paul berichtet in seinem Buch, wie sich die bürgerlichen Jugendbünde in Deutschland im Frühjahr 1933 zunächst auf Initiative des sehr agilen Führers von d.j.1.11. namens „Tusk" bemühten, einen politisch gemäßigten Jugendbund aus den vielen kleinen bis mittelgroßen Vereinen der sogenannten „Bündischen Jugend" als Gegengewicht zur Hitlerjugend zu gründen. Der Versuch gelang sogar: Am 30. März 1933 wurde in Deutschland aus diesen Vereinen der „Großdeutsche Bund" unter Führung des Vizeadmirals von Trotha mit einer Mitgliederzahl von 70.000 Jugendlichen gegründet. (Die Hitlerjugend Baldur von Schirachs hatte damals nur 50.000 vorwiegend 14- bis 18-jährige Mitglieder.) Der Großdeutsche Bund war für die damalige Jugend attraktiver als die HJ (Wir sagten: „Ha-Jot"). Er hatte die Unterstützung vieler Regierungsmitglieder und des Reichspräsidenten von Hindenburg, dessen Zustimmung Hitler bei seinen Beschlüssen ja brauchte.

Um es kurz zu machen: Nicht Hitler selbst, sondern Baldur von Schirach schaltete mit üblen Tricks den Großdeutschen Bund aus: Er ließ dessen Kanzlei, in der sich nur ein Mann und eine Dame befanden, durch bewaffnete HJ-Leute besetzen und sicherte sich damit sämtliche Daten des Bundes. Am 13. Juni 1933 ernannte Hitler Baldur von Schirach zum „Jugendführer des Deutschen Reiches". Er gab ihm einen Titel, aber kein Amt, auch keine staatlichen Geldmittel. Zehn Minuten nach seiner Ernennung verkündete Schirach die Auflösung des Großdeutschen Bundes und ließ dies in der Presse veröffentlichen. Diese Aktion wurde als wahr akzeptiert. „Es war einfach ein Bluff!" erklärte Schirach später[28, S. 259)]. Die Eingliederung der Vereine des Bundes in die Hitlerjugend, das Jungvolk und den NS-Studentenbund, der auch zu seinem Machtbereich zählte, war dann wohl nur Formsache. Weil die Uniform von d.j.1.11. recht attraktiv war, übernahm er sie für sein Jungvolk. Lediglich das braune HJ-Hemd mit dem schwarzen „Schlips" kam unter der blauen d.j.1.11.-Bluse hinzu. Soweit ein kurzer Auszug aus Wolfgang Pauls Buch über die Geschichte der Jugendbewegung zu Beginn des „Dritten Reiches".

Nun aber zurück nach Österreich: Als 12-jähriges Mitglied von d.j.1.11. hatte ich selbstverständlich noch keine Ahnung davon, dass unsere „Kluft“ (wie wir sie nannten) einmal die Uniform des Deutschen Jungvolks werden sollte. Auch mit 17 Jahren, als ich – wie schon erwähnt – eine eigene Wandergruppe gründete, ahnte ich noch nicht, wie die Politik in unser Leben eingreifen wird. (Erst 14 Monate später wurde ich darüber aufgeklärt.) Der Gründungstag meiner Gruppe war der 1.11.1934 (genau 5 Jahre nach der Gründung von d.j.1.11.) und die Gruppe war eine neue Jungenschaft dieses Vereins, der damals geistiger Inhalt meines jugendlichen Denkens und Fühlens war. Politisch neigte ich wie meine Eltern und Brüder zur großdeutschen Gedankenwelt und zum Nationalsozialismus, da dieser ein Großdeutsches Reich versprach. Wir jungen Burschen konnten noch nicht zwischen einem ideellen Ziel und politischem Geschehen unterscheiden. Wir wurden in Österreich (ähnlich wie die „Bündische Jugend“ in Deutschland) politisch durch die Hitlerjugend manipuliert. Das habe ich selbst erlebt. Wie das vor sich ging, möchte ich hier erzählen.

Vorab darf ich die politische Situation Österreichs in den Jahren 1933 bis 1935 ganz kurz skizzieren. Unser Parlament wurde durch eine Aktion des Bundeskanzlers Dollfuß 1933 ausgeschaltet. Er errichtete anschließend – anscheinend dem Zug der Zeit folgend – ein autoritäres Regime, das sich politisch an das faschistische Italien Mussolinis anlehnte, das Dollfuß wohl als geringeres Übel gegenüber Hitlers Nazi-Deutschland betrachtete. Im Februar 1934 gab es den militärischen Aufstand der Sozialdemokraten, im Juli 1934 den Putschversuch der österreichischen Nationalsozialisten, bei dem Dollfuß ermordet wurde. Beide Kampfhandlungen wurden vom Bundesheer mit Hilfe der „Heimwehren“ unter Fürst Starhemberg niedergeschlagen. Nachher wurde Dr. Schuschnigg Bundeskanzler. Er führte die Regierung nach den Prinzipien von Dollfuß bis zum sogenannten „Anschluss“ Österreichs an Nazi-Deutschland im März 1938 weiter. Alle sozialdemokratischen und nationalsozialistischen Organisationen wurden nach den Aufständen verboten.

Dies betraf auch die Hitlerjugend und das Deutsche Jungvolk. In Österreich war das Deutsche Jungvolk vor dem Juliputsch mit d.j.1.11. de facto identisch und gesetzlich legal. Nachher änderte sich für uns in unseren Tätigkeiten nichts, aber wir wurden illegal. Um offiziell als Verein weiter existieren zu können, traten wir auf Geheiß unserer Führer dem deutschen Pfadfinderbund bei, der in Österreich nicht verboten wurde.

Mit einem Mal waren wir österreichischen d.j.1.11.-Burschen im Frühjahr 1933 ohne persönliches Zutun illegale Mitglieder des Deutschen Jungvolks geworden. Das störte uns aber nicht. Denn wir machten nach wie vor Ferienlager und Wochenendausflüge, die wir allesamt „Fahrten“ nannten, ebenso unsere Heimabende, bei denen wir neben diversen Spielen, kleinen Lesungen und Erzählungen dem Singen Vorrang gaben. Unsere Lieder, die unsere jugendlichen romantischen Sehnsüchte und Abenteuerlust widerspiegelten, waren sehr weltoffen: Angefangen von naturnahen Wandervogelliedern über Soldaten- und Landsknechtslieder bis zu Seemanns- und Piratengesängen. Doch wir sangen auch fremdsprachige Lieder, z.B. „It's a long way to Tipperary“. Besonders beliebt waren russische Lieder, denn Tusk, unser oberster Führer, hatte neben etlichen Lappland-Reisen (wobei er den Namen Tusk = der Deutsche bekam) auch eine Fahrt nach Novaja Semlja unternommen. Dadurch wurde er ein Freund der teils schwermütigen russischen Lieder und der wilden Kosakengesänge. Das übernahmen wir in unseren Jungenschaften, denn unser österreichischer Führer Hans G. war nicht nur ein guter Freund von Tusk, sondern bei dieser Fahrt einer seiner drei Begleiter. Sogar Berliner Schlager übernahmen wir von Tusk. Er war ein Propagandagenie.

Auch nach dem Verbot der Hitler-Jugend und des Jungvolks blieben die meisten Jungenschaften von d.j.1.11. ihrem bisherigen Lebensstil treu. Es kamen nur die Lieder der Hitler-Jugend dazu. Das störte uns zunächst gar nicht. Denn der Gedanke, dass ein Großdeutsches Reich durch die Vereinigung von Deutschland und Österreich für beide Staaten politisch notwendig und vorteilhaft sei, war damals bei uns noch ausgeprägter als in Deutschland. Dass wir auch geistig vereinnahmt und auf einen brutalen Krieg vorbereitet wurden, merkten wir Buben nicht. Dies umso weniger, da wir dachten, wir könnten unserem Lebensstil von d.j.1.11. treu bleiben. Das stimmte aber nicht. Wir wurden ausgetrickst. Das habe ich selbst erlebt:

Auch in Österreich wollte die gesamte „Bündische Jugend“ ihre Eigenart gegenüber der Hitlerjugend wahren. Als unsere Vereine noch legal arbeiten durften (ich glaube es war im Sommer 1933) versammelten sich an einem Sonntagvormittag einige hundert Mitglieder der vielen Vereine (d.j.1.11., Wandervogel, deutscher Pfadfinderbund, Neuland – ein evangelischer Jugendbund) und andere weniger bekannte Vereine im Großen Saal des sogenannten „Militär-Kasinos“ am Wiener Schwarzenbergplatz, um die Gründung des „Österreichischen Jungenkorps“ als Gegengewicht zur HitlerJugend mitzuerleben. Die Führer der wichtigsten Vereine hielten bewegende Ansprachen, in denen sie betonten, ihre Ideale durch den Zusammenschluss besser bewahren zu können.

Nach den Sprechern der größeren Vereine kam der Führer eines kleinen Vereines zu Wort, von dem ich bislang noch nichts gehört hatte, der „Geusen“. Während seiner zunächst sachlichen Ansprache begann er, die Methoden der Hitlerjugend zu kritisieren und anschließend deren Führer zu beschimpfen. Im Saal war auch eine mehrköpfige Abordnung der Hitlerjugend anwesend, lauter starke Burschen. Sie schimpften und schrien lautstark zurück. Dann stürmten sie das Rednerpodium, und es begann eine wüste Rauferei zwischen den beiden Streitparteien. Trotz einiger Beschwichtigungsversuche anderer Führer, hörte das Handgemenge nicht auf. Am Ende musste die Polizei (die ja bei der angemeldetenen Versammlung anwesend war) die ganze Veranstaltung auflösen.

Die Gründung des Österreichischen Jungenkorps kam nicht zustande. Ein älterer Vereinsführer stimmte das „Deutschland-Lied“ an, das die meisten Anwesenden betreten mitsangen. Dann gaben die Raufenden Ruhe.

Erst zweieinhalb Jahre später erfuhr ich aus kompetentester Quelle, was damals wirklich gespielt worden war: Während der Weihnachtsferien 1935 leitete ich das Winterlager der beiden Währinger Jungenschaften (die inzwischen illegale Jungvolk-Jungenschaften und legale Pfadfindergruppen geworden waren) auf der Austriahütte des Alpenvereins nahe der Dachstein-Südwand. Zur gleichen Zeit fand ganz in der Nähe, in der steirischen Ramsau, ein Führerlager der österreichischen Hitlerjugend statt, an dem auch die höheren Führer des Jungvolks teilnahmen, unter anderen Hans G., unser d.j.1.11.-Landesführer Österreich, der inzwischen (wohl auch ohne besonderes persönliches

Zutun) Führer des Gaues Österreich des Jungvolks geworden war. Er und einige HJ-Leute besuchten uns auf der Austria-Hütte.

In einer Gesprächspause erzählte er mir unter vier Augen die wahre Geschichte der missglückten Gründung des Österreichischen Jungenkorps: Die Provokation der „Geusen“ und das Handgemenge zwischen ihnen und den HJ-Leuten im Saal des Militärkasinos war zwischen den beiden „Streitparteien“ vorher abgesprochen, damit die Polizei die Versammlung auflösen muss und die Gründung des Jungenkorps verhindert wird! Mit solchen faulen Tricks und mit Lügen arbeitete die Hitlerjugend. Hans erzählte mir auch weiter, dass die HJ-Leute auch Tusk, den obersten d.j.1.11.-Führer, bewusst verleumdeten, um ihn aus dem Großdeutschen Bund herauszuexpedieren, weil er ihnen zu einflussreich war.

Sie dichteten Tusk Homosexualität an, damals ein sehr schweres Vergehen (wenn nicht ein Verbrechen) in der bürgerlichen Welt Deutschlands: Hans meinte zurecht, dass er das bei der Fahrt nach Novaja Semlja hätte merken müssen, bei der sie meistens zu viert im gleichen Raum übernachteten. – Hans G. legte kurze Zeit später seinen Führungsposten im Jungvolk zurück und widmete sich einem akademischen Studium. Mir aber bescherte er, als ich gerade 18 Jahre alt war, meine ersten Erfahrungen, wie in der Politik oft gearbeitet wird, wenn jemand unredliche und womöglich sogar gewalttätige Ziele verfolgt. Das war der Anfang meiner kritischen Beurteilung der Politik. Ich habe ähnliche Erfahrungen nicht nur während des Zweiten Weltkrieges, sondern auch nachher noch öfters gemacht.

Nun aber zurück zum Buch von Wolfgang Paul. Zuerst zu unserem obersten d.j.1.11.-Führer Tusk. Er kommt in den Erzählungen von Wolfgang Paul (wahrscheinlich zurecht) nicht gut weg. Tusk war ein tüchtiger Autor und ein Mann der großen Worte. Er verfasste eine „Heldenfibel“, in der er den Buben seiner Organisationen heroisches Soldatentum als Leitbild anpries. (Zum Glück drang diese Fibel zu meiner Jungvolkzeit nicht bis Österreich durch.) In Deutschland aber wurde sie begeistert von der Hitlerjugend übernommen und schon den Jungvolkbuben vorgebetet. Tusk selbst brach übrigens noch im Sommer 1933 mit der Hitlerjugend, trat vorher schon der Kummunistischen Partei bei und ging (als ihm der Boden in Deutschland zu heiß wurde), nach England ins Exil.

Nun zu den Erzählungen über die Kriegserfahrungen von Wolfgang Paul. Er schildert in seinem Buch sehr anschaulich und ergreifend (für den 2. Weltkrieg aus persönlichen Erlebnissen heraus) wie in beiden Kriegen der Idealismus der deutschen Jugend (besonders ihrer geistigen Elite) für imperialistische Ziele der politisch herrschenden Schicht missbraucht wurde:

Im 1. Weltkrieg war es der Imperialismus des preußischen Kaisers Wilhelm I. und seiner Gefolgsleute, dem die Besten der männlichen Jugend nach dem Motto „Für Gott, Kaiser und Vaterland" geopfert wurden. Als Symbol für den gräßlichen Blutzoll der Jugend gilt die Kesselschlacht von Langemarck.

Im 2. Weltkrieg waren es die imperialistischen Ziele von Adolf Hitler mit seinen krausen Wahnideen eines „Dritten Deutschen Reiches" nach altgermanischem Muster, das er wohl aus den Opern Richard Wagners abgeleitet hat. Das Symbol für den furchtbaren Blutzoll der männlichen Jugend ist die Kesselschlacht bei Stalingrad, bei der Wolfgang Paul in sowjetische Gefangenschaft geriet. Das Motto, das den deutschen Buben damals schon ab dem zehnten Lebensjahr im Deutschen Jungvolk eingebläut wurde, hieß: „Glaube an Deutschland". Die meisten Offiziere und viele Soldaten der Wehrmacht folgten wegen ihrem Treue-Eid Hitlers (militärisch immer widersinnigeren) Anordnungen, denn er hatte sich ja zu ihrem „Obersten Befehlshaber" machen lassen.

Wolfgang Paul erzählt in seinem Buch, wie er die große politische Lüge des 2. Weltkriegs schon am 17. September 1939 beim Vorstoß seiner Einheit bis Lublin und dem folgenden Rückzug hinter die zwischen Hitler und Stalin in einem Geheimabkommen vereinbarte Demarkationslinie erkannte und psychisch verkraften musste. Als MG-Schütze eines Vorauskommandos fühlte er sich schon als tapferer Held (gleich seinem Vater im 1. Weltkrieg!), als er den Widerstand einer tapfer kämpfenden polnischen Nachhut durch sein Maschinengewehrfeuer brach. Dabei starben einige seiner Kameraden, die ihm die Munition für sein „MG" zureichten. Stunden später musste er an der Kampfstelle in der Gegenrichtung wieder vorbei, weil seine Einheit die Demarkationslinie überschritten hatte. Und er erlebte auch, wie tausende polnische Zivilisten mit den deutschen Truppen nach dem Westen mitzogen, weil sie ein Weiterleben unter deutscher Oberhoheit weniger fürchteten als unter den Russsen. Da wurde ihm klar, dass dies kein anständiger Krieg war. (Gibt es denn überhaupt anständige Kriege??)

Nur junge Männer, die systematisch im „Glauben an Deutschland" erzogen wurden und 10 Jahre später in der Waffen-SS dienten, glaubten wohl ehrlich an dieses Motto. Sie wurden außerdem noch durch ihren Eid und den Spruch auf ihrem Koppelschloss „Meine Ehre heißt Treue!" auf ihren Führer Adolf Hitler fixiert. Nur so ist es zu verstehen, dass der SS-Offizier Rehmer nach dem Attentat auf Hitler am 20. Juli 1944 mit seinen Leuten die Macht in Berlin zugunsten Hitlers an sich reißen konnte.

Und nur so ist es zu verstehen, dass der 12-jährige Bub Hitler Ende April 1945 treuherzig in die Augen blickte, als dieser ihn in den Heldentod schickte. Aber Hitler selbst entzog sich durch Selbstmord der Verantwortung für den verlorenen Krieg und die vielen Millionen toter deutscher Soldaten und Zivilisten nach dem Desaster von Stalingrad, als für jeden klar denkenden Menschen zu erkennen war, dass der Krieg nicht mehr zu gewinnen war.

Ich möchte mit diesen Ausführungen den Holocaust und die anderen Verbrechen des Naziregimes nicht kleinreden, die heute ja weltweit als historische Tatsachen gelten, sondern ich möchte damit nur auf die Tatsache hinweisen, dass die Fortsetzung des 2. Weltkriegs aus realistischer militärischer Sicht spätestens nach Stalingrad unverantwortlich und damit auch ein Verbrechen am deutschen (und österreichischen) Volk war, dem Abermillionen Menschen auch auf unserer Seite zum Opfer fielen.

Dass unter den Österreichern nicht nur zahllose Opfer sondern auch recht viele Täter waren, ist auch mir bewusst, wenn auch die Täterrolle (dem Trend fremder Interessen folgend) gegenüber der Opferrolle mitunter überbetont wird. Aber: Wie verhält sich der sogenannte „kleine unpolitische Mann", wenn ein Regime zur Diktatur mit „Reichssicherheitsdienst" (oder GPU) ausartet und einen bösen Krieg führt, den er als Soldat oder Reserveoffizier mitmachen muss?

Ich kann nur erzählen, wie ich ihn erlebt habe. Das habe ich in der Studie ja weitgehend getan. Einige meiner Erfahrungen über die damalige Politik, mit der ich in diesen Krieg hineingezogen werden sollte, fehlen noch. Das möchte ich jetzt nachholen. Jetzt erst, durch das gründliche Studium des Buches von Wolfgang Paul, wurde mir voll bewusst, wie ich in meinem Werdegang durch die politische Organisation Baldur von Schirachs manipuliert wurde. Ich erwähnte schon, dass ich geistig d.j.1.11.-Mann blieb, und in diesem Geist warb ich auch Buben für die Jungenschaft. Dass ich auch zum Nationalsozialismus neigte, war aus meiner familiären und der allgemeinen Situation Österreichs durchaus logisch. Daher sah ich auch die Eingliederung von d.j.1.11. ins Deutche Jungvolk (wie die meisten meiner Freunde) als ganz normales und vernünftiges Geschehen an. Das war es aber nicht.

Wir wurden durch die Organisation der HJ gesteuert: Als die Hitlerjugend in Österreich verboten wurde, sorgten deren Führer dafür, dass wir im Deutschen Pfadfinderbund weiter legal tätig sein durften. Anscheinend galt ich als tüchtiger Jungenschaftsführer. Deshalb wurde mir zu den beiden Währinger Jungvolkgruppen im Frühjahr 1936 auch die beiden Döblinger Gruppen zugeteilt. Im Sommer 1936 (nach meiner Matura) wurde ich von meinem zuständigen Jungvolkführer beauftragt, ein 14-tägiges Ferienlager dieser vier Gruppen mit etwa 30 Buben zu leiten. Ich fasste das als Ehre auf. (So dumm war ich.) Neben unseren Jungenschaftsliedern, dem Sport und den Spielen gab es auch ein „Liederbuch der Hilerjugend“, bei dem Baldur von Schirach selbst als Herausgeber fungierte.

Hier ein Textauszug aus dem typischesten Lied dieses Buches, das dazu diente, die Buben des Jungvolks zum heldenhaften „Glauben an Deutschland“ zu verführen. Den Text hat Baldur von Schirach selbst verfasst, wenn ich mich richtig erinnere. Er selbst aber hielt sich nicht an die Gedanken dieses Liedes, wie sich später zeigte. Das Lied hieß:

„Revolution“

… *Hier unsre Leiber, hier unser Leben.*
Alles für Deutschland zum Opfer gegeben.
Hunger und Elend der einzige Lohn!
Revolution! Revolution!

Und wir recken zum Himmel die Hand,
und es gellt als ein Schrei durch das Land
unser Schwur: „Wir trotzen Hunger und Schmerzen,
die hemmen nicht unsern Schritt!
Denn wir tragen in hämmernden Herzen
den Glauben an Deutschland mit!“

Mit Liedern kann man junge Menschen besonders gut manipulieren, denn die Musik spricht das Gefühl an und die Texte den Verstand. Wenn dann noch gemeinsame Erlebnisse in einer jugendlichen Gemeinschaft dazukommen und Idealismus gepredigt wird, ist die Manipulation perfekt.

Obwohl die Hitlerjugend nicht am Juliputsch der Nazis und am Mord an Dollfuß direkt beteiligt war, galt sie doch (als militärische Vorbereitungs-Organisation) für gefährlich und war deshalb in Österreich verboten. Durch irgendwelche Kanäle wurde der Polizei bekannt, dass das von mir geführte Sommerlager in Keutschach ein Jungvolk- und somit HJ-Lager war. Einige Wochen nach dem Ende unserer Anwesenheit wurde das Bauernhaus, in dem wir wohnten, polizeilich durchsucht. Dabei wurde eine angebrannte Postkarte des österreichischen Jungvolkführers und Nachfolgers von Hans G. an mich gefunden, die mit Willi F. unterschrieben war. Als ich schon im Herbst beim Bundesheer war, wurde ich von der Polizei per Brief an meine Wohnadresse aufgefordert, mich beim Polizeikommissariat zu melden. Mein Vater fand den Brief, kam in die Kaserne und besprach die Situation mit mir. Mein guter Vater, der für seine Familie ein Meister der „guten Beziehungen“ war, hat die Situation gerettet: Ein paar Tage nach den ersten 6 Wochen, in denen wir „Grundwehrdiener“ die Kaserne nicht verlassen durften, musste ich mich bei einem ranghohen Offizier in der Wiener Polizeikommandatur melden, der mich nach einem recht eingehenden Verhör anscheinend als „politisch harmlos“ einstufte, denn die Affäre war damit ausgestanden.

Seither habe ich mir eine wichtige Regel vorgeschrieben, die ich beim Bundesheer und auch später in der Wehrmacht eisern einhielt: „Keinerlei politische Betätigung im Militärdienst!“ Aber vorher als Student im Zivilleben ging ich den Politikern ganz kräftig auf den Leim!

Wenige Wochen nach meiner Inskription an der Technischen Hochschule in Wien im Herbst 1937 wurde ich zum Führer des NS-Studentenbundes der Hochschule gebeten. Er trug mir an, die Führung einer Kameradschaft des Studentenbundes zu übernehmen. Ich war geschmeichelt und nahm an. (Damals wusste ich nicht, dass der NS-Studentenbund auch zu Schirachs Machtbereich gehörte und dass ich als ehemaliger treuer Jungvolkführer sozusagen „auf dem Dienstweg" zum Studentenbund transferiert wurde, wie in einer Großfirma oder einer Behörde, wenn man eine gute Beschreibung hat. Ich möchte damit nicht sagen, dass ich den Posten gegen meine Überzeugung annahm. Im Gegenteil, ich tat es aus Idealismus. Aber der Gegensatz zwischen meinem Idealismus und der Politik wurde mir erst später bewusst: Erstmals bei der Aussprache mit Hans G., dann durch einige Erfahrungen, die ich gleich anschließend kurz skizziere, und endgültig durch die Schlacht um Stalingrad und die widersinnige Fortsetzung des Krieges.

Die Erfahrungen mit der Politik in der Zeit von 1933 bis zum Kriegsbeginn im September 1939 und anschließend während meinem Kriegsdienst in der Deutschen Wehrmacht waren so vielfältig, dass ihre halbwegs komplette Erzählung nicht nur die Studie viel zu umfangreich machen würde, sondern dass auch ihr Inhalt verwässert würde. (Ich will ja hier keinen Roman schreiben, sondern die Erkenntnisse schildern, die ich in dieser Zeit gewonnen habe.)

Zu meinen Erfahrungen mit der Politik zählen nicht nur die Ereignisse, die ich bisher in diesem Kapitel skizziert habe, sondern auch Erlebnisse anlässlich des sogenannten „Anschlusses" Österreichs an Deutschland, wie wir die Eingliederung Österreichs in das Deutsche Reich damals nannten. Allerdings kann ich – um die Studie nicht mit Erzählungen zu überladen – auch von dieser Tätigkeit nur einige wenige Erlebnisse berichten, die besonders charakteristisch für das damalige politische Geschehen waren.

Erwin, mein Vorgänger als Führer unserer d.j.1.11.-Jungenschaft und des Deutschen Jungvolks von Währing rief mich am Nachmittag des 11. März 1938 an und sagte mir: „Jetzt musst Du endlich zu uns kommen, denn heute geht es wirklich los!" (Ich war 21 Jahre alt und sollte von dj.1.11., die sich als Elite der nationalen Jugend verstand, zur angeblichen Elite der nationalen Erwachsenen der SS kommen.) Erwin gehörte zu jenen Währingern, die gemeinsam mit Burschen aus Döbling einen SS-Sturm (= etwa eine Kompanie) bildeten, dem vorwiegend Studenten angehörten. Mein Vater hatte am gleichen Tag Geburtstag. Ich feierte beim Abendessen mit den Eltern noch rasch dieses Fest, dann eilte ich zum Turnsaal in der Gentzgasse, in dem der SS-Sturm versammelt war, damit ich ja nichts versäumte. Denn ich war ja neugierig, was weiter geschehen würde. Und damals war ich noch voll überzeugt, einer guten und edlen Sache zu dienen.

Meine aktive Tätigkeit im Währinger SS-Sturm (wie ich sie anschließend skizziere) dauerte nur etwa 6 Wochen. Nachher nahm ich nur noch an Heimabenden der zivilen SS bis Oktober 1938 teil. Ich hatte genug gesehen und gehört. Dann widmete ich mich wieder meinem Studium, dem ich Vorrang gegenüber dem freiwilligen Dienst bei der SS gab. Ich ließ mich für die Dauer meines Studiums vom Dienst bei der zivilen SS beurlauben.

Zurück zu den Erlebnissen am 11. März 1938 abends im Turnsaal: Da alle Männer Zivilgewänder trugen, bekamen wir Hakenkreuz-Armbinden. Am späteren Abend hieß es: „Auf der Straße antreten!" Wir marschierten in die Innere Stadt. Am Minoritenplatz machten wir Halt und warteten auf weitere Befehle. Etwa um 1 Uhr nachts kam ein LKW und brachte Militärgewehre für alle Männer des Sturms. Jeder erhielt ein Gewehr. Der Sturmführer fragte: „Wer kann damit umgehen?" 13 Leute der etwa 100 Mann bejahten diese Frage, davon waren 12 vorher beim Bundesheer und einer ein Waffen-Narr. Als der Morgen graute, marschierten wir alle mit geschultertem Gewehr zurück in unseren Währinger Turnsaal und durften einige Stunden schlafen. Am Vormittag wurden SS-Uniformen geliefert. Jedermann konnte sich eine passende Uniform aussuchen. Das klappte recht gut, denn fast alle waren ja schlanke Burschen. Nun waren wir einsatzbereit.

Bei einem unserer Einsätze mussten wir ein Umspannwerk im Norden Wiens bewachen, etwa 12 SS-Männer, die turnusweise jeweils 2 Stunden lang entlang innerhalb der Umzäunung des Werkes patroullierten. Eines Nachts flüchtete eine Bisamratte ins Gelände des Umspannwerks. Draußen patroullierte ein Wiener Polizist. Er rief unserm

SS-Mann zu: „Schieß doch!“ (Denn die Ratten galten als gefährlich, weil sie die Kabel anknabberten.) Der arme SS-ler musste gestehen: „Ich kann ja nicht schießen!“

Bei einem anderen Einsatz bewährte ich mich selbst als Schaf im Wolfspelz: Ich musste am 15. März in einer Telefonzentrale am Börseplatz Gespräche ausländischer Jounalisten überwachen, weil ich englisch und französisch verstand. Ein englischer Pressemann telefonierte mit London. Er erzählte zu freimütig über die Feiern und auch die Einschränkungen anlässlich des Führerbesuchs in Wien. Ich sagte ihm, dass er etwas nicht sagen soll. Da sprach er ins Telefon: „Der SS-Mann neben mir zeigt mir, dass ich das nicht sagen darf!“ Da wusste man in London, dass er überwacht wurde.

Mein Gastspiel bei der zivilen SS dauerte nicht sehr lang: Ab dem 11. März hatten wir etwa 3 Wochen lang Bereitschaftsdienst, bei dem wir fallweise für (nicht allzu schwierige) Einsätze geholt wurden. Anschließend gab es „normalen“ Dienst der zivilen SS: An einem Wochentag Heimabend mit politischer Schulung und am Sonntag vormittags Marschieren und Sport. Da ich ja noch weiter meine Studentenbund-Kameradschaft führte, war mir das zu viel Aufwand in meiner Freizeit, die ja vornehmlich für mein Studium dienen sollte. (Im Sommer 1938 machte ich – aus politischem „Übermut“! – 6 Wochen lang freiwilligen unbezahlten Landdienst bei einem Bauern im Marchfeld.) All diese Zeit fehlte mir dann fürs Studieren! Aus diesem Grund ließ ich mich ab Oktober 1938 (mit gutem Gewissen) vom Dienst bei der SS beurlauben.

Die Beispiele unserer SS-Einsätze zeigen sehr deutlich, wie sehr damals in der Politik geblufft wurde. (Machten das nur die „Nazis“? Und ist so etwas heutzutage wirklich anders?) Die erwähnten Beispiele waren in ihren Auswirkungen relativ harmlos. Ein weiteres Beispiel, das mir ein Freund aus unserem Währinger SS-Sturm erzählte, zeigte mir deutlich, dass die Aktivitäten der zivilen SS nicht immer harmlos waren: Am Abend des 9. November 1938 schwammen etwa 25 Männer der Währinger SS, lauter gute Sportler, bei Bratislava über die March und die Donau in die Hauptstadt der Slowakei, in der damals ein Teil der Bevölkerung zu den Nazis tendierten. Dort zündeten sie jüdische Geschäfte an. (Es war der Tag der sogenannten „Reichskristall-Nacht, in der in vielen deutschen Städten Synagogen und jüdische Geschäfte geplündert und angezündet wurden.) Als die Wiener SS ihre „Arbeit" pflichtgemäß erledigt hatte, riefen viele Einheimische sehr laut: „Videnski SS!". Diese aber kehrten ziemlich rasch auf die gleiche Art nach Hause zurück, wie sie gekommen waren.

Als am 1. September 1939 der Krieg gegen Polen begann und Adolf Hitler im Rundfunk erklärte: „Seit 5 Uhr 45 wird jetzt zurückgeschossen", dachte ich mir, dass diejenigen, denen das „Zurück!" galt, auch Leute eines deutschen Kommandos waren.

Aber mein Einberufungsbefehl zur Wehrmacht war schon unterwegs und ich radelte gerade von Graz nach Wien.

Wenn ich heute mein Schicksal während das Zweiten Weltkriegs mit jenem von Wolfgang Paul vergleiche (der ja wie ich in der Gedankenwelt vom d.j.1.11. – aufgewachsen ist), fällt mir nicht nur der gewaltige Unterschied zwischen seinem harten und meinem gütigen Schicksal auf. Ich sehe die Ursache für mein glücklicheres Los nicht nur darin, dass ich damals schon kritisch denken gelernt hatte, sondern vor allem bei unseren familiären Leitbildern: Das Leitbild von Wolfgang Paul war das soldatische Heldentum seines Vaters. Mein Leitbild hingegen war die seriöse geistige Arbeit meiner beiden Eltern als Lehrer und Erzieher junger Menschen.

Gestattet, liebe Leser, dass ich an dieser Stelle noch einmal den Gedanken zitiere, der uns einfache Erdenbürger leiten sollte, wenn die Mächtigen dieser Welt mit Hass und Überheblichkeit ihre politischen „Leistungen" erbringen. Es sind die Worte, die Sophokles vor 2500 Jahren Antigone über den Sinn unseres irdischen Lebens sagen ließ: „Nicht mitzuhassen, mitzulieben bin ich da!"

Danke, lieber Herr Sophokles, dass Sie diesen wunderbaren Leitgedanken in die Welt gesetzt haben! Und herzlichen Dank Ihnen, liebe Frau Professor Ludikar, dass Sie uns an diesen Gedanken erinnert haben!

9.7 Woran ich glaube

Wie schon (am Ende des Kapitels 7.3) erwähnt, hat mir Klaus seinen geistlichen Betreuer und Seelsorger, einen sehr gescheiten evangelischen Pfarrer, sozusagen „vererbt“. Er und ich sind Freunde geworden, und er hat mich wieder näher zum christlichen Glauben hingeführt.

Das heißt nicht, dass ich vorher ein „Ungläubiger“ oder gar ein Atheist gewesen wäre. Im Gegenteil. Ich glaube immer schon an einen „Gott“, von dem ich mir aber nur eine ziemlich vage Vorstellung machen kann. Im Zeitalter der sogenannten „Taufscheinkatholiken“, und auch der „Taufscheinprotestanten“, kann sich ja jedermann seinen eigenen Glauben selbst zusammenreimen. Auch ich habe das gemacht. Mein Glauben besteht aus mehreren Elementen:

In gedanklicher Hinsicht folge ich meistens, aber nicht in allen Punkten den Lehren Martin Luthers; in gefühlsmäßiger Hinsicht folge ich viel mehr dem katholischen Glauben, in dem ich ja als Kind aufgewachsen bin: Mich bewegt nach wie vor Franz Schuberts „Deutsche Messe“ besonders hin zu Gott; die Lieder evangelischer Gottesdienste sprechen mich nur mit ihren Texten an, nicht aber musikalisch; in spiritueller Hinsicht sind mir der Text und Gesang von Mozarts Freimaureroper „Zauberflöte“ eine besondere Erkenntnis, vor allem Sarastros Arie: „In diesen heil'gen Hallen kennt man die Rache nicht!“; in der wissenschaftlich-logischen Gedankenwelt ziehe ich die Evolutionstheorie allen anderen Überlegungen vor; schließlich folge ich gefühlsmäßig in der Frage, was aus meiner Seele nach dem Tod werden soll, dem christlichen Leitbild, dass vielleicht doch die guten und bösen Taten gewogen werden, und ich bemühe mich ehrlich, mehr gute als schlechte Taten zu begehen.

Ist das nicht ein grässliches Konglomerat an geistigen Einflüssen? Aber ähnlich geht es wohl auch vielen anderen Menschen in unserer heutigen verwirrenden Zeit.

Um die beste Erläuterung meines geistigen Glaubens zu finden, darf ich noch einmal auf das Buch von unserem Wiener Kardinal Schönborn und Frau Stöckl zurückkommen „Wer braucht Gott?“[33)]. Der Herr Kardinal, für den die Existenz Gottes etwas Selbstverständliches ist, stellte diese Frage. Für Frau Stöckl aber (und für viele andere denkende und durchaus ehrenwerte Menschen) ist es gar nicht sicher, ob es Gott wirklich gibt. Und niemand weiß doch, wie wir uns Gott und sein Wirken konkret vorstellen können oder sollen. Die Titelfrage des Buches wirft somit etliche Gegenfragen auf, die jedermann sich selbst ehrlich und gleichzeitig logisch beantworten sollte.

Manche Leute tendieren dazu, Gott im Zufallsgeschehen zu suchen, so wie es die Evolutionstheorie mit der Entwicklung der Lebewesen macht. Aber ist es nicht doch zu gewagt, Gott (den Allmächtigen, der alles Geschehen auf der Erde lenkt, wie viele Menschen glauben) mit der Evolution zu identifizieren? Dann müsste ja nicht nur die Naturgeschichte, sondern auch die Weltgeschichte wissenschaftlich erklärbar sein. Letztere wird ja doch von Menschen gemacht, leider oft auf unerfreuliche Weise.

Wenn ich auf meine geistige Entwicklung zurückblicke, so darf ich wohl feststellen, dass diese zu einem großen Teil wirklich durch Zufälle geprägt wurde, zu einem anderen Teil aber auch durch die Art, wie ich an die Probleme meines Lebens nach dem Motto „Nach außen schauen und nach innen horchen“ heran ging. Beides aber kann nicht einige ganz außergewöhnliche Zufälle in meinem Leben erklären, wie etwa die Kommandierung zu meinem langen Studienurlaub, wodurch ich im Krieg mein Ingenieurdiplom erwerben konnte, oder die Tatsache, dass ausgerechnet ein Verwandter für mein militärisches Schicksal im Jahr 1945 zuständig war. Ich hatte öfters das Gefühl, dass mein Schicksal durch eine gütige geistige Macht gelenkt wurde.

Ich komme damit zur Kernfrage dieses Kapitels: Wie viele andere einfach fühlende Menschen habe ich mir den Kinderglauben an meinen Schutzengel als Erwachsener bewahrt. Darüber hinaus glaube ich auch an einen guten und gütigen Gott. Und ich bitte nicht nur jeden Morgen meinen Schutzengel, mich zu begleiten und zu beschützen, sondern ich bitte auch meinen lieben und gütigen Gott, mich durch den Tag zu führen. Und am Abend vor dem Einschlafen bedanke ich mich beim Schutzengel und bei Gott, dass sie mir geholfen haben (falls ich nicht vergesse, was mitunter vorkommt. Aber das sollte nicht sein!).

Auch den Tod von Klaus (so bitter er für Lotte als mütterliche Betreuerin und mich als Vater war) dürfen wir schließlich als glückliches Schicksal betrachten: Klaus starb, umsorgt von hervorragenden und sehr menschlich handelnden Ärzten und von seinem Bruder Wolfgang und uns beiden, seinen nächsten und liebsten Angehörigen. Er verließ die irdische Welt im Bewusstsein in seinem Beruf und auch kulturell etwas Gutes geleistet und seinen Angehörigen und Freunden Liebe und Freuden geschenkt zu haben. Im Vergleich zu anderen Menschen starb er zu jung, aber er hatte dennoch ein erfülltes Leben.

Damit komme ich zurück zur Frage, ob es einen guten und gütigen Gott gibt, der unsere Geschicke lenkt. Wenn wir an Gott glauben, wie sollen wir ihn uns sonst vorstellen? Als rächenden, oder auch als richtenden Gott? Viele charakterlich anständige Atheisten lehnen den Gedanken an einen richtenden Gott, der die armen Seelen zur ewigen Verdammnis in die Hölle schickt, als grässliche seelische Grausamkeit für einfache Menschen ab. Haben sie recht?

Vor ein paar Jahren, bevor oder als ich gerade begann, an dieser Studie zu arbeiten, las ich einmal in einem Buch über das frühe Christentum, dass die Christen der ersten Jahrhunderte, von denen viele den Märtyrertod starben, in ihrem „Vaterunser" Gott baten: „...führe uns in der Versuchung!". Heute bitten wir Gott, „...und führe uns <u>nicht</u> in Versuchung!" Wie kann es denn sein, dass uns Gott (den wir uns doch als integere geistige Leitfigur, aber letzten Endes als barmherziges Wesen vorstellen) denn überhaupt „in Versuchung führen" könnte? Seit damals halte ich es beim Vaterunser mit den frühen Christen und bete (auch im Gottesdienst, wenn die Nachbarn andere Worte sprechen) „... <u>und führe mich in der Versuchung</u>".

Man bedenke, die frühen Christen baten Gott, er möge sie in der Versuchung führen, ihrem Glauben an ihn treu zu bleiben, obwohl sie wegen diesem Glauben mit einem grausamen Tod rechnen mussten. Doch die meisten heutigen Christen in der sogenannten „westlichen" Welt haben diesen guten Glauben verloren, obwohl ihnen diese Welt nicht nur viele geistige Werte sondern auch sehr viele materielle Werte geschenkt hat, so dass sie die Segnungen einer großartigen Zivilisation genießen können. Wie undankbar sind doch diese Menschen!

Damit komme ich wieder zurück zu den Fragen: „Brauchen wir Gott?“ oder „Brauchen wir den Glauben an einen guten Gott?“ oder noch einfacher: „Brauchen wir einen guten Glauben?“.

Für mich selbst darf ich sagen oder zumindest hoffen, dass ich den Glauben an einen guten Gott gefunden habe. Auch für die meisten Menschen aller Religionen und Ideologien gilt wohl die Antwort, dass sie einen guten Glauben brauchen. Unser Herr Kardinal Schönborn sagte in seinen Diskussionen mit Frau Stöckl[33)]: „Auch die Kirche muss (ebenso wie die einzelnen Menschen) lernen!“. Ich denke, er meinte damit nicht nur seine katholische Kirche, sondern alle christlichen Konfessionen.

Es ist wie verhext! Nachdem ich im Manuskript dieses Buches aus mehrfachen Gründen fast ein Jahr lang keine größeren Änderungen mehr vornahm, wollte ich nur noch das Kap. 10.2 aktualisieren und anschließend das ganze Manuskript druckfertig machen. Da kam es Anfang März 2010 zu Ereignissen, die in dieser Studie nicht unbeachtet bleiben können: Der in vielen Medien breitgetretene Missbrauch katholischer Geistlicher (auch höherer Rangstufen) von ihnen anvertrauten Kindern und Jugendlichen durch körperliche Züchtigungen und sexuelle Untaten. Wie peinlich: Eifrige Vetreter der Moral sündigten selbst! Wie kann so etwas passieren?

(Diese Situation ist auch für mich unangenehm, denn ich möchte ja in dieser Studie das Christentum verteidigen: Ich halte die moralischen Regeln unserer Religion nach wie vor für passend.)

Nach meiner Meinung sind die Täter nicht primär schuldig. Die tiefere Ursache ihrer Missetaten liegt doch wohl darin, dass auch hier ein unzeitgemäßes System in der Krise ist. Liegen die Ursachen im Zölibat, den es weder im frühen Christentum noch in fortschrittlicheren christlichen Konfessionen gibt? Oder liegen sie darin, dass man bisher in der katholischen Kirche (ebenso wie beim Militär und früher in den Schulen) Disziplin durch körperliche Züchtigung erzwingen wollte? Oder liegt das alles daran, dass die Männer genetisch polygam veranlagt sind (siehe Teil 4 dieser Studie), und dass sie die Monogamie erst erlernen müssen? Oder liegt das daran, dass nach den Erkenntnissen der letzten Jahrzehnte Homosexualität zwischen Erwachsenen nicht nur geduldet sondern in vielen Ländern vom Staat (und sogar in manchen kirchlichen

Gemeinschaften) geschützt wird? Sei es wie immer, es ist sicher nicht die Aufgabe dieser Studie und es wäre sogar vermessen, das hier zu beurteilen. Das müssen die zuständigen kirchlichen Stellen doch selbst tun!

Damit komme ich zurück zum Resümee dieses Kapitels. Es lautet: **Es kommt für unser irdisches Dasein nicht darauf an, an welchen Gott (oder welche Götter) wir glauben, sondern darauf, dass wir einen guten Glauben haben, der uns ein möglichst friedliches und anständiges Zusammenleben mit unseren Mitmenschen bringen soll und kann.**

Mit diesen Sätzen will ich aber wirklich nicht sagen, dass ich eine neue Religion erfunden hätte. Sondern ich bin anscheinend einigen wichtigen Wahrheiten und Gegebenheiten unseres menschlichen Lebens näher gekommen. Ich habe (auf einem logischen Gedankenweg) einen guten Glauben gefunden, der wohl auch für andere Menschen gelten könnte. Ich denke, dass dieser mein Glauben weitgehend den Lehren eines aufgeklärten Christentums übereinstimmt. Abschließend möchte ich versuchen, diesen Glauben zu formulieren: „Ich glaube an einen guten und gütigen Gott. Ich bin ihm nahe, wenn ich die Gebote der Menschlichkeit, des Anstands und der Verantwortung einhalte. Und Gott steht mir bei, wenn ich in Not bin."

10. Perspektiven für eine bessere Zukunft

In diesem vorletzten Teil möchte ich jene Erkenntnisse der Studie aufzeigen und hervorheben, die (meiner Ansicht nach) geeignet sind, unser Leben besser und schöner zu gestalten. Es geht dabei um die Kernaussagen der Studie. Ich glaube zwar, dass diese Aussagen allgemein gelten, doch haben sie wohl für manche Lebensbereiche unterschiedliches Gewicht.

Die eine (im Teil 5 näher diskutierte) Kernaussage erläutert, dass unsere geistigen Beziehungen zu den Mitmenschen Gleichgewichtszuständen zustreben, und dass es ein gutes und ein schlechtes Gleichgewicht gibt. Das gute Gleichgewicht ist besonders durch Liebe, Friedlichkeit, Menschlichkeit, Geduld und Lebensfreude gekennzeichnet, das schlechte Gleichgewicht durch Streit, Hass, Kriege, Terrorismus, Egoismus und Gewalt.

Ähnlich verhält es sich mit unseren Beziehungen zur Natur und sogar zur menschlichen Kultur. Wir können diese Beziehungen lieben, achten und bewahren. Dann schenken sie uns Lebensfreude; wir können sie missachten, dann antwortet die Natur mit Tod und Verderben und die Kultur mit Enttäuschung und geistigem Verfall.

Die andere (im Teil 7 erläuterte) Kernaussage beschreibt die moralischen Regeln, die jedermann und jede menschliche Gemeinschaft einhalten sollte, damit sie die Segnungen eines zufriedenen und befriedigenden Zusammenlebens mit anderen Menschen und Menschengruppen erfahren können. Diese Regeln werden als „Ethik der Menschlichkeit" bezeichnet. Sie umfassen nicht nur diesen Überbegriff, sondern auch Gewaltlosigkeit, Verantwortung, ehrliche Arbeit, Respekt für anständige Gesinnung und Gefühle anderer Menschen, etc.

Wie oben angedeutet, habe ich daher die folgenden Kapitel der Perspektiven nach verschiedenen Lebensbereichen gegliedert:

1. Für Familien, Beruf und Freunde
2. Für Politik, Wirtschaft und Natur
3. Zu den Religionen und Ideologien
4. Für Ingenieure und technische Berufe

Vielleicht vermissen Sie, liebe Leser, bei dieser Aufzählung die Wissenschaft. Ich habe diesen Lebensbereich bewusst nicht mit aufgenommen, denn sie steht in meinen Betrachtungen über den anderen Lebensbereichen. Die Studie baut sogar, wie ich glaube, eine Brücke zwischen den Natur- und Geistes-Wissenschaften.

10.1 Perspektiven für Familien, Beruf und Freunde

In den oben erwähnten Lebensbereichen können wir als einzelne Menschen – im Gegensatz zu Politik, Wirtschaft, Religion und Ideologien – direkt Einfluss auf unser Zusammenleben mit anderen Menschen nehmen. Im vorliegenden Kapitel will ich dieses Thema nicht durch weitere Beispiele überfordern. Zu diesen Fragen habe ich ja in mehreren Teilen der Studie sehr viel aus meinem Leben erzählt und erörtert, welche Erfahrungen ich dabei gemacht habe und weiter mache. Deshalb möchte ich hier nur das skizzieren, was ich beim „lebenslänglichen Lernen“ für besonders schwierig und wichtig halte.

Wenn wir Schwierigkeiten in den Beziehungen mit einem andern Menschen haben, sollen wir uns immer bemühen, uns mit dem anderen in Güte auszusprechen. Dabei genügt es aber nicht, das zu begreifen, was uns der andere erzählt, sondern wir müssen auch seine Gefühle und seine Motive(!) verstehen lernen. Beides ist sehr schwer. Denn jeder Mensch verfällt ja immer wieder in den Irrtum, dass er die Gefühle des anderen nach seinen eigenen Erfahrungen und Vorstellungen beurteilt. Und wir verkennen oft nicht nur die Gefühle sondern auch die Motive der anderen.

Die Gefühle Anderer können wir nur durch eine ehrliche und offene Aussprache verstehen lernen. Ob uns der andere helfen, oder aber vielleicht seine eigene Meinung aufdrängen oder uns gar beschummeln will, kann uns nur unser Gespür sagen. Das Entscheidende dabei ist, dass wir miteinander reden und den Aussagen des anderen wirklich zuhören, und dass wir versuchen, aus dem, was er uns sagt, zu lernen. Dadurch kommen wir einander näher, in der Partnerschaft, in der Familie, im Beruf und in Freundeskreisen.

Besonders wichtig sind solche Aussprachen auch zwischen den Generationen. Nicht nur die Jungen können von uns Alten lernen. (Das ist zwar eigentlich eine Selbstverständlichkeit, wird aber von den meisten Jüngeren heutzutage noch mehr in Frage gestellt als in früheren Zeiten.) Auch wir Alten können von den Jungen lernen. Dies wohl deshalb, weil die meisten von ihnen mehr Gespür für das jeweilige Zeitgeschehen haben als wir. Wenn die Alten und die Jungen über Ihre Probleme miteinander sprechen und dabei zuhören, folgen sie dem guten Prinzip des „kollegialen Zusammenlebens“, das wir ja in allen Gemeinschaften pflegen sollten. Sicherlich können wir dadurch die Probleme besser lösen, die zwischen den Generationen bestehen.

Hinzu kommt noch die Problematik, dass die erwachsenen Söhne und Töchter im Laufe der Zeit die psychisch Stärkeren werden und dass die Eltern im höheren Alter Hilfe, aber auch Anerkennung und Dank brauchen. Dies nicht nur deshalb, weil die Eltern den Kindern das Leben gaben. Ein gelebtes „Dankeschön“ haben sich Eltern (ebenso wie andere Verwandte, Lehrer, Erzieher, etc.) dann verdient, wenn sie den jungen Leuten zu einem guten und wertvollen Leben verhelfen konnten.

Die Richtung der Hauptverantwortung dreht sich somit um. Das passiert in den meisten Fällen nicht von heute auf morgen sondern dauert längere Zeit, mitunter viele Jahre. In dieser Übergangszeit ist das gute Gesprächsklima und das kollegiale Lösen familiärer Probleme besonders wichtig.

Aber auch Probleme, die wir (in Familien oder in anderen Gemeinschaften) gegenüber Dritten haben, können wir im kollegialen Gespräch besser und leichter erfolgreich lösen.

Die Alternative zum „Miteinanderreden und Verstehenlernen“ ist die Fortsetzung des Streitens, bis der Streit eine oder beide „Parteien“ anwidert und schließlich zur Abwendung vom anderen führt. Das heißt: In einer Partnerschaft kommt es zur Trennung und in einer Ehe zur Scheidung. Bei den Generationen werden die Kontakte zwischen Eltern und erwachsenen Kindern immer schwächer, weil beide Seiten zu sehr mit den eigenen Problemen beschäftigt sind, und auch weil meistens materielle Probleme Vorrang gegenüber dem guten geistigen Zusammenleben haben.

In der weiteren Verwandtschaft kommt es in solchen Situationen zu Dissonanzen, weil man diese Beziehungen ja meist nicht ganz wegleugnen kann. Im Beruf schließlich kommt es zu Entfremdungen und Frust, worunter meistens die Qualität der Arbeit leidet. Und wenn so etwas in Freundeskreisen passiert, können wir sogar Freunde (oft für immer) verlieren, mit denen wir vorher jahre- oder jahrzehntelang herzlich verbunden waren.

Dass alle diese Alternativen zum „guten Gleichgewicht“ unerfreulich und somit ein „schlechtes Gleichgewicht“ sind, brauche ich wohl nicht näher zu erläutern.

Das Facit aus diesen Überlegungen lautet: „Auf jeden Fall miteinander reden, auch wenn die Probleme nicht gleich gelöst werden können. Ein Kompromiss ist immer noch besser!“

10.2 Perspektiven zur Politik, Wirtschaft und Natur

Dass Politik und Wirtschaft untrennbar miteinander verbunden sind, ist heute für jeden klar denkenden Menschen wohl eine Selbstverständlichkeit. Und auch die Natur spielt dabei mit ihren Bodenschätzen, mit dem ökologischen Gleichgewicht und leider auch mit Naturkatastrophen eine wichtige Rolle.

Im Jahr 2009 standen zwei politisch-wirtschaftliche Ereignisse im Vordergrund der Medienberichte und der Diskussionen in vielerlei Gremien: Ein zweifellos positives Ereignis, die Wahl von Barack Obama zum 44. Präsidenten der USA, sowie ein negatives Ereignis, die weltweite Bankenkrise. Sie sollte ja eigentlich „Bankerkrise" heißen, weil mehrere hohe Manager großer amerikanischer Banken die ersten waren, deren Misswirtschaft in aller Welt bekannt wurde. Da die USA seit dem Zweiten Weltkrieg als wichtigster Motor der Weltwirtschaft gilt, sind beide Ereignisse innig miteinander verknüpft. Alle Welt schaut gebannt nach Amerika.

Im Kapitel 1.3 über das soziale Gleichgewicht habe ich schon darauf hingewiesen, dass die derzeitige Wirtschaftskrise ein moralischer Mangel des kapitalistischen Systems ist, durch den die private Bereicherung einzelner Personen und Personengruppen gegenüber der Allgemeinheit möglich wird. (Die Bankenkrise ist jetzt nur die offenkundigste Erscheinungsform dieses Mangels). Daher gehört der Hebel beim kapitalistischen System angesetzt! Daher sollte man schauen, wie und ob sich Obama für ein korrektes und sozial gerechtes System durchsetzen kann. Den guten Willen dazu hat er ja allem Anschein nach. Etwas hat er schon erreicht:

Die ärgsten Übeltäter, die völlig gewissenlos mit dem Geld ihrer Gläubiger arbeiteten und es zum eigenen Nutzen verwendeten, sitzen hinter Schloss und Riegel; einer davon mit 150 Jahren Gefängnis, so dass er auch bei Nachlass eines Teils der Strafe nicht damit rechnen kann, es bei Lebzeiten zu verlassen. Einige andere Banker, die auch offenkundig gegen die Gesetze verstießen, kamen mit etwas minderen Strafen davon. Ein Banker hat, wie man las, Selbstmord begangen. Vielleicht doch einer, den das Gewissen drückte? Oder haben ihm seine verbitterten Gläubiger „das Messer angesetzt“? Wer weiß das schon! Wir müssen das eigentlich nicht wissen, wenn es darum geht, das derzeitige kapitalistische System zu ändern, das die Mächtigen ungerecht bevorzugt!

Damit komme ich zum Persönlichkeitsbild, das uns die Medien von Barack Obama vermitteln. Sehr viele Menschen in der ganzen Welt hegen große Erwartungen und Hoffnungen, dass er nicht nur die USA sondern auch das politische Geschehen in den vielen Krisengebieten der Erde in eine bessere, friedlichere und sozial gerechtere Zeit führen wird. Viele Voraussetzungen dafür hat er ja, seine Abstammung, sein Charisma, seine Überzeugungskraft, seine Kenntnis der moslemischen Geisteswelt, und auch seinen Idealismus und den Mut, sich für die erwähnten Ziele einzusetzen.

Diese Qualitäten hat Obama auch schon bei einer Rede in Kairo im Juni 2009 an die moslemischen und arabischen Völker und ebenso durch seine öffentliche (rhetorische) Verurteilung eines amerikanischen Offiziers deutlich gezeigt, der im Herbst 2009 zwölf Offizierskollegen ermordete und seine Tat mit seinem Glauben als Moslem begründete. (Faktisch wurde dieser Mann selbstverständlich durch die Justiz verurteilt.)

Nach mehr als einem Jahr seiner Präsidentschaft darf man wohl sagen, dass Obama es weiter recht gut versteht, die Menschen in seinen Bann zu ziehen. Aber den ersten Rückschlag hat er schon angesichts seiner vielen Widersacher in den USA und in aller Welt erhalten: In einem kleinen Staat im Osten der USA wurde wegen seines sozialen Gesundheitssystems ein demokratischer Senator abgewählt und durch einen Republikaner ersetzt. Die Demokraten haben dadurch ihre Mehrheit im Senat verloren. Dennoch konnte Obama sein Gesundheitssystem im Repräsentantenhaus durchbringen, musste aber Kompromisse eingehen. Das zeigt, dass Obama nicht nur ein zäher, sondern letzten Endes ein durchschlagskräftiger und lernfähiger Politiker ist. Diese Qualitäten muss er wahrscheinlich auch in anderen Bereichen beweisen:

Wie weit und wie bald Obama die militärischen Fehlleistungen seines Vorgängers im Irak korrigieren kann, und ob und wie er den Spagat schaffen kann, die militärischen und politischen Probleme in Afghanistan und im ganzen west- und zentralasiatischen Raum in eine friedliche

Richtung zu lenken, das alles wird wohl auch ihm mehr als Kopfzerbrechen bereiten.

Ich denke aber, dass es ihm doch bisher schon gelungen ist, den weltweit so sehr ersehnten Paradigmenwechsel einzuläuten, der die Welt aus dem Zeitalter des Kriegsdenkens in bessere Zeiten führt, in denen das Friedens-Denken bestimmend ist. Wie lange dieser Wechsel dauern kann und welche Rückschläge es (angesichts der zahllosen traumatisierten Terror- und Kriegsopfer) geben wird, hängt wohl von den Unwägbarkeiten der Zukunft ab.

So wie ich das hier darstelle, haben vielleicht auch die Verantwortlichen der Kommission des Friedensnobelpreises gedacht, die Obama (erstmals in der Geschichte ihrer Tätigkeiten) im Jänner 2010 (somit ein Jahr nach Beginn seiner Präsidentschaft) ihren Nobelpreis verliehen haben. Dabei haben wir einfachen Erdenbürger etwas gelernt: Der Friedensnobelpreis wird nicht nur für vollbrachte Leistungen verliehen, sondern auch an wichtige Menschen, um diese anzuregen, weiter in ihren Bemühungen um einen guten Frieden fortzufahren!

Wie weitblickend die Friedensnobelpreise vergeben werden, erfuhr ich kurze Zeit später am 24. Jänner 2010, dem Holocaust-Gedenktag. Der Staatspräsident Israels Shimon Peres hielt aus diesem Anlass eine sehr wichtige Rede vor dem Deutschen Reichstag[45)], die seltsamerweise in den deutschen Medien kaum Beachtung fand. Peres trat in seiner Rede eindeutig für ein friedliches Zusammenleben der Israelis und Palästinenser ein, eine Idee, für die er (gemeinsam mit Jasse Arafat) 1994 den Friedensnobelpreis erhielt.

Ich erlaube mir, einige Stellen aus seiner Rede zu zitieren, weil Peres heute Staatspräsident und erster Sprecher Israels ist: *„Meine Damen und Herren, Sie wissen, dass Israel dem Grundsatz ‚Zwei Staaten für zwei Völker' zustimmt…*

Auch jetzt sind wir bereit auf Gebiete zu verzichten, um mit den Palästinensern Frieden zu schließen. Sie sollen einen eigenen unabhängigen, gedeihenden und friedliebenden Staat errichten …Seit Beginn seiner Existenz ist das jüdische Völk den Geboten ‚Morde nicht!', ‚Liebe deinen Nächsten wie Dich selbst!' und ‚Suche den Frieden und jage ihm nach!' verpflichtet. Unter allen Umständen und überall…

Ich stehe heute vor Ihnen im Glauben, dass es in Ihrer und auch unserer Macht steht, den Lauf der Geschichte zu ändern. Ich glaube daran, dass der Friede in Reichweite ist..."

All das mit vielen Details dazu sagte Peres vor dem Deutschen Reichstag, weil viele anständige und ehrliche deutsche Politiker (zuletzt Frau Merckel) Isreal versprochen und geholfen haben, ihren eigenen Staat zu errichten.

Zurück zu meiner Studie! Als alter Österreicher deutscher Sprache, der die Irrungen und den Anstand in der Politik und im Beruf im Krieg und im Frieden erfahren hat, meine ich: „Ich denke, wir Österreicher sollten dem Beispiel Deutschlands folgen, jedoch weiterhin als unabhängiger Staat. Und wir sollten die Bestrebungen Israels im Sinne der Rede von Simon Peres voll unterstützen!"

Nun aber wieder zurück zur näheren Zukunft! Dazu möchte ich auf ein Buch des Kulturphilosophen Peter Sloterdijk hinweisen „Du musst Dein Leben ändern!"[43)]. Der Titel des Buches sagt eigentlich alles: Der Autor meint damit, dass auf Grund seiner wissenschaftlichen Erkenntnisse die ganze Menscheit (und damit auch jeder einzelne von uns) seine geistige Einstellung ändern müsse. Und er erklärt auch in seinem mehr als 700 Seiten starken Buch mit vielen philosophischen Details und mit für Laien verwirrenden Spezialbegriffen. Ich habe mich dennoch bemüht, die Kernaussage des Buches nach bestem Wissen und Gewissen herauszuarbeiten.

Sie lautet: Einzelne Apostel, vor allem Johannes, haben bei der Niederschrift ihres Evangeliums geschwindelt indem sie das Jüngste Gericht in die letzten Worte von Jesus Christus hineininterpretiert haben. Paulus hat die politische Kraft der Lehren von Christus für das Römische Reich erkannt. Er war die treibende Kraft, dass Petrus nach Rom ging. Sein Gesinnungswandel war somit eigentlich keine Bekehrung.

Ein anderes Bild des derzeitigen Weltgeschehens und dessen, was wir zu erwarten haben, zeichnet Peter Scholl-Latour in seinem neuesten Buch „Die Angst des weißen Mannes"[44)]: Der „Welterklärer", wie die Zeitschrift „Der Spiegel" Scholl-Latour nennt, beschreibt darin, dass der „Weiße Mann" (die Herrschenden Europas und Amerikas) sich damit abfinden müssen, die politische, militärische und geistige Macht mit anderen starken Mächtegruppen in Asien, Mittel- und Südamerika und auch in Afrika teilen zu müssen! 500 Jahre lang hat der „Weiße Mann“ aus Europa die Eingeborenen der Neuen Welt unterjocht und sie ebenso wie ihre Ländereien ausgebeutet. Nun wurden die anderen gleichwertige Partner, und der Weiße Mann fürchtet (wohl zurecht), dass sie sich rächen werden. Ein düsteres Zukunftsbild! Was können wir „Menschen des Westens“ dem entgegensetzen? Nur die Strahlkraft Präsident Obamas oder doch mehr? Das geht jeden von uns an!

Bevor ich aber die Perspektiven abschließe, möchte ich noch auf den Einfluss der Natur auf unser Leben hinweisen: Zunächst auf die Erdbeben-Katastrophen in Haiti, Chile und Pakistan auf die Überschwemmungen in vielen Teilen der Welt. All das sind höhere Gewalten. Aber Dank unseres heutigen Wissens sind die Folgen für die betroffenen Menschen reduzierbar. Die Menschen in Haiti und Pakistan waren schlecht vorbereitet, in Chile deutlich besser, aber doch nicht ausreichend. Und die Schäden der Überschwemmungen in New Orleans, Bangladesch und in Madeira, sowie durch die schweren Stürme an der Westküste Frankreichs zeugen von mangelnder Vorausschau und Verantwortung der zuständigen Behörden: Es ist beschämend, wie gering die finanziellen Hilfsmittel der reichen Staaten für solche Katastrophen sind, wenn man diese Gelder mit den Militärbudgets dieser Staaten vergleicht!

Zum Schluss das Ergebnis dieses Kapitels: Was vielen Menschen in der Politik, der Wirtschaft und gegenüber der Natur fehlt, ist neben dem Verständnis für die Interessen, Sorgen und Nöte der „Anderen“ das Verantwortungbewusstsein für das Wohl beider „Parteien“. Diese Überlegung gilt in der Politik genau so wie in den Familien im Beruf wie in allen anderen Bereichen des Lebens. **Um das dauerhaft zu erreichen, braucht die Welt eine gründliche Erziehung der jungen Menschen weg von Egoismus und der Gewalt und hin zu einer zeitnahen Ethik. Dies aber kann in Demokratien nur von der Mehrheit der Menschen verlangt und von Politikern autonomer Staaten verordnet werden.**

10.3 Perspektiven zu den Religionen und Ideologien

Ist die Situation der Religionen und Ideologien nicht ebenso verwirrend wie die politische und militärische Situation der Welt? Diese Frage muss man im Jahr 2010 recht deutlich mit einem „Ja" beantworten. Nicht nur Theologen und Kirchenfürsten liegen sich (verbal) in den Haaren, sondern es streiten auch Philosophen und Politiker mit Vertretern der Religionen. Was ist denn los mit den Spitzenleuten der Religionsgemeinschaften? Ich glaube, die Ursache dafür liegt darin, dass manche Religionen wieder einmal (jetzt vielleicht noch deutlicher als früher) für politische Zwecke missbraucht werden, wie ich das schon im Kapitel 2.1 beschrieben habe. Dadurch sinken, wie Erich Fromm[13)] sagt, die Religionen zu Ideologien herab.

Da ich weder ein Religionswissenschaftler noch ein Vertreter einer Religionsgemeinschaft sondern nur ein religiöser Mensch bin, der sich seinen Glauben selbst „zusammengereimt" hat, kann ich die Situation der Religionen nur sehr allgemein betrachten. Ich frage mich, ob die Kernaussagen der Studie auch für die Vertreter von Religionsgemeinschaften gelten können und sollten.

Als einfacher Christ möchte ich von den Worten des Vaterunsers ausgehen, in denen es heißt: „...Dein Reich komme, Dein Wille geschehe, wie im Himmel also auch auf Erden." Sicherlich sind dabei mit den Worten „Reich" und „Himmel" das geistige Reich und der geistige Himmel gemeint und nicht ein weltliches Reich und der Himmel der Natur. Denn Jesus predigte ja auch „Mein Reich ist nicht von dieser Welt." Und er hat sicher nicht den Himmel der Natur gemeint, wie die Astrologen dies tun. Wir sollen uns somit laut dem Vaterunser bemühen, ein geistiges Reich des Friedens auf Erden zu schaffen. Wie können wir das? Diese Frage habe ich schon im vorangegangenen Kapitel betrachtet.

In diesem Kapitel stellt sich diese Frage für die Vertreter der Religionsgemeinschaften. Sie müssen ihre Antwort darauf selbst finden. Wir kleinen Mitglieder einer Religion können nur zusehen, was die Obrigkeit tut und wie die Perspektiven für die Zukunft der Religionen aussehen: Da gibt es wiederum eine gute, dem friedlichen Miteinander zugewendete und eine weniger gute Perspektive, die uns Streitigkeiten zwischen Religionen und innerhalb jeder Religion zwischen deren Konfessionen bringt.

Für das Christentum bedeuten diese Alternativen: Sollen die vielen selbstständigen Konfessionen (und möglichst auch die unabhängigen christlichen Sekten) zu einem einheitlichen Glauben (mit lokalen Nuancen) zusammenfinden und -wachsen? Oder sollen sie weiterhin unabhängig voneinander bleiben und ihre verschiedenen fundamentalistischen Vorstellungen pflegen? Die Antwort auf die beiden Alternativen ist doch eindeutig: Im realen künftigen Geschehen heißt das, dass die Chefs der einzelnen Konfessionen miteinander reden, in ihrer geistigen Einstellung aufeinander zugehen und die gleichen Grundsätze vertretren sollten.

Analoge Überlegungen gelten wohl auch für andere Religionsgemeinschaften, vor allem für die monotheistischen Religionen hinsichtlich ihrer internen Probleme. Dasselbe gilt auch für das Zusammenleben der Religionen miteinander. Ich darf in diesem Zusammenhang Papst Benedikt XVI. zitieren: Er hat bei seinem Besuch in Australien im Sommer 2008 die freie Religionsausübung für alle Religionen gefordert. Das ist ein wichtiger und wohl auch ein guter Schritt des bedeutendsten christlichen Kirchenfürsten. Werden die Oberhäupter der anderen Konfessionen da mittun? Es gibt auch schon gewisse Anzeichen, etwa von der orthodoxen Kirche Russlands.

Derzeit aber ist der Papst in einer sehr schwierigen Lage: Vor ein paar Jahren galt er doch (und war wahrscheinlich auch) als einer der konservativsten Denker unter den Kardinälen. Jetzt muss er für die Öffnung der katholischen Kirche in alle möglichen geistigen Richtungen eintreten und soll gleichzeitig die innere (moralische!) Krise der Katholischen Kirche lösen, die ich im Kapitel 9.7 aufgezeigt habe. Er ist nicht zu beneiden!

Wie aber sollen wir kleinen Leute mit all den religiösen Fragen zurecht kommen, wenn das schon bei den Oberen so schwer ist? Ich glaube, es kann niemanden wundern, wenn sich die jungen Leute in aller Welt heutzutage anderen geistigen Erlebnissen zuwenden, die ihnen mehr zusagen und sagen, wie etwa die „Open-Air-Konzerte" oder Großereignisse wie die „Woodstock-Festivals", die ja gleichzeitig Friedens-Kundgebungen (gegen den Vietnamkrieg) waren, oder etwa die Konzerte anlässlich des Todes von Michael Jackson. Solche Veranstaltungen nehmen oft religiösen Charakter an.

All das zu erkennen und zu ändern, ist doch ein internes Problem der Spitzenleute der Religionsgemeinschaften. Wir können nur hoffen, dass sie ihre Aufgaben gut und bald erfüllen.

10.4 Perspektiven für Ingenieure und technische Berufe

Dieses Kapitel widme ich jenen jungen Lesern, die in den nächsten Jahren oder vielleicht sogar in allernächster Zeit entscheiden sollen, auf welchen Beruf sie sich vorbereiten oder welche berufliche Laufbahn sie wählen sollten. Selbstverständlich ist eine solche Entsscheidung heutzutage bei vielen Berufen nicht mehr so endgültig für das ganze Leben wie in meiner Jugend, aber bei akademischen und manchen Facharbeiter-Berufen ist die richtige Wahl immer noch sehr wichtig für das ganze Leben.

Ich glaube, auch heutzutage haben die meisten jungen Leute gute Ideale, wie sie ihr Leben anständig und erfolgreich gestalten können. Ich darf daher hoffen, dass Ihr meinen Gedanken aufmerksam folgt: Ich will Euch nämlich bewegen, Ingenieure zu werden oder einen anderen technischen Beruf zu wählen, der Euren Vorstellungen und Fähigkeiten entspricht. Dazu gehört allerdings eine geeignete Begabung, z.B. mathematisches Verständnis, konstruktives Denken oder räumliches Vorstellungsvermögen. Das solltet Ihr besitzen oder Euch erwerben, sofern Ihr die Voraussetzungen dafür habt.

Ihr solltet Euch nicht scheuen, ein ziemlich mühsames Studium auf Euch zu nehmen. Denn es lohnt sich, dieses Studium und andere Mühen in der Vorbereitungszeit und im frühen Berufsleben zu ertragen. (Ich denke, Ihr habt das auch aus den Erzählungen der Studie herausgelesen.)

Damit Ihr das, was Euch als Ingenieure oder in einem anderen technischen Beruf bevorsteht, aus der Sicht des 21. Jahrhunderts besser beurteilen könnt, möchte ich Euch über die wichtigsten Gedanken aus einer Festrede für Sponsionen von Diplom-Ingenieuren der Nachrichtentechnik berichten. (Ich durfte an einer dieser Sponsionen als Gast teilnehmen.) Der Festredner, Herr Dipl.-Ing. Günter Hamza, war damals technischer Leiter einer Firma für elektrotechnische Automation. Er hat seine Festrede schriftlich festgehalten[16)]. Dadurch kann ich seine wissenschaftlich sehr gut fundierten Aussagen nicht nur gekürzt nacherzählen, sondern zum Teil auch wörtlich übernehmen.

Herr Hamza gratulierte den promovierten Damen und Herren zu drei wichtigen Tatsachen: Erstens, dass sie das schwere Studium in jahrelanger mühevoller Kleinarbeit erfolgreich beendet haben und dass sie als eines der wichtigsten Erlebnisse „Lernen gelernt haben“. Denn auch in Zukunft werden sie nicht nur im Beruf als Ingenieure, sondern auch im Umgang mit anderen Menschen für die gute Gestaltung ihres Lebens und des Lebens von anderen Menschen immer wieder weiter lernen müssen.

Das zweite gute Ergebnis ihres Studiums besteht darin, dass die Damen und Herren als Ingenieure und in anderen technischen Berufen (im Gegensatz zu den meisten anderen Berufen) ab sofort gute Chancen haben, eine ordentlich bezahlte Anstellung zu bekommen.

Das dritte gute, besonders wichtige Ergebnis ihres künftigen Berufs, ergibt sich aus der Position der Technik für die Zukunft der Menschheit: Der Fortschritt in allen Sparten der technischen Berufe dient ja dazu, das Leben aller Menschen zu verbessern und zu verschönern. Dadurch ergibt sich für jeden Techniker eine hohe Verantwortung, diesem ethischen Ziel in seinem beruflichen Umfeld ehrlich zu dienen. Er muss daher nicht nur seinen Job verstehen, sondern auch ein guter Psychologe und ein anständiger Mensch sein. Ich darf dazu Herrn Hamza aus seiner Festschrift wörtlich zitieren:

„Die Beherrschung der beiden Machtmittel Technik und Psychologie sind die einzigen wirklichen Machtmittel, die es in einer demokratischen Gesellschaft gibt oder zumindest geben soll; denn das dritte Machtmittel, das Kapital, können Sie sich unschwer beschaffen, wenn Sie die beiden anderen beherrschen.“

Hamza beschreibt in der Folge eine persönliche Gesinnungsethik, die sich jedermann im Beruf erarbeiten soll. Dazu definiert er eine allgemeine Forderung:

„Es sollte die Verpflichtung eines jeden Menschen sein, die eigene ethische Werteskala aus der Verantwortung für diese unsere Welt abzuleiten.“

Das Thema der Evolution des Lebens auf unserem Planeten Erde habe ich im Kapitel 8.3 der Studie unter dem Motto „Die Weisheit der Natur“ angeschnitten. Hierzu schreibt Hamza aus historisch begründeter wissenschaftlicher Sicht:

„Wir haben uns in der Vergangenheit in allen Punkten gegen die Prinzipien der Evolution entschieden und damit das Bild einer feindlichen Natur geschaffen, die es gilt, zu unterwerfen.

Ethik in unserer heutigen Zeit heißt die Umkehrung dieser Wertewelt, die Wandlung unseres Weltbildes in das einer Natur, die in einem bisher nicht geahnten Maß im harmonischen und dynamischen Gleichgewicht steht. Es ist unsere Verpflichtung als Techniker, unser Wissen und unsere Intuition in den Dienst dieses Gleichgewichts zu stellen. Dies im Bewusstsein, dass es letztlich um das Überleben der Menschheit geht.“

Hamza hat die Gedanken, die er in der Festrede vortrug, aus Erkenntnissen hochrangiger Naturwissenschaftler und Philosophen übernommen. Besonders beachtenswert ist eine Aussage von C. F. Weizsäcker, der den Paradigmenwechsel näher definiert: Ein solcher ist dann notwendig, wenn es gilt eine Krise zu überwinden, bei der man mit herkömmlichen Mitteln keinen Ausweg mehr sieht. Diese Situation besteht derzeit durch den ungeheuren naturwissenschaftlichen Fortschritt. Hamza bezieht seine Werteskala nicht nur auf die (in seiner Rede angesprochenen) Techniker, sondern ganz allgemein auf alle einzelnen Menschen.

Schließlich sagt er auch in seinen Überlegungen über die Ethik einer neuen Wertewelt, dass diese nur durch Wissen und Intuition zu erreichen ist. Und er spricht (als allgemeine Zielvorstellung) sogar von einem harmonischen Gleichgewicht und (als Ziel der einzelnen beruflichen Arbeits-Aufgaben) von einem dynamischen Gleichgewicht.

Dies alles zeigt eine verblüffende Übereinstimmung mit den Gedanken meiner Studie. Und ich freue mich natürlich, dass meine Ausführungen dadurch wissenschaftlich so gut untermauert werden.

Auch Ihr, liebe jungen Leserinnen und Leser, werdet Euch einmal freuen können, wenn Ihr jetzt den Mut, die Eignung und die Kraft in Euch fühlt, den Beruf des Ingenieurs oder eines Technikers in einer der vielfältigen Sparten vom Mechaniker bis zum wissenschaftlichen Forscher zu wählen. Denn Ihr könnt dann mithelfen, eine bessere Welt aufzubauen:

Sei es als Verkehrs- oder Informations-Techniker, die die Menschen aus den verschiedensten Gegenden der Welt räumlich und ideell einander näher bringen;

sei es als Umwelt-Techniker, die mithelfen die drohenden Naturkatastrophen zu mildern;

sei es als Maschinentechniker oder als Chemiker, die durch neue Erfindungen oder Lösungsideen helfen, anderen Menschen den Alltag zu verbessern oder zu erleichtern;

sei es als Techniker für Hoch- oder Tiefbau, die anderen Menschen ein gesundes und schönes Wohnen ermöglichen oder gute Straßen und Verkehrswege errichten;

sei es als Außen- oder Innen-Architekten, die die Kunstwerke der Natur durch menschliche Kunstwerke, z.B. durch schöne Bauten oder Möbel bereichern;

sei es als Energie-Techniker, die helfen, die auf unserem Planeten laufend zur Verfügung stehenden Energien besser zu nützen ohne die fossilen Energien zu verschwenden, die von der Natur in vielen Jahrmillionen erzeugt wurden;

sei es als Techniker für medizinische Einrichtungen, die mithelfen, die Behandlung kranker Menschen zu verbessern.

Welch ein ungeheuer breites Feld von Aufgaben, die Euch als Ingenieure und Techniker Freude bereiten und geistiger Lebensinhalt sein können!

Aus meiner Beobachtung der derzeitigen wirtschaftlichen, politischen und religiösen Situation in aller Welt darf ich jetzt, im Frühjahr 2010, zusammenfassen: **Die Naturwissenschaften – vor allem die Biologie – und die Errungenschaften der Technik (besonders der Informationstechnik) werden immer mehr zu den Motoren einer friedlichen Evolution der Menschheit.**

Diese Festellung darf man getrost trotz aller kriegerischen Auseinandersetzungen, wirtschaftlicher und anderer Krisen treffen. Im Gegenteil: Krisen können sehr heilsam sein. Und mit Kriegen, Terror, kapitalistischen und anderen Egoismen sind die gewaltigen Probleme des Lebens auf unserem Planeten Erde nicht mehr zu bewältigen!

Zum Schluss dieses Kapitels und des Teils 9 der Studie noch ein Blick in die Vergangenheit mit einem Ausblick in die Zukunft:

Der Schritt aus dem geistig dunklen Mittelalter in die hellere Neuzeit der geistigen Aufklärung wurde durch einen Fortschritt der Informationstechnik möglich, nämlich durch den Buchdruck. Und er wurde durch einen großartigen Menschen in die Welt getragen, durch Martin Luther und die Verbreitung der christlichen Bibel.

In den letzten Jahrzehnten des zwanzigsten Jahrhunderts und zu Beginn des dritten Jahrtausends revolutioniert eine einzigartige neue Informationstechnik viele Zweige der Wissenschaften und in ihrer Folge mit neuen technischen Lösungen das Leben der Menschen in nahezu allen Lebensbereichen. Nicht nur Barack Obama ist (als moralisch integerer Politiker) gefordert, die Menschheit in eine bessere Zukunft zu leiten. Sondern wir alle sollten dabei mit unseren Fähigkeiten mithelfen, jeder auf seinem Platz!

11. Anhang: Der Weg ist das Ziel

Beiträge aus meinen früheren Schriften

Mit meiner Entscheidung den Ingenieurberuf zu wählen, habe ich schon im 20. Lebensjahr meinen beruflichen Lebensweg festgelegt. Ich wusste damals noch nicht, wie weitreichend diese Entscheidung mein ganzes Leben, zunächst sogar als Soldat, später mein Familienleben und schließlich meine ganze geistige Einstellung beeinflussen werde. Berufsausbildung und dann der Beruf hatten stets absoluten Vorrang in meinem geistigen Weg! Fünf Jahre später, mitten im 2. Weltkrieg, skizzierte ich erstmals schriftlich diesen Weg in meinem Tagebuch, damals jedoch ohne die endgültige Richtung dieses Weges zu erkennen.

Dazu darf ich erwähnen, dass ich etwa ab dem 15. Lebensjahr begonnen habe, ein solches Tagebuch zu führen. Darin trug ich nicht nur Liebesgedichte ein, was ja andere Jugendliche auch tun, vor allem Mädchen, aber damals auch manche Burschen. Gelegentlich trug ich in dieses Büchlein auch Betrachtungen ein, die ich mir über meine Erlebnisse und über die geistige Welt machte, in der ich lebte. Das habe ich auch in späteren Jahren so gemacht.

Einige wichtige Betrachtungen, die besondere Stationen auf meinem geistigen Lebensweg beschreiben, darf ich als Abschluss dieser Studie wiederholen. Es sind durchwegs Gedichte. Denn mit Gedichten kann man ja viel besser die Zusammenhänge zwischen Gedanken- und Gefühlswelt beschreiben.

11.1 Der Weg des Menschen

Im Herbst 1942 schrieb ich die folgende Betrachtung in mein Tagebuch ein. Man könnte sie auch als Niederschrift einer gedanklichen „Vision“ oder als „Audition“ ansehen, wie man im (esoterischen) Fachjargon sagt. Aber es war kein externes geistiges Wesen, das mir diese Gedanken diktierte, wie dies bei dem sogenannten „Channeling“ der Fall ist. Sondern es war meine eigene gedankliche Verarbeitung all der Erlebnisse, die ich bisher vor allem im Zweiten Weltkrieg und auch vorher als Student und in der Jugendzeit gemacht, in Worte gefasst und festgeschrieben habe.

Dass ich damals als junger Mann von 25 Jahren schon auf der Suche nach dem richtigen geistigen Weg war, ist wohl damit zu erklären, dass wir Soldaten niemals wussten, wie lange wir noch leben dürfen. Und dass ich die Sicht auf das „Mensch-Sein“, oder wie man heute sagt, auf die „Menschlichkeit“ hatte, mag vielleicht manchen Lesern als „prophetisch“ oder als hinterher umgedeutet erscheinen. Aber ich meinte die Worte „Mensch-Sein“ damals wirklich im Sinn von Menschlichkeit. Dieses Wort wurde im Krieg aber kaum verwendet. Ich hatte das große Glück, schon sehr viel gute Menschlichkeit erlebt zu haben. Dies nicht nur in der Familie meiner Eltern, in der Schule, in unseren Wandergruppen, beim Österreichischen Bundesheer, sondern nachher sogar besonders auch beim Deutschen Heer in dem Nachrichtenregiment und im Stab des Kommandeurs der Heeres-Nachrichtentruppen, bei dem ich damals als Ordonnanzoffizier diente.

Diese Dienststelle war im Herbst 1942 von Kischinev (heute Moldavien) in die Stadt Lötzen in Ostpreußen verlegt worden. (Hitler hatte inzwischen die sogenannte „Wolfsschanze“ nahe Lötzen zu seinem Hauptquartier für den „Ost-Feldzug“ gegen die Sowjets gemacht.) Unser Stab war dem OKH (Oberkommando des Heeres) direkt unterstellt, das Hitler in seiner Nähe brauchte. Wir mussten daher auch mit übersiedeln.

Für mich war es eine ziemlich ruhige Zeit, so dass ich anscheinend Gelegenheit und Muße hatte, so tiefsinnige Gedanken zu wälzen und in Worte zu fassen:

Lötzen im November 1942

Der Weg des Menschen

Einmal wollen wir alle zu uns zurückfinden,
zu uns oder zu Gott
oder zur Unendlichkeit.

Sollen wir uns nun feige zurückziehen
und gleich morgen den uns dargebotenen Schutz aufsuchen?

Oder sollen wir nicht doch hinausgehen
ins Ungewisse,
in die Unvollkommenheiten,
in die Gefahren für unsere Seele
und uns dort draußen suchen, zumindest solange wir jung sind!?
Um uns dort einmal aufzuspüren
mitsamt unserer menschlichen Beschränktheit,
mitsamt unseren Schwächen und Sünden,
und um dort unserem unvollkommenen Wesen nachzugehen,
es immer wieder zu wagen und zu versuchen!
Um es einmal – ganz ferne einmal –
vielleicht jenseits unseres irdischen Daseins
ganz voll zu fassen!
Um uns dort endlich ganz wieder-zu-finden,
am Ende, das kein Ende ist, sondern ein Hinübergehen.
Bei dem einen ein sanftes Hinübergleiten,
bei dem anderen ein Hinüberstürmen
oder ein Hinüberstürzen.

Sei es wie es sei, es ist gut,
wenn es ein „Gut-Sein" überhaupt geben soll.
Und darum, Ihr Lieben, sucht Euch,
wo immer Ihr Euch aufzuspüren vermöget:

Sucht Euch als Künstler, wenn Ihr Euch als Künstler glaubt;
Sucht Euch als Helden, wenn Ihr an das Heldentum glaubt;
Sucht Euch als Goldmagnaten, wenn Ihr an das Gold glaubt;
Sucht Euch als Bauern, wenn Ihr an die Scholle glaubt.
Sucht Euch als Prediger, wenn ihr an die Gewalt der Ideen glaubt
und an die ewigen Gesetze des Seins.

**Zieht hin in Euer „Glück“ und geht in die „Irre“,
geht alle die Wege Euerer „Wahrheiten“ und „Sünden“!
Aber vergesst eines nicht: Sucht Euch immer wieder als Menschen!
Denn Ihr müßt an den Menschen glauben,
wollt Ihr nicht von vorneherein
alles, was in Euch und um Euch ist, als Sinnlosigkeit
verdammen!**

Und ihr werdet sehen, das Euch das „Mensch-Sein“
unsagbar viel bedeuten kann,
wenn Ihr nur einmal ein kleines Stück Eueres Ich gefunden habt,
so viel, dass nur eines dies überbieten, krönen kann:
Euer restloses Aufgehen in Euch selbst,
dann, am Ende,
am großen Tor,
vielleicht auch kurz davor
oder in der Zeitlosigkeit danach.

11.2 Kriege sind Brudermord

Das Gedicht „Kriege sind Brudermord“ enstand mehr als 50 Jahre nach der vorangegangenen Betrachtung unter dem Eindruck der mörderischen Bruderkriege zwischen Serben, Kroaten und Bosniern im zerfallenden Jugoslawien. Die in der Betrachtung erwähnte Möglichkeit, meinen Lebensweg dem Heldentum zu weihen, war mir – wie wohl jedem anderen denkenden und fühlenden Europäer – im Verlauf des Zweiten Weltkriegs gründlich vergangen!

Wir glücklichen Österreicher hatten ja. ebenso wie die meisten Westeuropäer in der EU, mehr als 50 Jahre lang eine recht friedliche Aufbauzeit erlebt. Und nun tobten wieder Hass, Krieg und Mord bei unseren Nachbarn. Erinnerungen an die Gewalttaten, Leiden, Vertreibungen und Ängste im und nach dem Zweiten Weltkrieg kamen auf. Bei mir fanden diese Erinnerungen unter anderem in diesem Gedicht ihren Niederschlag.

Auch heute, im Jahr 2010, ist dieses Gedicht, angesichts der kriegerischen Auseinandersetzungen in vielen Teilen der Welt, noch genauso aktuell wie vor 15 Jahren. Leider besteht die trübe Aussicht, dass sich daran noch viele Jahrzehnte oder etliche Generationen lang nicht viel ändern wird, wenn überhaupt!

Und nun das Gedicht (Ich darf den Titel wiederholen.):

Kriege sind Brudermord

Sagt's den Politikern,
sagt es den Fürsten, die so sehr nach der Macht
und nach Verherrlichung dürsten,
sagt es den guten und sagt es den bösen:
„Mit Krieg kann man keine Probleme lösen!
Die werden durch Kriege immer nur größer
und ärger und härter, gemeiner und böser!
Kriege sind Brudermord!“
Sagt es in einem fort: „Kriege sind vielfacher Brudermord!“

Ruft es den Kriegern zu, den vermeintlichen Helden
und vor allem aber den Generälen,

die eurer Jugend das Leben stehlen: „Kriege sind Brudermord!“
Ruft es in einem fort: „Kriege sind vielfacher Brudermord!“

Schreit die Fanatiker an und die Rebellen,
aber besonders die allergemeinsten
mit den verschlagenen feinen Mienen,
die mit den Kriegen ihr Geld verdienen!
Schreit nur so laut, dass eure Schreie mit tausend Phon
durch die Zeit, durch die Welt, durch die Länder gellen:
„Kriege sind Brudermord!“ Schreit nur in einem fort:
„Kriege sind vielfacher Brudermord!“

Ruft es den Priestern zu, besonders den dummen,
dass ihre Predigten endlich verstummen!
Den bösen, die künden: der heilige Krieg
wäre das edelste Ziel der Menschen auf Erden!
Doch aus Morden wird niemals ein glücklicher Sieg,
wenn sich Priester und Fürsten wie strafende Götter gebärden!
Ruft es den schwächlichen Priestern zu,
die Krieger und Waffen der Herrschenden segnen,
weil sie glauben, Gott könnte den Kriegern beim Morden begegnen,
statt dass diese dümmlichen Priester
mit all ihrem Beten und Sinnen
einzig allein nur der Friedlichkeit dienen!
Ruft es nur immer in einem fort:
„Kriege sind vielfacher Brudermord!“

Sagt es nur immer und immer wieder allen Menschen,
die hören können, dass sie sich nicht im Hass verrennen!
Sagt es den Jungen und sagt es den Alten,
sagt es den Guten und vor allem den Bösen:
„Mit Krieg kann man keine Probleme lösen!
Das kann man nur mit Geduld, gütigem Ausgleich
und echtem Verstehen der Sorgen, Nöte und Ängste
der anderen Menschen und Völker!“

Heutzutag wird ja doch nirgends mehr eine Hexe verbrannt.
Vielleicht aber kommt doch noch einmal die Zeit,
die den Brudermord Krieg
aus dem Leben der Menschheit verdammt.

11.3 Im Leben unterwegs (Drei Gedichte)

Die folgenden drei Gedichte habe ich im achten Jahrzehnt meines Lebens (zwischen 75 und 80) verfasst.

Diese Gedichte „Die Suchenden“, „Das erlösende Wort“ und „Das Murmeltier“ spiegeln die Grundgedanken des Buches „Der Atem unseres Lebens“[38)] und meiner Lebensauffassung wider. Die „Suchenden“ stehen für die Thematik des ganzen Buches, der Suche nach den tieferen guten Werten des Lebens; „Das erlösende Wort“ steht für die beste Erkenntnis des Buches: „Hütet und bewahret Euer heiliges Leben!“; und „Das Murmeltier“ steht für das beste Ergebnis meiner Lebensauffassung, für die Lebensfreude.

Die innere Bedeutung des Wortes „Murmeltier“ steht für die in den meisten Menschen versteckte schlummernde Phantasie: Wir sollen sie wecken, und sie soll uns zu einem guten, fröhlichen und möglichst liebevollen Zusammenleben mit den Menschen unserer Umgebung führen!

Ich darf dazu erläutern, dass ich die meisten Geschehnisse dieser „Ballade meiner Jugendjahre“ tatsächlich so erlebt habe. Das, was mich in diesen Jahren bedrückt hat, konnte ich später durch den großen Abstand an Zeit und schönen Erlebnissen verklärt sehen.

Und nun die Gedichte:

Die Suchenden

Irgendwann haben wir alle den einfachen Glauben
an den ehrlichen Sinn
und die heitere Würde des Lebens verloren.
Wir verfielen der Jagd nach immer mehr Geld,
nach stolzem Erfolg und nach den schillernden Waren der Welt.
Aber all diese Dinge erbrachten nicht, was sie versprachen:
Bald schon umgab uns sehr geistlose Leere,
und alle lebendigen guten Gefühle versanken erkaltend im Nichts.

Nun aber sind wir bescheiden, doch fest auf der Suche
nach den dauernden, allgemein gültigen Werten des Mensch-Seins:
Wo ist der klare, beglückende Sinn unsres Lebens?
Wo ist der Friede des Herzens?
Wo ist der Gleichklang des Seins

zwischen dem Ich und den Menschen meiner Umgebung,
zwischen der Menschheit und der Natur?

Lasst uns doch suchen, Ihr Irrenden,
geistig so leeren Geschöpfe des Menschengeschlechts,
die ihr nichts anderes kennt als den äußeren Schein
und die Macht über andere Menschen.
Aber viel besser wär es für Euch,
Ihr ordnet Euch selbst einmal ein
in die Gemeinden der einfachen Leute,
die nichts anderes suchen,
als Liebe und Friede,
als Schönheit und Glück!
Können wir nicht alles dies überall finden, wenn wir es suchen?!
In der Heimat,
der Fremde,
im Kreis der Familie oder bei Freunden,
im Beruf, in der Freizeit
und sicher sogar in der Einsamkeit.
Aber wir müssen es ehrlich verdienen
durch Anstand, Verständnis,
durch Hilfe und Mitgefühl
für andere Wesen und Menschen,
die nicht so fühlen und denken wie wir,
und besonders für jene, die leiden.

All dieses Streben, all dies Erleben,
hebt sicher nicht die Welt aus den Angeln,
doch es erfüllt uns mit innerer Ruhe,
bringt ein bescheidenes Glück und Zufriedenheit,
führt uns ein wichtiges Stück
näher hin zu dem wertvollsten Ziel unsres Lebens:
dem Frieden der Menschen auf Erden.

Das erlösende Wort

Wir lauschten ergriffen dem innigen Klang
einer Messe von Schubert,
den Tönen der Orgel, den Stimmen des Chors,
allem voran dem Sopran.

Sonnenschein drang durch die Fenster der Kirche,
und er verklärte den Raum
und den Priester,
die Gläubigen
und auch die Suchenden
gemeinsam mit der Musik
zu erhabener Andacht.

Jedermann blickte gebannt hinüber zum Priester:
Er war ein älterer, hagerer Herr,
und er stand, mit beiden Armen gestützt
durch je eine Krücke, dennoch sehr aufrecht vor uns.
Eben erst war er von einer argen Krankheit genesen,
und er war noch von Blässe gezeichnet.
Aber der Klang seiner Predigt war deutlich und fest
und voll herzlicher Wärme:

Liebevoll rief er uns auf, die geistigen Kräfte des Lebens
in unserem schönen, gesegneten Land zu erkennen,
und Freude
und Friede
und Freundlichkeit
allen den Menschen zu spenden, die rings uns umgeben,
ebenso, wie's unsre gütigen Väter,
die liebenden Mütter
einstmals für uns, unsere Schwestern und Brüder
pflichtbewußt taten.

Niemals sprach er vom sündigen Leben,
nicht von den Dogmen der heiligen Kirche,
nicht von Geburtenkontrolle oder vom letzten Gericht
und ähnlichen Themen, die die Gedanken der geistlichen Herren
oftmals so heftig bewegen.

Schließlich, am Ende der Messe
verteilte der Priester uns allen die Kraft seines Segens.
Und er sagte:
„Gehet hin in die Welt,
in den Alltag
und bewahret und hütet
in Liebe und Würde,
sorgsam und treu
Euer heiliges Leben!“

Das erlösende Wort war gesprochen:
Unser heiliges Leben!
Wir sollen und wollen es hüten,
mit Anstand
und friedlich
und freundlich,
zum Lob eines gütigen Gottes
und zur Freude des irdischen Seins.

Das Murmeltier

Hört, Leute, die verblüffend wahre
Ballade meiner Jugendjahre:

Als ich ein kleiner Bub noch war
sehr schmächtig und mit hellem Haar,
grad in die Mittelschule ging,
doch lieber Schmetterlinge fing,
kam eines Nachts, so um halb vier
ein kleines Murmeltier zu mir.
Es sprach: „Ich möchte in dir bleiben,
dann kannst du weiter Spiele treiben
und kannst jetzt mit den ganz modernen
Methoden einfach schlafend lernen."
Ich sagte ihm: „Das taugt mir sehr!
Komm nah und näher zu mir her
und bleibe ewiglich in mir,
du heißgeliebtes Murmeltier!"
Als später ich am Schreibtisch döste,
die Rechenaufgab schlafend löste,
da kam mein Mütterlein vorbei
und rief, dass ich ein Faulpelz sei
und dass ich meine Zeit vertandle,
statt dass ich arbeite und handle.
Ich gab zurück, ganz zart und sacht:
„Ich hab die Aufgab doch gemacht!"
Ich zeigt' mein Heft. Da staunte sie:
„Du bist ein schlafendes Genie!"
Auch in der Schule ging's vorzüglich.
Der Unterricht war recht vergnüglich.
Die Lehrer riefen im Orchester:
„Des Schlafes Sohn ist Klassenbester!"
Halb schlafend schafft ich's Abitur:
Viel Einser und zwei Zweier nur.

Dann nachher wurd ich Hochschul-Hörer.
Der Schlaf war gleich,
das Studium schwerer.
Beim Prüfen ging ich in die Knie:
Es war Elektro-Theorie,

als klagend ich um Hilfe rief,
weil ich beim Hören schreibend schlief:
„Mein Murmeltier, das schaff ich nicht!
Hier Wirbelstrom, dort Doppelschicht!"
Das Murmel sagt: „Lass das Geschwafel!
Geh eilends hin zur großen Tafel
und schreibe dort ganz brav und bieder
die vielen Formeln eifrig nieder.
Und höre auf mit Deinem Wimmern!
Um den Professor lass mich kümmern!"
Es war im Wonnemonat Mai,
am Nachmittag so um halb drei.
Während ich schrieb, warf einen Blick
zum Herrn Professor ich zurück:
Der aber hielt nun einen echten,
gesunden Schlaf, und keinen schlechten.
Ganz leise schrieb ich jeden Zoll
des Bords mit schönen Formeln voll.
Jedoch im festen Schlaf verharrte
der hohe Herr, auch als ich scharrte
und trampelnd übers Podium lief.
Er schlief gerecht und gut und tief.
Das konnte doch nicht ewig währen!
Nun hub ich an, laut zu erklären,
was weiß auf schwarzer Tafel stand,
soweit ich's eben selbst verstand.
Mein Vortrag war nicht ganz zu Ende,
da klatschte laut in seine Hände
der Herr Professor ganz begeistert:
„Kollege, des habn's gut gemeistert!
Genügt ein Sehr gut? Wolln's noch mehr?"
„Nein, es genügt! Ich danke sehr!"

In unsern Schulen lernt man eben
halt doch nicht alles für das Leben.
Das Studium der Weiblichkeit
ist mühsam. Und es braucht viel Zeit.
Manch liebenswerte, nette Frauen
sind nicht so einfach zu durchschauen.
Ich sah mich um im Adlerflug:
Erst war mir keine gut genug.

Dann fand ich eine brave Braut.
Doch später ward sie mir geklaut
von ihrem eignen Elternpaar!
Viel später wurde mir erst klar:
Wir war'n nicht reif für eine Ehe.
Ich war verstört. In meiner Nähe
kein Mensch, der half. Was sollt' ich machen?
Mein schöner Heiratsplan ging krachen!
Ich klagt es meinem Murmeltier.
Das sprach: „Mein Lieber, komm zu dir!
Wart ab, was dir das Schicksal spinnt,
wenn dir ersehntes Glück zerrinnt.
Tu deine Arbeit! Leb dein Leben!
Dann wird sich alles andre geben!"

Mein Frauen-Studium war beendet,
Mein Sinn der Arbeit zugewendet,
da sprach zu mir der Handwerksmeister,
ein hochbegabter, weitgereister:
„Du, Lehrbub, prüfst den Apparat!
Der misst genau und akkurat
wieviele Stunden-Kilowatt
am Berg der Stausee in sich hat.
Hast Du den Apparat gecheckt,
die Mängel alle weggefegt,
nimmst du das wertvolle Gerät
und fährst zum Kunden, nicht zu spät!
Der Kunde ist der Herr der Berge.
Der König Laurin, Chef der Zwerge.
Und schließlich bist du dann so lieb
und nimmst das ganze in Betrieb!
Gelingt es dir mit viel Geschick,
gilt es als dein Gesellenstück!"
Das ließ ich mir nicht zweimal sagen.
Gecheckt, gepackt, zum Berg getragen
und alles in Betrieb genommen.

Herr Laurin war vor Freud benommen.
Ich aber legte mich voll Wonne
am Berge in die Mittagssonne.
Als ich der Arbeit Wert begriff,

da hört ich einen schrillen Pfiff.
Ich sah hinüber: „Was gibt's hier?"
Da stand doch prompt mein Murmeltier
und äugt' so herzig zu mir her.
Ich dankte ihm. Mein Herz ward schwer.
Es sprach ganz leis: „Jetzt muss ich gehen!
Viel Glück! Grüß Gott! Auf Wiedersehen!"
Seit damals bin am Berg ich nie
dem lieben Murmeltier begegnet.
Ich spür's nur, wenn's mit Phantasie
mein Leben und mein Wirken segnet.

Postscriptum

Es war wirklich so: Nach der Inbetriebnahme der Anlage im September 1948 legte ich mich auf einer Wiese am Randes des Stausees zur Mittagszeit in die Sonne, schaute in den blauen Himmel und döste.

Auf einmal pfiff ein Murmeltier, weckte mich auf und schaute neugierig zu mir herüber.

12. Persönliches und Sonstiges

12.1 Nachwort

Liebe Leserinnen, liebe Leser!

Gestatten Sie bitte, dass ich als Abschluss dieses Buches noch ein wenig über die Erfahrungen berichte, die ich während der Arbeit daran machte:

Das Manuskript der Studie habe ich (mit Ausnahme der Gedichte im Teil 11) in mehrjähriger mühevoller Arbeit zusammengestellt. Während der letzten zwei Jahre hatte ich mehrmals die Absicht, es abzuschließen, wurde aber immer wieder durch äußere Einflüsse veranlasst, einige Stellen zu überarbeiten, sowohl durch Gedanken einiger gescheiter Leute aus meinem Bekanntenkreis wie auch durch Schicksalsschläge.

Zuletzt passierte das, als ich im Frühjahr 2009 das Manuskript einigen Kollegen des Autorenverbandes zur Stellungnahme vorlegte. Bei einer folgenden Aussprache ergaben sich zwei grundsätzliche Fragen. Erstens: Die meisten Kollegen erkannten nicht, dass mein Buch ein Werk ist, bei dem wissenschaftliche Ergebnisse durch persönliche Erfahrungen untermauert sind. Sie bewerten das Buch als „Lebensbericht eines alten Ingenieurs" und wollten es einem Verlag anbieten, der Erlebnisberichte herausbringt. Das wäre mir nicht recht, denn es würde die Bedeutung des Buches vom Niveau eines philosophischen Werkes auf das Pegel einer Erzählung senken! Nur eine Kollegin erkannte, dass das Buch sehr gut für die Erziehung junger Menschen zu einer guten Ethik dienen kann.

Aus diesen Überlegungen heraus habe ich nicht nur den Zweit-Titel von „Studie" auf „Populär-wissenschaftliche Studie" geändert, sondern auch das Vorwort, einige Textstellen und die Zukunftsperspektiven überarbeitet.

Zweitens: Einige Kollegen hegten Zweifel, ob das Buch genügend Interessenten finden wird. Dazu darf ich sagen: Ich habe darin meine Gedanken nicht nur für mich selbst, sondern ganz bewusst auch für viele andere Menschen eines recht beachtlichen Personenkreises geschrieben, nämlich: für viele Menschen, die durch Schicksalsschläge getroffen wurden und Trost brauchen. Sie können diesen durch gute Gedanken aus der Studie erfahren, dass sie in ihrem Schmerz nicht allein sind, und auch wie wir alle unser Leid abbauen können und sollen; für Menschen, die durch Nicht-Verstehen ihrer Gefühle seitens anderer für sie wichtigen Menschen seelisch verletzt wurden und Hilfe brauchen. Sie können diese Hilfe durch manche Weg-weisende Gedanken dieses Buches selbst suchen und finden; für junge Menschen, die ihren Weg in die Selbstständigkeit und Eigenverantwortung selbst suchen und dabei Schwierigkeiten haben.

Sie können aus diesem Buch wichtige Informationen für ihr Berufs- und sogar für ihr Liebes-Leben schöpfen; besonders aber für junge Leute, die Ingenieure oder Techniker werden wollen und sich nicht sicher sind, ob sie dieses Berufsziel anstreben sollen; Für Eltern, Lehrer und Erzieher, die geistig ausreichend aufgeschlossen sind – oder sein sollten – die Lebensbedingungen der jungen Leute zu verstehen, für deren geistige Entwicklung sie verantwortlich sind. Sie finden in diesem Buch gute Fingerzeige, wie sie ihre jungen Leute lenken und leiten sollten; Zur Unterstützung von ehrlichen und anständigen Politikern, die konservativ denken und die guten geistigen Werte ihrer Einstellung an andere Menschen weitergeben wollen, die politisch noch orientierungslos sind. (Ich darf diese Behauptung näher erklären: Wir, die bürgerlichen konservativen Schriftsteller, die keiner politischen Partei angehören, haben meines Erachtens eine gesellschaftliche Aufgabe: Wir sollen den aktiven Politikern, die uns geistig nahestehen, das Gedankengut zu vermitteln, mit dem sie andere Menschen für ihre guten Ziele gewinnen können.)

Aber ich schrieb dieses Buch auch für die vielen Leute, denen das „Ich" wichtiger ist als das „Wir", nämlich zum Nachdenken: Wir sitzen alle im gleichen Boot, wir Menschen des Planeten Erde. Wenn wir dieses Boot weiter ausbeuten oder durch zu viel Menschen überlasten, wird es mitsamt unseren Nachkommen sicher eines Tages untergehen. Wir müssen auch heute schon sehr deutlich sagen, dass es nicht mehr sehr viele menschliche Generationen geben kann, bis das Boot „Erde" versinken wird, falls die Menschheit weiter das Boot überlastet. Vielleicht geschieht das schon in einigen Jahrzehnten.

„Maßvoll bescheiden bleiben!" ist die wichtigste Parole für die Zukunft. Das müssen wir immer wieder betonen. Und wir müssen die jüngeren Menschen zu ihrem eigenen Wohl von diesem Motto überzeugen!

12.2 Was Sie über dieses Buch noch wissen sollten

Eigentlich ist dieses Kapitel auch schon ein „Danke-Schön" von mir, nämlich ein ganz großer Dank an mein persönliches Schicksal: Ich verdanke meinem Schicksal nicht nur, dass ich als schwächliches Baby aus den Hungerjahren 1918 bis 1920 doch recht gesund hervorgegangen bin, den grausamen Zweiten Weltkrieg und die Nachkriegszeit heil überleben durfte, sondern auch, dass ich großartige Eltern, eine erlebnisreiche Jugendzeit und zwei liebenswerte Ehepartnerinnen hatte, mit deren Hilfe ich meine beiden Söhne zu einer anständigen und ordentlichen Existenz führen konnte, und auch dass ich einen sehr interessanten Beruf und eine gute, lange Pensionszeit erleben durfte.

Schließlich danke ich auch dafür, dass ich jetzt im hohen Alter mit diesem Buch (wie ich glaube) ein kleines bisschen am Menschheitstraum einer friedlicheren Zukunft des irdischen Geschehens mitwirken darf.

Wie kann ich meinem Schicksal danken? Zunächst einmal, indem ich, soweit nötig, die Kosten für die Fertigstellung der Erst-Veröffentlichung des Buches vorfinanziere. Ich bin aufgrund meiner Erfahrungen als Hobbyautor überzeugt, dass es nicht nur genügend Interessenten für das Buch gibt (so dass die Bedenken des Kapitels 12.1 entfallen können). Das Gegenteil trifft doch zu: Sowohl die Gesellschafts- wie auch die Weltpolitik schreien nach guten Gedanken, die Licht ins Dunkel der derzeitigen Kriege, Krisen und Katastrophen bringt, wie dies in diesem Buch geschieht. Überdies schließt das Buch (wie im Abschnitt 8 näher erläuert wurde) eine Lücke im Markt der derzeitigen Sachbücher, weil es eine universell gültige lebensnahe Ethik definiert, die es bis heute nicht gibt. Deshalb glaube ich, dass auch größere Sachbuchverlage Interesse an meinem Buch haben werden.

Auch wenn diese Erwartungen nicht zuträfen, bin ich bereit das Risiko für den Verkauf der Erstveröffentlichung des Buches durch den Österreichischen Autorenverband zu tragen. (Ich kann mir das zum Glück finanziell durchaus leisten.)

Auf jeden Fall werde ich meine Autorenhonorare, die mir aus dem Verkauf des Buches (sowohl durch die Erstveröffentlichung wie auch durch spätere Lizenzen von anderen Verlagen) zustehen, jeweils zur Hälfte sozialen und wissenschaftlichen Zwecken zur Verfügung stellen.

Sie werden vielleicht fragen, warum ich mir in meinen „alten Tagen“ noch so viel Mühe mache, ein solches Buch zu verfassen und meine Honorare zu verschenken. Meine Antwort: Ich betrachte es als meine menschliche Pflicht, die Erkenntnisse, die ich in einem langen, guten, friedlichen und befriedigenden Leben gemacht habe, anderen Menschen zur Verfügung zu stellen.

Es gibt (neben den Schriftstellern, die ich in meiner Studie erwähnt habe), sicherlich auch noch viele andere Autoren, die in Romanen und Sachbüchern dem gleichen guten Zweck dienen, die Welt friedlicher zu gestalten. Daher ist mein Buch neben dieser anderen Sachliteratur nur ein Mosaikstein im Verein des guten Willens für mehr Frieden in unserer heutigen Welt, aber vielleicht ein wichtiger Stein in diesem Mosaik, wie ich denke.

Aber wenn sogar diese Überlegung nicht zutreffen sollte, sind meine Absichten durchaus kein theoretisches Tun. Im Gegenteil: **Wenn es mir gelingen sollte, ein paar junge Männer davon abzuhalten,** um eines falschen Ideals (oder gar als Söldner um des Geldes willen) **in einen Krieg zu ziehen, sind meine Arbeit und meine Aufwendungen gut angelegt. Denn ich bin der festen Überzeugung: Jeder Krieg ist Brudermord! Und jede Bemühung, Kriege zu vermeiden, ist eine gute Tat!**

Deshalb verstehe ich auch nicht, dass es heutzutage (angeblich sozial denkende) Politiker gibt, die in manchen Ländern weiterhin das Banner der Wehrpflicht hochhalten. So wertvoll Dienstpflicht für soziale Zwecke ist, so unnötig und widersinnig wird immer mehr die militärische Wehrpflicht in allen Ländern der Erde!

Allgemein gesehen hat dieses Buch, wie ich glaube, jedoch eine viel weitere Bedeutung: Es zeigt Ihnen, liebe Leser, Wege und Richtlinien auf, wie Sie Ihr Leben besser, das heißt befriedigender, sinnvoller und fröhlicher, somit glücklicher gestalten können.

12.3 Ein tief empfundener Dank für viele liebe Verstorbene

Dieser Dank gilt allen jenen Verstorbenen, die mir durch ihre Liebe, Fürsorge, Beispiel oder Rat (besonders in schwierigen Lebenslagen) geholfen haben, mein Leben zu meistern und zu den Erkenntnissen dieses Buches zu finden. Die wichtigsten dieser Personen nenne ich namentlich.

Ohne Namensnennung möchte ich auch allen (zum Glück nur wenigen) Personen danken, die mir infolge meines eigenen Fehlverhaltens, oder durch ihre negative Einflussnahme auf mein Leben seelische Verletzungen zufügten, aber mir letzten Endes zu positiven Erkenntnissen verhalfen.

Der erste und wichtigste Dank gilt meinen Eltern. Sie haben mir nicht nur das Leben geschenkt, sondern auch eine glückliche Kindheit, bis ins hohe Alter ein gutes, ausgewogenes Familienleben, die Grundlage meiner geistigen Werte und noch Vieles mehr.

Mein tiefster Dank gilt meiner so früh verstorbenen lieben ersten Ehegattin Herta. Sie schenkte mir nicht nur zwei wackere, (meistens) brave Söhne, sondern brachte auch viel Familienglück, Fröhlichkeit und Freude in mein Leben.

Mein innigster Dank gilt meinem leider auch zu früh verstorbenen Sohn Klaus. Er lebte mit uns Eltern geistig mit und kümmerte sich vorbildlich um uns.

Herzlichen Dank meinen Brüdern Walter und Fritz, und meinen Freunden aus der Jungenschaft und der Mittelschule, besonders für Gustav Mayer und Erwin Schenk, für ihre gute Kameradschaft in unserer Jugendzeit und für viele romantische und fröhliche gemeinsame Erlebnisse.

Aufrichtigen Dank meinen Lehrern in der Mittelschule vor allem Prof. Karl Rossrucker und Prof. Franz Hotzy für ihre fachlichen und pädagogischen Gaben, die sie mir vermittelten: für das Verständnis zur Mathematik und die Liebe zu den Sprachen, und für die Notwendigkeit der Ordnung aber auch des menschlichen Zusammenstehens in jeder Gemeinschaft.

Ganz besonderen Dank meinen väterlichen Freunden in der Deutschen Wehrmacht während dem Zweiten Weltkrieg Major Dr. Ernst Hoch und Oberst N. Göring. Sie brachten mir außergewöhnlich viel Verständis und Fürsorge entgegen.

Der für meine berufliche Laufbahn (und ebenso für die Niederschrift dieses Buches) wichtigste Dank gilt meinen Vorgesetzten bei Siemens Wien Dipl.-Ing Hans Eigl und Dr. techn. Maximilian Skalicky. Sie förderten in vorbildlicher Weise meine beruflichen Ambitionen und hatten großes Verständnis für meine familiären und menschlichen Situationen.

12.4 Vielen Dank allen, die mir bei der Arbeit an diesem Buch halfen

Zum Schluss möchte ich in diesem Kapitel allen jenen lebenden Personen danken, die mir geholfen haben, dieses Buch fertigzustellen. (Dabei entsteht mir als gelerntem Österreicher gleich ein kleines Problem: Wie gehe ich mit den akademischen Titeln um, die ja in unserem Land als Teil des Namens gelten und überdies erkennen lassen, von welchen kulturellen Sparten ich mich beraten ließ? Um eine halbwegs einfache Lösung zu finden, aber nicht weitschweifig zu werden, erlaube ich mir, jeweils nur jene Titel zu erwähnen, die die gesellschaftliche Position der einzelnen Damen und Herren am besten charakterisieren.) Aber nun zum Dankeschön:

Der erste und wichtigste Dank gilt meiner lieben Frau Lotte. Sie besitzt nicht nur ein einmaliges Geschick Leidenden zu helfen, sondern sie überwand (und überlebte) auch meine fallweise immer wiederkehrenden Stadien geistiger Abwesenheit, in denen ich neue Erkenntnisse oder allgemein verständliche Formulierungen suchte; sie holte mich oft auch auf den Boden des realen Lebens zurück, wenn ich in meinen Formulierungen zu euphorisch wurde.

Mein besonderer Dank gilt meinen Beratern beim Werden des Manuskripts, die dieses (einige von ihnen während einiger Jahre) kritisch und ergänzend beurteilten und einen guten Beitrag zur Qualität des Buches beisteuerten. Es sind dies (in alphabetischer Reihenfolge): Herr DI Günter Hamza, Herr Ing. Norbert Jirgal, Herr Dr. theol. Hans Kiewehler, Frau Lisa Nachutny, Herr Dozent Dr. med. Leo Peschl, Herr Dr. jur. Hans Werner Sokop. Allein hätte ich es nicht geschafft!

Aufrichtigster Dank den Förderern meiner wissenschaftlichen Aktivitäten: Herr Rektor Univ.-Prof. Dr. techn. gab diesem Buch mit seinem Geleitwort sozusagen den „akademischen Segen“. Und Herr Univ.-Prof. Dr. techn. Heinz Zemanek half mir durch Rat und Tat bei der seinerzeitigen Arbeit an meinem Fachbuch über die Fernwirktechnik, erfolgreich wissenschaftlichen Boden zu betreten und das Buch beim R. Oldenbourg-Verlag zu veröffentlichen.

Schließlich danke ich sehr herzlich dem Inhaber der Druckerei G. Demczuk Fairdrucker GesmbH, Herrn Günter Demczuk, für eine seriöse und verständnisvolle Zusammenarbeit.

12.5 Sachverzeichnisse (Literatur, Seminare)

[1] Al Gore: Wege zum Gleichgewicht; S. Fischer Verlag 1992

[2] Buchmann: Geflügelte Worte; Reclam-Verlag, 2.Auflage 1964

[3] Carnegie, Dale: Sorge dich nicht, lebe!; Fischer Taschenbuch Verlag, 2003

[4] Cernin, Rudolf: Das Ende der Tabus; Leopold Stocker Verlag, Graz, Stuttgart, 1998

[5] Coelho, Paolo: Handbuch des Kriegers des Lichts; Diogenes Taschenbuch 23354

[6] Dönnhoff, Gräfin Marion: Zivilisiert den Kapitalismus! DVA-Taschenbuch, 1997

[7] Elflien, Verein für positives Denken; A 8143 Dobl, Stmk. Muttersdorfberg 14. (Seminare)

[8] Fischer, Peter: Politische Ethik; Wilhelm Fink Verlag, München 2006

[9] Frankl, Viktor E.: ...trotzdem Ja zum Leben sagen, Deutscher Taschenbuch Verlag, 1982

[10] Frankl, Viktor E.: Der unbewußte Gott, dtv-Verlag, 1992

[11] Fritzsche, K.: Menschenrechte; Schöningh-Verlag, 2004

[12] Fromm, Eric: Die Kunst des Liebens, dtv-Taschenbuch, 1995

[13] Fromm, Eric: Haben oder Sein, dtv-Taschenbuch, 1995

[14] Fulbright, J.W.: Die Arroganz der Macht, Rohwolt-Verlag, 1967

[15] Gilbert, Daniel: Ins Glück stolpern; Riemann Verlag, 2006

[16] Hamza, Dipl.-Ing. Günter: Zdsammenfassung der in den Jahren 1995 bis 2005 gehaltenen Festreden anlässlich der Promotionen von Diplom-Ingenieuren und Doktoren der Nachrichtentechnik; e-mail guenter.hamza@inode.at

[17] Harrer, H.: Sieben Jahre im Tibet; Ullstein Taschenbuch, 2003

[18] Havel, Vaclav: Briefe an Olga; rororo-Taschenbuch, 1991

[19] Hay, Louise: Bereit sein für die Liebe; Synthesis-Verlag 1997, Taschenbuch 05/2001

[20] Hengstschläger, Markus: Die Macht der Gene; Piper Taschenbuch, 2008

[21] Heuser, Uwe Jan: Der tägliche Crash, „Die Zeit“ 18.9.2008

[22] Kandel, Eric: Auf der Suche nach dem Gedächtnis; Siedler-Verlag, 2006

[23] Kraus, Michael: Die Freimaurer; ecowin-Verlag, 2007

[24] Lauster, Peter: Lassen Sie der Seele Flügel wachsen; rororo Sachbuch, 1980

[25] Lohausen, Heinrich Jordis von: Denken in Völkern; Leopold Stocker Verlag, Graz, 2001
[26] Ludikar, L.: Werte und Worte, Jahrg. 58/59, S. 5: Streit-Kultur? (Zeitschrift des Verbandes Geistig Schaffender und Österreichischer Autoren)
[27] Mayr Ernst: Das ist Evolution, Goldmann Taschenbuch, 2005
[28] Paul, Wolfgang: Das Feldlager, (Jugend zwischen Langemarck und Stalingrad), Bechte Verlag Esslingen a.N., 1978
[29] Pierrakos, E.: Bereit sein für die Liebe; Synthesis-Verlag, 1997
[30] Popper, Karl R.: Alles Leben ist Problemlösen; rororo, 2002
[31] Popper, Karl R.: Alle Menschen sind Philosophen; rororo, 2004
[32] Scholl-Latour, P.: Russland im Zangengriff; Propyläen-Verlag, 2006
[33] Schönborn Christof und Barbara Stöckl: Wer braucht Gott? Ecowin Verlag, 2007
[34] Schule für geistige und emotionale Entfaltung und Selbstheilung. Siegfried Pracher. A 8054 Graz, Postfach 27 (Seminare)
[35] Silva Mind control Methode; für Österreich, Deutschland, Schweiz: Neubaustr. 26, A 4400 Steyr
[36] Steiner, Andreas: Das Leben, unser höchstes Gut; Herder Verlag, 2006
[37] Swoboda, Gunther: Gedanken am Abend; Weiden-Verlag Wien, 1995 (vergriffen)
[38] Swoboda, Gunther: Der Atem unseres Lebens; Edition-Mosaic, Dublin, New York, Wien, 1999
[39] Tolle, Eckhardt: Jetzt! Die Kraft der Gegenwart; Kamphausen-Verlag, Bielefeld, 2004
[40] Ward-Brownlee: Unsere einsame Erde; Springer-Verlag, 2001
[41] Watzlawick, Paul: Anleitung zum Unglücklichsein; R. Piper-Verlag, 1983
[42] Salcher, Andreas: Der verletzte Mensch; Ecowin-Verlag, 2009
[43] Sloterdijk, Peter; Du musst Dein Leben ändern!; Suhrkamp-Verlag 2009
[44] Scholl-Latour, Peter: Die Angst des weißen Mannes; Propyläen-Verlag, 2009
[45] Peres, Shimon: Rede vor dem Deutschen Bundesstag am 27. 1.2010, Internet: http://www.bundestag.de/kulturundgeschichte/geschichte/gastredner/peres/rede.html